ORTIN 1978

# EUGÈNE SUE

## LA

# CLOCHETTE D'AIRAIN

## LE COLLIER DE FER

PARIS

LIBRAIRIE INTERNATIONALE

15, BOULEVARD MONTMARTRE

Au coin de la rue Vivienne

A. LACROIX, VERBOECKHOVEN & Ce, ÉDITEURS

*à Bruxelles, à Leipzig et à Livourne*

1866

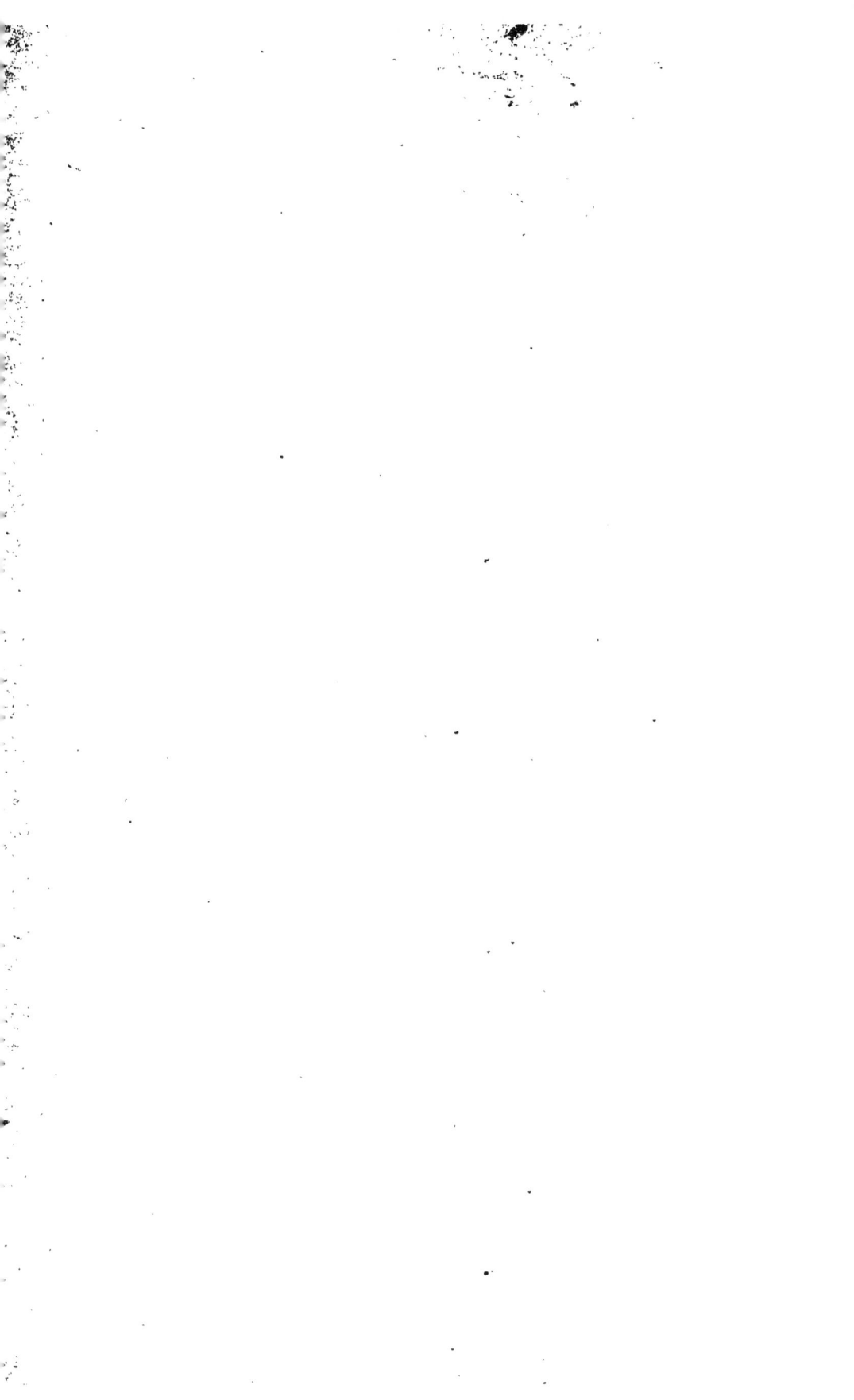

# LA CLOCHETTE D'AIRAIN

—

## LE COLLIER DE FER 1157

Y²

70-145

# LA CLOCHETTE D'AIRAIN

## CHAPITRE PREMIER.

Albinik, le marin, fils de Joel, le brenn de la tribu de Karnak ; Méroë, la chère et bien-aimée femme d'Albinik, ont, pendant une nuit et un jour, assisté à un spectacle dont ils frémissent encore.

Ce spectacle, nul ne l'avait vu jusqu'ici, nul ne le verra désormais !

L'appel aux armes, fait par les druides de la forêt de Karnak, et par le *chef des cent vallées*, avait été entendu.

Le sacrifice d'Hèna, la vierge de l'île de Sèn, semblait agréable à Hésus, puisque toutes les populations de la Bretagne, du nord au midi, de l'orient à l'occident, s'étaient soulevées pour combattre les Romains. Les tribus du territoire de Vannes et d'Auray, celles des montagnes d'Arès et d'autres encore, se sont réunies devant la ville de Vannes, sur la rive gauche, et presque à l'embouchure de la rivière qui se jette dans la grande baie du Morbihan : cette position redoutable, située à dix lieues de Karnak, et où devaient se réunir toutes les forces gauloises, a été choisie par le *chef des cent vallées*, élu général en chef de l'armée.

1

Les tribus, laissant derrière elles leurs champs, leurs troupeaux, leurs maisons, étaient rassemblées, hommes, femmes, enfants, vieillards, et campaient autour de la ville de Vannes, où se trouvaient aussi Joel, ceux de sa famille et de sa tribu. Albinik, le marin, ainsi que sa femme Méroë, ont tous deux quitté le camp, vers le coucher du soleil, pour entreprendre une longue marche. Depuis son mariage avec Albinik (il est fier de le dire), Méroë a toujours été la compagne de ses voyages ou de ses dangers sur mer. Alors, comme lui, elle portait le costume de marin ; comme lui, elle savait au besoin mettre la main au gouvernail, manier la rame ou la hache, car son cœur est ferme, son bras est fort.

Ce soir-là, avant de quitter l'armée gauloise, Méroë a revêtu ses habits de matelot : une courte saie de laine brune, serrée par une ceinture de cuir, de larges braies de toile blanche tombant au-dessous du genou, et des ·bottines de peau de veau marin ; elle porte son court mantel à capuchon ; sur son épaule gauche et sur ses cheveux flottants un bonnet de cuir ; de sorte qu'à son air résolu, à l'agilité de sa démarche, à la perfection de son mâle et doux visage, on pouvait prendre Méroë pour un de ces jeunes garçons, dont la beauté fait rêver les vierges à fiancer. Albinik aussi est vêtu en marin ; il a jeté sur son dos un sac contenant des provisions pour la route, et les larges manches de sa saie laissent voir son bras gauche enveloppé jusqu'au coude dans un linge ensanglanté.

Les deux époux avaient quitté depuis peu d'instants les environs de Vannes, lorsque Albinik, s'arrêtant triste et attendri, a dit à sa femme :

— Il en est temps encore... songes-y... Nous allons braver le lion jusque dans son repaire ; il est rusé, défiant et féroce... c'est peut-être pour nous l'esclavage, la torture, la mort... Méroë, laisse-moi accomplir seul ce voyage et cette entreprise, auprès de laquelle un combat acharné ne serait qu'un jeu... Retourne auprès de mon père et de ma mère, dont tu es aussi la fille.

— Albinik, il fallait attendre la nuit noire pour me dire cela... tu ne m'aurais pas vue rougir de honte à cette pensée : tu me crois lâche !...

Et la jeune femme, en répondant ces mots, a hâté sa marche, au lieu de retourner en arrière.

— Qu'il en soit, ainsi que le veulent ton courage et ton amour pour moi... lui a dit son mari. Qu'Héna, ma sainte sœur, qui est ailleurs, te protége auprès de Hésus !...

Tous deux ont continué leur chemin à travers une route montueuse, qui aboutit et se prolonge sur les cimes d'une chaîne de collines très-élevées. Les deux voyageurs eurent ainsi à leurs pieds et devant eux une suite de profondes et fertiles vallées ; aussi loin que le regard pouvait s'étendre, ils virent ici des villages, là des bourades, ailleurs des fermes isolées, plus loin une ville florissante, traversée par un bras de la rivière, où étaient de loin en loin amarrés de grands bateaux chargés de gerbes de blé, de tonneaux de vin et de fourrages.

Mais, chose étrange, la soirée était sereine, et l'on ne voyait dans les pâturages aucun de ces grands troupeaux de bœufs et de moutons qui ordinairement y paissaient jusqu'à la nuit ; aucun laboureur ne paraissait non plus dans les champs, et pourtant c'était l'heure où, par tous les sentiers, par tous les chemins, les campagnards commençaient à regagner leurs maisons, car le soleil s'abaissait de plus en plus. Cette contrée, la veille encore si peuplée... semblait déserte.

Les deux époux se sont arrêtés pensifs, contemplant ces terres fertiles, ces richesses de la nature, cette opulente cité, ces bourgs, ces maisons. Alors songeant à ce qui allait arriver dans quelques instants, dès que le soleil

serait couché et la lune levée, Albinik et Méroë ont fris-
sonné de douleur, d'épouvante ; les larmes ont coulé de
leurs yeux, et ils sont tombés à genoux, les yeux attachés
avec angoisse sur la profondeur de ces vallées, que l'ombre envahissait de plus en plus... Le soleil avait disparu ;
mais la lune, alors dans son décours, ne paraissait pas
encore...

Il y eut ainsi, entre le coucher du soleil et le lever de
la lune, un assez long espace de temps. Cela fut poignant
pour les deux époux, comme l'attente certaine de quelque
grand malheur.

— Vois, Albinik, a dit tout bas la jeune femme à son
époux, quoiqu'ils fussent seuls, car il est des instants redoutables où l'on se parlerait bas au milieu d'un désert,
vois donc... pas une lumière ! pas une !... dans ces maisons... dans ces villages... dans cette ville... La nuit est
venue... et tout dans ces demeures reste ténébreux comme
la nuit...

— Les habitants de ce pays vont se montrer dignes de
leurs frères, a répondu Albinik avec respect. Ceux-là aussi
vont répondre à la voix de nos druides vénérés, et à
celle du *chef des cent vallées*...

— Oui, à l'effroi dont je suis saisie, je sens que nous
allons voir une chose que nul n'a vue jusqu'ici... que nul
ne verra peut-être désormais...

— Méroë, aperçois-tu là-bas... tout là-bas... derrière
la cime de cette forêt... une faible lueur blanche ?...

— Je la vois... c'est la lune qui va bientôt paraître...
Le moment approche... Je me sens frappée d'épouvante...
Pauvres femmes !... pauvres enfants !...

— Pauvres laboureurs !... ils vivaient depuis tant
d'années, heureux sur cette terre de leurs pères ! sur
cette terre fécondée par le travail de tant de générations !
Pauvres artisans ! ils trouvaient l'aisance dans leurs rudes

métiers !... Oh ! les malheureux !... les malheureux !...
Quelque chose égale leur grande infortune... c'est leur
héroïsme !... Méroë... Méroë !... s'est écrié Albinik, la
lune paraît... Cet astre sacré de la Gaule va donner le
signal du sacrifice...

— Hésus !... Hésus !... a répondu la jeune femme, les
joues baignées de larmes, ton courroux ne s'apaisera
jamais si ce dernier sacrifice ne le calme pas...

La lune s'était levée radieuse au milieu des étoiles ;
elle inondait l'espace d'une si éclatante lumière, que les
deux époux voyaient comme en plein jour, et jusqu'aux
plus lointains horizons, le pays qui s'étendait à leurs
pieds.

Soudain un léger nuage de fumée, d'abord blanchâtre,
puis noire, puis bientôt nuancée des teintes rouges d'un
incendie qui s'allume, s'éleva au-dessus de l'un des villages
disséminés dans la plaine.

— Hésus !... Hésus !... s'écria Méroë tout en cachant sa
figure dans le sein de son époux agenouillé près d'elle,
tu as dit vrai : l'astre sacré de la Gaule a donné le signal
du sacrifice... Il s'accomplit...

— O liberté !... s'est écrié Albinik, sainte liberté !...

Il n'a pu achever... Sa voix s'est éteinte dans les pleurs,
tandis qu'il serrait avec force sa femme éplorée entre ses
bras.

Méroë n'est pas restée la figure cachée dans le sein de
son époux plus de temps qu'il n'en faudrait à une mère
pour baiser le front, la bouche et les yeux de son enfant
nouveau-né...

Et lorsque Méroë, relevant la tête, a osé regarder au
loin... ce n'était plus seulement une maison, un village,
un bourg, une ville, de cette longue suite de vallées, qui
disparaissait dans des flots de fumée noire teinte des
lueurs rouges de l'incendie qui s'allume !

C'étaient toutes les maisons... tous les villages... tous les bourgs, toutes les villes... de cette longue suite de vallées que l'incendie dévorait...

Du nord au midi, de l'orient à l'occident, tout était incendie ! Les rivières elles-mêmes semblaient rouler des flammes sous leurs bateaux chargés de grains, de tonneaux, de fourrages, aussi embrasés, qui s'abîmaient dans les eaux.

Tour à tour le ciel était obscurci par d'immenses nuages de fumée, ou enflammé par d'innombrables colonnes de feu.

D'un bout à l'autre, cette vallée ne fut bientôt plus qu'une fournaise, qu'un océan de flammes...

Et non-seulement les maisons, les bourgs, les villes de ces vallées ont été livrés aux ravages de l'incendie, mais il en a été ainsi de toutes les contrées qu'Albinik et Méroë ont traversées durant une nuit et un jour de marche qu'ils ont mis à se rendre de Vannes à l'embouchure de la Loire, où était établi le camp de César [1].

Oui, tous ces pays ont été incendiés par leurs habitants, et ils ont abandonné ces ruines fumantes pour aller se joindre à l'armée gauloise, rassemblée aux environs de Vannes.

Ainsi a été obéie la voix du *chef des cent vallées*, qui avait dit ces paroles, répétées de proche en proche, de village en village, de cité en cité :

« Que dans trois nuits, à l'heure où la lune, l'astre
« sacré de la Gaule, se lèvera, tout le pays, de Vannes à
« la Loire, soit incendié ! Que César et son armée ne
« trouvent sur leur passage ni hommes, ni toits, ni vivres,
« ni fourrages, et partout... partout... des cendres, la
« famine, le désert et la mort !... »

---

1. A peu de distance de la ville de Saint-Nazaire, qui existe aujourd'hui.

Cela a été fait ainsi que l'ont ordonné les druides et le *chef des cent vallées.*.

Ceux-là qui ont assisté à ce dévouement héroïque de chacun et de tous au salut de la patrie ont vu une chose que personne n'avait vue... une chose que personne ne verra peut-être plus désormais... Ainsi du moins ont été expiées ces fatales dissensions, ces rivalités de province à province, qui pendant trop longtemps, et pour le triomphe de leurs ennemis, ont divisé les Gaulois.

La nuit s'est passée, le jour aussi, et les deux époux ont traversé tout le pays incendié, depuis Vannes jusqu'à l'embouchure de la Loire, dont ils approchaient. Au soleil couché, ils sont arrivés à un endroit où la route qu'ils suivaient se partageait en deux.

— De ces deux chemins, lequel prendre? dit Albinik ; l'un doit nous rapprocher du camp de César, l'autre doit nous en éloigner.

Après avoir un instant réfléchi, la jeune femme répondit :

— Il faut monter sur cet arbre, les feux du camp nous indiqueront notre route.

— C'est vrai, dit le marin.

Et confiant dans l'agilité de sa profession, il se disposait à grimper à l'arbre ; mais s'arrêtant, il dit :

— J'oubliais qu'il me manque une main... Je ne saurais monter.

Le beau visage de la jeune femme s'attrista et elle reprit :

— Tu souffres, Albinik? Hélas! toi ainsi mutilé?

— Prend-on le *loup de mer* sans appât?

— Non...

— Que la pêche soit bonne, reprit Albinik, je ne regretterai pas d'avoir donné ma main pour amorce...

La jeune femme soupira, et après avoir regardé l'arbre pendant un instant, elle dit à son époux :

— Adosse-toi à ce chêne : je mettrai mon pied dans le creux de ta main, ensuite sur ton épaule, et de ton épaule j'atteindrai cette grosse branche...

— Hardie et dévouée !... tu es toujours la chère épouse de mon cœur, aussi vrai que ma sœur Hêna est une sainte ! répondit tendrement Albinik.

Et s'adossant à l'arbre, il reçut dans sa main robuste le petit pied de sa compagne, si leste, si légère, qu'il put, grâce à la vigueur de son bras, la soutenir pendant qu'elle lui posait son autre pied sur l'épaule ; de là, elle gagna la première grosse branche, puis, montant de rameau en rameau, elle atteignit la cime du chêne, jeta au loin les yeux, et aperçut vers le midi, au-dessous d'un groupe de sept étoiles, la lueur de plusieurs feux. Elle redescendit, agile comme un oiseau qui sautille de branche en branche, et, appuyant enfin ses pieds sur l'épaule du marin, d'un bond elle fut à terre en disant :

— Il nous faut aller vers le midi, dans la direction de ces sept étoiles... les feux du camp de César sont de ce côté.

— Alors prenons cette route, reprit le marin en indiquant le plus étroit des deux chemins.

Et les deux voyageurs poursuivirent leur marche.

Au bout de quelques pas, la jeune femme s'arrêta et parut chercher dans ses vêtements.

— Qu'as-tu, Méroë ?

— Attends-moi ; j'ai, en montant à l'arbre, laissé tomber mon poignard ; il se sera détaché de la ceinture que j'ai sous ma saie.

— Par Hésus ! il nous faut retrouver ce poignard, dit Albinik en revenant vers l'arbre. Tu as besoin d'une arme, et celle-ci, mon frère Mikaël l'a forgée, trempée lui-même, elle peut percer une pièce de cuivre.

— Oh ! je retrouverai ce poignard, Albinik. Avec cette

petite lame d'acier bien effilée, on a réponse à tout... et dans tous les langages.

Après quelques recherches au pied du chêne, elle retrouva son poignard; il était renfermé dans une gaîne, long à peine comme une plume de poule, et guère plus gros. Méroë l'assujettit de nouveau sous sa saie, et se remit en route avec son époux. Après une assez longue marche à travers des chemins creux, tous deux arrivèrent dans une plaine : on entendait très au loin le grand bruit de la mer; sur une colline on apercevait les lueurs de plusieurs feux.

— Voici enfin le camp de César! dit Albinik en s'arrêtant : le repaire du lion...

— Le repaire du fléau de la Gaule... Viens... viens, la soirée s'avance.

— Méroë... voici donc le moment venu!...

— Hésiterais-tu maintenant?...

— Il est trop tard... Mais j'aimerais mieux un loyal combat à ciel ouvert... vaisseau contre vaisseau... soldats contre soldats... épée contre épée... Ah! Méroë... pour nous Gaulois qui, méprisant les embuscades comme des lâchetés, attachons des clochettes d'airain aux fers de nos lances, afin d'avertir l'ennemi de notre approche, venir ici... traîtreusement...

— Traîtreusement! s'écria la jeune femme. Et opprimer un peuple libre... est-ce loyal? Réduire ses habitants en esclavage... les expatrier par troupeaux, le collier de fer au cou... est-ce loyal?... Massacrer les vieillards, les enfants... livrer les femmes et les vierges aux violences des soldats... est-ce loyal? Et maintenant tu hésiterais... Après avoir marché tout un jour, toute une nuit, aux clartés de l'incendie... au milieu de ces ruines fumantes, qu'a faites l'horreur de l'oppression romaine!... Non... non... pour exterminer les bêtes féroces, tout est bon : l'épieu

comme le piége... Hésiter... hésiter!!! Réponds, Albinik!..
Sans parler de ta mutilation volontaire... Sans parler des
dangers que nous bravons en entrant dans ce camp... ne
serons-nous pas, si Hésus aide ton projet, les premières
victimes de cet immense sacrifice que nous voulons faire
aux dieux?... Va, crois-moi, qui donne sa vie n'a jamais
à rougir... et par l'amour que je te porte, par le sang
virginal de notre sœur Héna... j'ai à cette heure, je te le
jure, la conscience d'accomplir un devoir sacré... Viens,
viens... la soirée s'avance...

— Ce que Méroë, la juste et la vaillante, trouve juste
et vaillant doit être ainsi, dit Albinik en pressant sa
compagne contre sa poitrine. Oui... oui... pour exterminer les bêtes féroces tout est bon : l'épieu comme le piége.
Qui donne sa vie n'a pas à rougir... Viens...

Les deux époux hâtèrent leur marche vers les lueurs
du camp de César. Au bout de quelques instants ils enten-
dirent, à peu de distance, résonner sur le sol le pas réglé
de plusieurs soldats et le cliquetis des sabres sur les
armures de fer; puis, à la clarté de la lune, ils virent
briller des casques d'acier à aigrettes rouges.

— Ce sont des soldats de ronde qui veillent autour du
camp, dit Albinik. Allons à eux...

Et ils eurent bientôt rejoint les soldats romains, dont
ils furent aussitôt entourés. Albinik avait appris dans la
langue des Romains ces seuls mots : « Nous sommes Gaulois Bretons; nous voulons parler à César. » Telles furent
les premières paroles du marin aux soldats. Ceux-ci, apprenant ainsi que les deux voyageurs appartenaient à l'une
des provinces soulevées en armes, traitèrent rudement
ceux qu'ils regardèrent comme leurs prisonniers, les gar-
rottèrent et les conduisirent au camp.

Ce camp, ainsi que tous ceux des Romains, était défendu par un fossé large et profond, au delà duquel

s'élevaient des palissades et un retranchement de terre très-élevé, où veillaient des soldats de guet.

Albinik et Méroë furent d'abord conduits à l'une des portes du retranchement. A côté de cette porte, ils ont vu, souvenir cruel... cinq grandes croix de bois : à chacune d'elles était crucifié un marin gaulois, aux vêtements tachés de sang. La lumière de la lune éclairait ces cadavres.

— On ne nous avait pas trompés, dit tout bas Albinik à sa compagne ; les pilotes ont été crucifiés après avoir subi d'affreuses tortures, plutôt que de vouloir piloter la flotte de César sur les côtes de Bretagne.

— Leur faire endurer la torture... la mort sur la croix... répondit Méroë, est-ce loyal?... Hésiterais-tu encore?... Parleras-tu de traîtrise?...

Albinik n'a rien répondu ; mais il a serré dans l'ombre la main de sa compagne. Amenés devant l'officier qui commande le poste, le marin répéta les seuls mots qu'il sût dans la langue des Romains : « Nous sommes Gaulois Bretons ; nous voulons parler à César. » En ces temps de guerre, les Romains enlevaient ou retenaient souvent les voyageurs, afin de savoir par eux ce qui se passait dans les provinces révoltées. César avait donné l'ordre de toujours lui amener les prisonniers ou les transfuges qui pouvaient l'éclairer sur les mouvements des Gaulois.

Les deux époux ne furent donc pas surpris de se voir, selon leur secret espoir, conduits à travers le camp jusqu'à la tente de César, gardée par l'élite de ses vieux soldats espagnols, chargés de veiller sur sa personne.

Albinik et Méroë, amenés dans la tente de César, le fléau de la Gaule, ont été délivrés de leurs liens ; ils ont tâché de contenir l'expression de leur haine, et ont regardé autour d'eux avec une sombre curiosité.

Voilà ce qu'ils ont vu :

La tente du général romain, recouverte au dehors de

peaux épaisses, comme toutes les tentes du camp, était
ornée au dedans d'une étoffe de couleur pourpre, brodée
d'or et de soie blanche; le sol battu disparaissait sous un
tapis de peaux de tigre. César achevait de souper, à demi
couché sur un lit de campagne que cachait une grande
peau de lion, dont les ongles étaient d'or et la tête ornée
d'yeux d'escarboucles. A portée du lit, sur une table basse,
les deux époux virent de grands vases d'or et d'argent
précieusement ciselés, des coupes enrichies de pierreries.
Assise humblement au pied du lit de César (triste spectacle pour une femme libre!), Méroë vit une jeune et
belle esclave, Africaine sans doute, car ses vêtements
blancs faisaient ressortir davantage encore son teint couleur de cuivre, où brillaient ses grands yeux noirs; elle
les leva lentement sur les deux étrangers, tout en caressant un grand lévrier fauve étendu à ses côtés; elle semblait aussi craintive que le chien.

Les généraux, les officiers, les secrétaires, les jeunes
et beaux affranchis de César, se tenaient debout autour
de son lit, tandis que des esclaves noirs d'Abyssinie, portant au cou, aux poignets et aux chevilles, des ornements
de corail, restaient immobiles comme des statues, tenant
à la main des flambeaux de cire parfumée, dont la clarté
faisait étinceler les splendides armures des Romains.

César, devant qui Albinik et Méroë ont baissé le regard, de crainte de trahir leur haine, César avait quitté
ses armes pour une longue robe de soie richement brodée; sa tête était nue, rien ne cachait son grand front
chauve, de chaque côté duquel ses cheveux bruns étaient
aplatis. La chaleur du vin des Gaules, dont il buvait, dit-
on, presque chaque soir outre mesure, rendait ses yeux
brillants et colorait ses joues pâles; sa figure était im-
périeuse, son sourire moqueur et cruel. Il s'accoudait sur
son lit, tenant de sa main amaigrie par la débauche une

large coupe d'or enrichie de perles; il la vida lentement
et à plusieurs reprises, tout en attachant son regard pé-
nétrant sur les deux prisonniers, placés de telle sorte
qu'Albinik cachait presque entièrement Méroë.

César dit en langue romaine quelques paroles à ses officiers. Ils se mirent à rire; l'un d'eux s'approcha des
deux époux, repoussa brusquement Albinik en arrière,
prit Méroë par la main, et la força ainsi de s'avancer de
quelques pas, afin, sans doute, que le général pût la contempler plus à son aise, ce qu'il fit en tendant de nouveau,
et sans se retourner, sa coupe vide à l'un de ses jeunes
échansons.

Albinik sait se vaincre; il reste calme en voyant sa
chaste femme rougir sous les regards effrontés de César.
Celui-ci a bientôt appelé à lui un homme richement vêtu,
l'un de ses interprètes, qui, après quelques mots échangés
avec le général romain, s'est approché de Méroë, et lui a
dit en langue gauloise :

— César demande si tu es fille ou garçon.

— Moi et mon compagnon, nous fuyons le camp gaulois... répondit ingénument Méroë. Que je sois fille ou
garçon, peu importe à César...

A ces paroles, que l'interprète lui traduisit, César se
prit à rire d'un rire cynique. Il parut confirmer d'un signe
de tête la réponse de Méroë, tandis que les officiers romains partageaient la gaieté de leur général. César conti-
nuait de vider coupe sur coupe, en attachant sur l'épouse
d'Albinik des yeux de plus en plus ardents; il dit quelques mots à l'interprète, et celui commença l'interroga-
toire des deux prisonniers, transmettant à mesure leurs
réponses au général, qui lui indiquait ensuite de nouvelles
questions.

— Qui êtes-vous? a dit l'interprète; d'où venez-vous?

— Nous sommes Bretons, répondit Albinik. Nous venons du camp gaulois, établi sous les murs de Vannes, à deux journées de marche d'ici...

— Pourquoi as-tu abandonné l'armée gauloise ?

Albinik ne répondit rien, développa le linge ensanglanté dont son bras était entouré. Les Romains virent alors qu'il n'avait plus sa main gauche. L'interprète reprit :

— Qui t'a mutilé ainsi?

— Les Gaulois.

— Mais tu es Gaulois toi-même ?

— Peu importe au *chef des cent vallées*.

Au nom du *chef des cent vallées*, César a froncé les sourcils, son visage a exprimé la haine et l'envie.

L'interprète a dit à Albinik :

— Explique-toi.

— Je suis marin, je commande un vaisseau marchand; moi et plusieurs autres capitaines, nous avons reçu l'ordre de transporter par mer des gens armés et de les débarquer dans le port de Vannes, par la baie du Morbihan. J'ai obéi; un coup de vent a rompu un de mes mâts; mon vaisseau est arrivé le dernier de tous. Alors le *chef des cent vallées* m'a fait appliquer la peine des retardataires... Mais il a été généreux, il m'a fait grâce de la mort; il m'a donné à choisir entre la perte du nez, des oreilles ou d'un membre. J'ai été mutilé..., non pour avoir manqué de courage ou d'ardeur..., cela eût été juste..., je me serais soumis sans me plaindre aux lois de mon pays...

— Mais ce supplice inique, reprit Méroë, Albinik l'a subi parce que le vent de la mer s'est levé contre lui... Autant punir de mort celui qui ne peut voir clair dans la nuit noire... celui qui ne peut obscurcir la lumière du soleil !

— Et cette mutilation me couvre à jamais d'opprobre, s'est écrié Albinik. A tous elle dit : « Celui-là est un lâche... » Je n'avais jamais connu la haine : maintenant mon âme en est remplie! Périsse cette patrie maudite, où

je ne peux plus vivre que déshonoré! Périsse la liberté!
Périssent ceux de mon peuple, pourvu que je sois vengé
du *chef des cent vallées*... Pour cela je donnerais avec joie
les membres qu'il m'a laissés. Voilà pourquoi je suis ici
avec ma compagne. Partageant ma honte, elle partage
ma haine. Cette haine, nous l'offrons à César; qu'il en
use à son gré, qu'il nous éprouve; notre vie répond de
notre sincérité... Quant aux récompenses, nous n'en voulons pas...

— La vengeance... voilà ce qu'il nous faut, ajouta
Méroë.

— En quoi pourrais-tu servir César contre le *chef des
cent vallées ?* a dit l'interprète à Albinik.

— J'offre à César de le servir comme marin, comme
soldat, comme guide, comme espion même, s'il le veut.

— Pourquoi n'as-tu pas cherché à tuer le *chef des cent
vallées*... pouvant approcher de lui dans le camp gaulois?
dit l'interprète au marin. Tu te serais ainsi vengé.

— Aussitôt après la mutilation de mon époux, reprit
Méroë, nous avons été chassés du camp : nous ne pou-
vions y rentrer.

L'interprète s'entretint de nouveau avec le général romain, qui, tout en écoutant, ne cessait de vider sa coupe
et de poursuivre Méroë de ses regards audacieux.

— Tu es marin, dis-tu? reprit l'interprète; tu comman-
dais un vaisseau de commerce?

— Oui.

— Et... es-tu bon marin?

— J'ai vingt-huit ans; depuis l'âge de douze ans je
voyage sur mer, depuis quatre ans je commande un
vaisseau.

— Connais-tu bien la côte depuis Vannes jusqu'au canal qui sépare la Grande-Bretagne de la Gaule ?

— Je suis du port de Vannes, près de la forêt de Karnak. Depuis plus de seize ans je navigue continuellement sur ces côtes...

— Serais-tu bon pilote?

— Que je perde les membres que m'a laissés le *chef des cent vallées* s'il est une baie, un cap, un îlot, un écueil, un banc de sable, un brisant que je ne connaisse, depuis le golfe d'Aquitaine jusqu'à Dunkerque.

— Tu vantes ta science de pilote, comment la prouveras-tu?

— Nous sommes près de la côte : pour qui n'est pas bon et hardi marin, rien de plus dangereux que la navigation de l'embouchure de la Loire en remontant vers le nord.

— C'est vrai, répondit l'étranger. Hier encore une galère romaine a échoué et s'est perdue sur un banc de sable.

— Qui pilote bien un bateau, dit Albinik, pilote bien une galère, je pense?

— Oui.

— Faites-nous conduire demain matin sur la côte ; je connais les bateaux pêcheurs du pays : ma compagne et moi nous suffirons à la manœuvre, et du haut du rivage César nous verra raser les écueils, les brisants, et nous en jouer comme le corbeau de mer se joue des vagues qu'il effleure. Alors César me croira capable de piloter sûrement une galère sur les côtes de Bretagne.

L'offre d'Albinik ayant été traduite à César par l'interprète, celui-ci reprit :

— L'épreuve que tu proposes, nous l'acceptons... Demain matin elle aura lieu... Si elle prouve ta science de pilote, peut-être, en prenant toute garantie contre ta trahison si tu voulais nous tromper, peut-être seras-tu chargé d'une mission qui servira ta haine... plus que tu ne l'espères; mais il te faudrait pour cela gagner toute la confiance de César.

— Que faire?

— Tu dois connaître les forces, les plans de l'armée
gauloise. Prends garde de mentir, nous avons eu déjà des
rapports à ce sujet; nous verrons si tu es sincère, sinon
le chevalet de torture n'est pas loin d'ici.

— Arrivé à Vannes le matin, arrêté, jugé, supplicié
presque aussitôt, et ensuite chassé du camp gaulois, je
n'ai pu savoir les délibérations du conseil tenu la veille,
répondit Albinik; mais la situation était grave, car à ce
conseil les femmes ont été appelées; il a duré depuis le
soleil couché jusqu'à l'aube. Le bruit répandu était que
de grands renforts arrivaient à l'armée gauloise.

— Quels étaient ces renforts?

— Les tribus du Finistère et des Côtes-du-Nord, celles
de Lisieux, d'Amiens, du Perche. On disait même que les
guerriers du Brabant arrivaient par mer.

Après avoir traduit la réponse d'Albinik à César, l'interprète reprit :

— Tu dis vrai..., tes paroles s'accordent avec les rapports qui nous ont été faits...; mais quelques éclaireurs
de l'armée, revenus ce soir, ont apporté la nouvelle que
de deux ou trois lieues d'ici... on apercevait du côté du
nord les lueurs d'un incendie... Tu viens du nord? As-tu
connaissance de cela?

— Depuis les environs de Vannes jusqu'à trois lieues
d'ici, a répondu Albinik, il ne reste ni une ville, ni un
bourg, ni un village, ni une maison... ni un sac de blé,
ni une outre de vin, ni un bœuf, ni un mouton, ni une
meule de fourrage, ni un homme, ni une femme, ni un
enfant... Approvisionnements, bétails, richesses, tout ce
qui n'a pu être emmené, a été livré aux flammes par les
habitants... A l'heure où je te parle, toutes les tribus des
contrées incendiées se sont ralliées à l'armée gauloise,
ne laissant derrière elles qu'un désert couvert de ruines
fumantes.

A mesure qu'Albinik avait parlé, la surprise de l'interprète était devenue croissante et profonde; dans son effroi il semblait n'oser croire à ce qu'il entendait, et hésiter à apprendre à César cette redoutable nouvelle... Enfin il s'y résigna...

Albinik ne quitta pas César des yeux, afin de lire sur son visage quelle impression lui causeraient les paroles de l'interprète.

Bien dissimulé était, dit-on, le général romain; mais à mesure que parlait l'interprète, la stupeur, la crainte, la fureur, et aussi le doute, se trahissaient sur la figure de l'oppresseur de la Gaule... Ses officiers, ses conseillers, se regardaient avec consternation, et échangeaient à voix basse des paroles qui semblaient pleines d'angoisses.

Alors César, se redressant brusquement sur son lit, adressa quelques brèves et violentes paroles à l'interprète, qui dit aussitôt au marin :

— César t'accuse de mensonge... Un tel désastre est impossible... Aucun peuple n'est capable d'un pareil sacrifice... Si tu as menti, tu expieras ton crime dans les tortures !...

Albinik et Méroë éprouvèrent une joie profonde en voyant la consternation, la fureur du Romain, qui ne pouvait se résoudre à croire à cette héroïque résolution si fatale pour son armée... Mais les deux époux cachèrent cette joie, et Albinik répondit :

— César a dans son camp des cavaliers numides, aux chevaux infatigables : qu'à l'instant il les envoie en éclaireurs; qu'ils parcourent non-seulement toutes les contrées que nous venons de traverser en une nuit et un jour de marche, mais qu'ils étendent leur course vers l'orient du côté de la Touraine, qu'ils aillent plus loin encore, jusqu'au Berry... et aussi loin que leurs chevaux pourront les porter, ils traverseront des contrées désertes ravagées par l'incendie.

A peine Albinik eut-il prononcé ces paroles, que le général romain donna des ordres à plusieurs de ses officiers ; ils sortirent en hâte de sa tente, tandis que lui, revenant à sa dissimulation habituelle, et, sans doute, regrettant d'avoir trahi ses craintes en présence de transfuges gaulois, affecta de sourire, se coucha de nouveau sur sa peau de lion, tendit sa coupe à l'un de ses échansons, et la vida, après avoir dit à l'interprète ces paroles, qu'il traduisit ainsi :

— César vide sa coupe en l'honneur des Gaulois... et par Jupiter ! il leur rend grâces d'avoir accompli ce que lui-même voulait accomplir... car la vieille Gaule s'humiliera, soumise et repentante, devant Rome, comme la plus humble esclave... ou pas une de ses villes ne restera debout... pas un de ses guerriers vivants... pas un de ses habitants libres !...

— Que les dieux entendent César ! a répondu Albinik. Que la Gaule soit esclave ou dévastée, je serai vengé du *chef des cent vallées*... car il souffrira mille morts en voyant asservie ou anéantie cette patrie que je maudis maintenant !

Pendant que l'interprète traduisait ces paroles, le général, soit pour dissimuler ses craintes, soit pour les noyer dans le vin, vida plusieurs fois sa coupe, et recommença de jeter sur Méroë des regards de plus en plus ardents ; puis, paraissant réfléchir, il sourit d'un air singulier, fit signe à l'un de ses affranchis, lui parla tout bas, ainsi qu'à l'esclave more, jusqu'alors assise à ses pieds, et tous deux sortirent de la tente.

L'interprète dit alors à Albinik :

— Jusqu'ici tes réponses ont prouvé ta sincérité... Si la nouvelle que tu viens de donner se confirme, si demain

tu te montres habile et hardi pilote, tu pourras servir ta
vengeance... Si tu le satisfais, il sera généreux... si tu le
trompes, ta punition sera terrible... As-tu vu en entrant
dans le camp cinq crucifiés ?

— Je les ai vus.

— Ce sont des pilotes qui ont refusé de nous servir...
On les a portés sur la croix, car leurs membres, brisés
par la torture, ne pouvaient plus les soutenir... Tel serait ton sort et celui de ta compagne au moindre soupçon...

— Je ne redoute pas plus ces menaces que je n'attends
quelque chose de la magnificence de César..., reprit fièrement Albinik. Qu'il m'éprouve d'abord, ensuite il me
jugera.

— Toi et ta compagne, vous allez être conduits dans une
tente voisine ; vous y serez gardés comme prisonniers.

Les deux Gaulois, à un signe du Romain, furent emmenés et conduits, par un passage tournant et couvert de
toile, dans une tente voisine. On les y laissa seuls...

Éprouvant une grande défiance, et devant passer la
nuit en ce lieu, ils l'examinèrent avec attention. Cette
tente, de forme ronde, était intérieurement garnie d'une
étoffe de laine rayée de couleurs tranchantes, fixée sur
des cordes tendues et attachées à des piquets enfoncés en
terre. L'étoffe, ne descendant pas au ras du sol, Albinik
remarqua qu'il restait circulairement, entre les peaux
grossièrement tannées, servant de tapis, et le rebord inférieur de la tente, un espace large comme trois fois la
paume de la main. On ne voyait pas d'autre ouverture à
cette tente que celle par laquelle les deux époux venaient
d'entrer, et que fermaient deux pans de toile croisés l'un
sur l'autre. Un lit de fer, garni de coussins, était à demi
enveloppé de draperies dont on pouvait l'entourer en
tirant un long cordon pendant au-dessus du chevet ; une

lampe d'airain, élevée sur sa longue tige piquée dans le sol, éclairait faiblement l'intérieur de la tente.

Après avoir examiné en silence et avec soin l'endroit où il allait passer la nuit avec sa femme, Albinik lui dit à voix très-basse :

— César nous fera épier cette nuit; on écoutera notre conversation... mais si doucement que l'on vienne, si adroitement que l'on se cache, on ne pourra, du dehors, s'approcher de la toile pour nous écouter sans que nous n'apercevions, à travers ce vide, les pieds de l'espion.

Et il montra à sa femme l'espace circulaire laissé entre le sol et le rebord inférieur de la toile.

— Crois-tu donc, Albinik, que César ait des soupçons ? Pourrait-il supposer qu'un homme ait eu le courage de se mutiler lui-même pour faire croire à ses ressentiments de vengeance ?

— Et nos frères, les habitants des contrées que nous venons de traverser, n'ont-ils pas montré un courage mille fois plus grand que le mien, en livrant leur pays à l'incendie ?... Mon unique espoir est dans le besoin absolu où est notre ennemi d'avoir des pilotes gaulois pour conduire ses galères sur les côtes de Bretagne. Maintenant surtout que le pays n'offre plus aucune ressource à son armée, la voie de mer est peut-être son seul moyen de salut... Tu l'as vu, en apprenant cette héroïque dévastation, il n'a pu, lui toujours si dissimulé, dit-on, cacher sa consternation, sa fureur, qu'il a bientôt tenté d'oublier dans l'ivresse du vin... Et ce n'est pas la seule ivresse à laquelle il se livre..., je t'ai vue rougir sous les regards obstinés de cet infâme débauché !...

— Oh ! Albinik ! pendant que mon front rougissait de honte et de colère sous les yeux de César... par deux fois ma main a cherché et serré, sous mes vêtements, l'arme dont je me suis munie... Un moment j'ai mesuré la distance qui me séparait de lui... il était trop loin...

— Au premier mouvement, et avant d'arriver jusqu'à lui, tu aurais été percée de mille coups... Notre projet vaut mieux... S'il réussit, a ajouté Albinik en jetant un regard expressif à sa compagne, et en élevant peu à peu la voix, au lieu de parler très-bas, ainsi qu'il avait fait jusqu'alors, si notre projet réussit... Si César a foi en ma parole, nous pourrons enfin nous venger de mon bourreau... Oh ! je te le dis... je ressens maintenant pour la Gaule l'exécration que m'inspiraient les Romains...

Méroë, surprise des paroles d'Albinik, le regarda presque sans le comprendre; mais d'un signe il lui fit remarquer, à travers l'espace resté vide entre le sol et la toile de la tente, le bout des sandales de l'interprète, qui écoutait au dehors de la tente... La jeune femme reprit:

— Je partage ta haine comme j'ai partagé l'amour de ton cœur et les périls de ta vie de marin... Fasse Hésus que César comprenne quels services tu peux lui rendre, et je serai témoin de ta vengeance comme j'ai été témoin de ton supplice.

Ces paroles, et d'autres encore, échangées par les deux époux, afin de tromper l'interprète, l'ayant sans doute rassuré sur la sincérité des deux prisonniers, ils s'aperçurent qu'il s'éloignait de la tente.

Peu de temps après, et au moment où Albinik et Méroë, fatigués de la route, allaient se jeter tout vêtus sur le lit, l'interprète parut à l'entrée de la tente : la toile soulevée laissait voir plusieurs soldats espagnols.

— César veut s'entretenir avec toi sur-le-champ, dit l'interprète au marin. Suis-moi.

Albinik, persuadé que les soupçons du général romain, s'il en avait eu, venaient d'être détruits par le rapport de l'interprète, se crut au moment de connaître la mission dont on voulait le charger ; il se disposait, ainsi que Méroë, à sortir de la tente, lorsque celui-ci dit à la jeune femme en l'arrêtant du geste :

— Tu ne peux l'accompagner... César veut parler seul avec ton compagnon.

— Et moi, répondit le marin en prenant la main de sa femme, je ne quitte pas Méroë.

— Oses-tu bien refuser d'obéir à mon ordre ? dit l'interprète. Prends garde !... prends garde !...

— Nous irons tous deux près de César, reprit Méroë, ou nous n'irons ni l'un ni l'autre.

— Pauvres insensés ! n'êtes-vous pas prisonniers et à notre merci ? dit l'interprète en indiquant les soldats immobiles à l'entrée de la tente. De gré ou de force je serai obéi.

Albinik réfléchit que résister était impossible... La mort ne l'effrayait pas ; mais mourir, c'était renoncer à ses projets au moment même où ils semblaient devoir réussir. Cependant il s'inquiétait de laisser Méroë seule dans cette tente. La jeune femme devina les craintes de son époux, et sentant comme lui qu'il fallait se résigner, elle lui dit :

— Va seul... je t'attendrai sans alarmes, aussi vrai que ton frère *est habile armurier...*

A ces mots de sa femme, rappelant qu'elle portait sous ses vêtements un poignard forgé par Mikaël, Albinik, plus rassuré, suivit l'interprète. Les toiles de l'entrée de la tente, un moment soulevées, s'abaissèrent, et bientôt Méroë crut entendre de ce côté le bruit d'un choc pesant ; elle y courut, et s'aperçut alors qu'une épaisse claie d'osier, fermant l'entrée, avait été appliquée au dehors. D'abord, surprise de cette précaution, la jeune femme pensa qu'il valait mieux pour elle rester ainsi enfermée en attendant Albinik, et que peut-être lui-même avait demandé que la tente fût clôturée jusqu'à son retour.

Méroë s'assit pensive sur le lit, pleine d'espoir dans l'entretien que son époux avait sans doute alors avec

César. Tout à coup elle fut tirée de sa rêverie par un bruit singulier ; il venait de la partie située en face du lit. Presque aussitôt, à l'endroit d'où était parti le bruit, la toile se fendit dans sa longueur... La jeune femme se leva debout ; son premier mouvement fut de s'armer du poignard qu'elle portait sous sa saie. Alors confiante en elle-même et dans l'arme qu'elle tenait, elle attendit... se rappelant le proverbe gaulois : *Celui-là qui tient sa propre mort dans sa main n'a rien à redouter que des dieux !*

A ce moment la toile qui s'était fendue dans toute sa longueur s'entr'ouvrit sur un fond d'épaisses ténèbres, et Méroë vit apparaître la jeune eslave more, enveloppée de vêtements blancs.

## CHAPITRE II

Dès que la Moresque eut mis le pied dans la tente, elle se jeta à genoux et tendit ses mains jointes vers la compagne d'Albinik, qui, touchée de ce geste suppliant, et de la douleur empreinte sur les traits de l'esclave, ne ressentit ni défiance, ni crainte, mais une compassion mêlée de curiosité, et déposa son poignard au chevet du lit. La jeune Moresque s'avançait comme en rampant sur ses genoux, les deux mains toujours tendues vers Méroë penchée vers la suppliante avec pitié, afin de la relever ; mais l'esclave s'étant ainsi approchée du lit où était le poignard, se releva d'un bond, sauta sur l'arme, qu'elle n'avait pas sans doute perdue de vue depuis son entrée dans la tente, et avant que, dans sa stupeur, la compagne d'Albinik eût pu s'y opposer, son poignard fut lancé à travers les ténèbres que l'on voyait au dehors.

A l'éclat de rire sauvage poussé par la Moresque lorsqu'elle eut ainsi désarmé Méroë, celle-ci se vit trahie, courut vers le ténébreux passage, afin de retrouver son poignard ou de fuir... mais de ces ténèbres... elle vit sortir César...

Saisie d'effroi, la Gauloise recula de quelques pas. César avança d'autant, et l'esclave disparut par l'ouverture, aussitôt refermée. A la démarche incertaine du Romain, au feu de ses regards, à l'animation qui empourprait ses joues, Méroë s'aperçut qu'il était ivre à demi, elle eut moins de frayeur. Il tenait à la main un coffret de bois précieux ; après avoir silencieusement contemplé la jeune femme avec une telle effronterie qu'elle sentit de nouveau la rougeur de la honte lui monter au front, le Romain tira du coffret un riche collier d'or ciselé, l'approcha de la lumière de la lampe comme pour le faire mieux briller aux yeux de celle qu'il voulait tenter ; puis, simulant un respect ironique, il se baissa, déposa le collier aux pieds de la Gauloise, et se releva, l'interrogeant d'un regard audacieux.

Méroë, debout, les bras croisés sur sa poitrine soulevée par l'indignation et le mépris, regarda fièrement César, et repoussa le collier du bout du pied.

Le Romain fit un geste de surprise insultante, se mit à rire d'un air de dédaigneuse confiance, choisit dans le coffret un magnifique réseau d'or pour la coiffure, tout incrusté d'escarboucles, et après l'avoir fait scintiller à la clarté de la lampe, il le déposa encore aux pieds de Méroë, en redoublant de respect ironique, puis, se relevant, sembla lui dire :

— Cette fois je suis certain de mon triomphe.

Méroë, pâle de colère, sourit de dédain.

Alors César versa aux pieds de la jeune femme tout le contenu du coffret... Ce fut comme une pluie d'or, de perles et de pierreries, colliers, ceintures, pendants d'oreilles, bracelets, bijoux de toutes sortes.

Méroë cette fois ne repoussa pas ces richesses, mais autant qu'elle le put elle les broya sous le talon de sa bottine, et d'un regard arrêta l'infâme débauché qui s'avançait vers elle les bras ouverts...

Un moment interdit, le Romain porta ses deux mains sur son cœur, comme pour protester de son adoration ; la Gauloise répondit à ce langage muet par un éclat de rire si méprisant, que César, ivre de convoitise, de vin et de colère, parut dire :

— J'ai offert des richesses, j'ai supplié ; tout a été vain ; j'emploierai la force.

Seule, désarmée, persuadée que ses cris ne lui attireraient aucun secours, l'épouse d'Albinik sauta sur le lit, saisit le long cordon qui servait à rapprocher les draperies, le noua autour de son cou, monta sur le chevet, prête à se lancer dans le vide et à s'étrangler par la seule pesanteur de son corps au premier mouvement de César ; celui-ci vit une résolution si désespérée sur les traits de Méroë qu'il resta immobile ; et, soit remords de sa violence, soit certitude, s'il employait la force, de n'avoir en sa possession qu'un cadavre, soit enfin, ainsi que le fourbe le prétendit plus tard, qu'une arrière-pensée presque généreuse l'eût guidé, il se recula de quelques pas et leva la main au ciel comme pour prendre les dieux à témoin qu'il respecterait sa prisonnière. Celle-ci, défiante, resta toujours prête à se donner la mort. Alors le Romain se dirigea vers la secrète ouverture de la tente, disparut un moment dans les ténèbres, donna un ordre à haute voix, et rentra bientôt, se tenant assez éloigné du lit, les bras croisés sur sa toge. Ignorant si le danger qu'elle courait n'allait pas encore augmenter, Méroë demeurait debout au chevet du lit, la corde au cou. Mais, au bout de quelques instants, elle vit entrer l'interprète accompagné d'Albinik, et d'un bond fut auprès de lui.

— Ton épouse est une femme de mâle vertu ! lui dit l'interprète. Vois à ses pieds ces trésors ! elle les a repoussés... L'amour du grand César..., elle l'a dédaigné. Il a feint de vouloir recourir à la violence ; ta compagne, désarmée par ruse, était prête à se donner la mort... Ainsi elle est glorieusement sortie de cette épreuve.

— Une épreuve ?... reprit Albinik d'un air de doute sinistre, une épreuve ?... Qui a donc ici le droit d'éprouver la vertu de ma femme ?...

— Les sentiments de vengeance qui t'ont amené dans le camp romain sont ceux d'une âme fière révoltée par l'injustice et la barbarie... La mutilation que tu as subie semblait surtout prouver la sincérité de tes paroles, reprit l'interprète ; mais les transfuges inspirent toujours une secrète défiance. L'épouse fait souvent préjuger de l'époux, la tienne est une vaillante femme. Pour inspirer une fidélité pareille, tu dois être un homme de cœur et de parole. C'est de cela que l'on voulait s'assurer.

— Je ne sais..., reprit le marin d'un air de doute. La débauche de ton général est connue...

— Les dieux nous ont en ta personne envoyé un précieux auxiliaire, tu peux devenir fatal aux Gaulois. Crois-tu César assez insensé pour avoir voulu se faire un ennemi de toi en outrageant ta femme, et cela au moment peut-être où il va te charger d'une mission de confiance ? Non, je le répète, il a voulu vous éprouver tous deux, et jusqu'ici ces épreuves vous sont favorables...

César interrompit son interprète, lui dit quelques mots ; puis, s'inclinant avec respect devant Méroë et saluant Albinik d'un geste amical, il sortit lentement avec majesté.

— Toi et ton épouse, dit l'interprète, vous êtes désormais assurés de la protection du général... Il vous en donne sa foi, vous ne serez plus ni séparés ni inquiétés...

La femme du courageux marin a méprisé ces riches parures, ajouta l'interprète en ramassant les bijoux et les replaçant dans le coffret. César veut garder comme souvenir de la vertu de la Gauloise le poignard qu'elle portait et qu'il lui a fait enlever par ruse. Rassure-toi, elle ne restera pas désarmée.

Et presque au même instant deux jeunes affranchis entrèrent dans la tente ; ils portaient sur un grand plateau d'argent un petit poignard oriental d'un travail précieux et un sabre espagnol court et légèrement recourbé, suspendu à un baudrier de cuir rouge, magnifiquement brodé d'or. L'interprète remit le poignard à Méroë, le sabre à Albinik, en leur disant :

— Reposez en paix et gardez ces dons de la magnificence de César.

— Et tu l'assureras, reprit Albinik, que tes paroles et sa générosité dissipent mes soupçons ; il n'aura pas désormais d'auxiliaire plus dévoué que moi, jusqu'à ce que ma vengeance soit satisfaite.

L'interprète sortit avec les affranchis ; Albinik raconta à sa femme que, conduit dans la tente du général romain, il l'avait attendu en compagnie de l'interprète jusqu'au moment où tous deux étaient revenus dans la tente, sous la conduite d'un esclave. Méroë dit à son tour ce qui s'était passé. Les deux époux conclurent, non sans vraisemblance, que César, ivre à demi, avait d'abord cédé à une idée infâme, mais que la résolution désespérée de la Gauloise, et sans doute aussi la réflexion qu'il risquait de s'aliéner un transfuge dont il pouvait tirer un utile parti, ayant dissipé la demi-ivresse du Romain, il avait, avec sa fourbe et son adresse habituelles, donné, sous prétexte d'une épreuve, une apparence presque généreuse à un acte odieux.

Le lendemain, César, accompagné de ses généraux, se

rendit sur le rivage qui dominait l'embouchure de la
Loire ; une tente y avait été dressée. De cet endroit on
découvrait au loin la mer et ses dangereux parages, semés
de bancs de sable et d'écueils à fleur d'eau. Le vent souf-
flait violemment. Un bateau de pêche, à la fois solide et
léger, était amarré au rivage et gréé à la gauloise, d'une
seule voile carrée, à pans coupés. Albinik et Méroë furent
amenés. L'interprète leur dit :

— Le temps est orageux, la mer menaçante : oseras-tu
t'aventurer dans ce bateau, seul avec ta femme ? Il y a
ici quelques pêcheurs prisonniers, veux-tu leur aide ?

— Ma femme et moi, nous avons bravé bien des tem-
pêtes, seuls dans notre barque, lorsque par de mauvais
temps nous allions rejoindre mon vaisseau ancré loin du
rivage.

— Mais, maintenant, tu es mutilé, reprit l'interprète ;
comment pourras-tu manœuvrer ?

— Une main suffit au gouvernail... ma compagne orien-
tera la voile... Métier de femme, puisqu'il s'agit de manier de la toile, ajouta gaiement le marin pour donner
confiance au Romain.

— Va donc, dit l'interprète. Que les dieux te condui-
sent !...

La barque, poussée à flot par plusieurs soldats, vacilla
un instant sous les palpitations de la voile, que le vent
n'avait pas encore emplie ; mais bientôt, tendue par Méroë, tandis que son époux tenait le gouvernail, la voile se
gonfla, s'arrondit sous le souffle de la brise ; le bateau
s'inclina légèrement, et sembla voler sur le sommet des
vagues comme un oiseau de mer. Méroë, vêtue de son
costume de marin, se tenait debout à la proue. Ses cheveux noirs flottaient au vent ; parfois la blanche écume
de l'Océan, après avoir jailli sous la proue du bateau,
jetait sa neige amère au noble et beau visage de la jeune

2.

femme. Albinik connaissait ces parages comme le pasteur
des landes solitaires de la Bretagne en connaît les moin-
dres détours. La barque semblait se jouer des hautes
vagues ; de temps à autre les deux époux apercevaient
au loin, sur le rivage, la tente de César, reconnaissable
à ses voiles de pourpre, et voyaient briller au soleil l'or
et l'argent des armures de ses généraux.

— O César !... fléau de la Gaule !... le plus cruel, le
plus débauché des hommes !... s'écria Méroë, tu ne sais
pas que cette frêle barque, qu'en ce moment peut-être tu
suis au loin des yeux, porte deux de tes ennemis acharnés !
Tu ne sais pas qu'ils ont d'avance abandonné leur vie à
Hésus, dans l'espoir d'offrir à Teutâtès, dieu des voyages
sur terre et sur mer, une offrande digne de lui... une
offrande de plusieurs milliers de Romains s'abîmant dans
les gouffres de la mer ! Et c'est en élevant nos mains vers
toi, reconnaissants et joyeux, ô Hésus ! que nous dispa-
raîtrons au fond des abîmes avec les ennemis de notre
Gaule sacrée !

Et la barque d'Albinik et de Méroë, rasant les écueils et
les vagues au milieu de ces dangereux parages, tantôt
s'éloignait, tantôt se rapprochait du rivage. La compagne
du marin, le voyant pensif et triste, lui a dit :

— A quoi songes-tu, Albinik ?... Tout seconde nos
projets : le général romain n'a plus de soupçon, l'habileté
de ta manœuvre va 'le décider à accepter tes services, et
demain peut-être tu piloteras les galères de nos ennemis...

— Oui..., je les piloterai vers l'abîme... où elles doivent
s'engloutir avec nous...

— Quelle magnifique offrande à nos dieux !... dix
mille Romains peut-être !...

— Méroë, a répondu Albinik avec un soupir, lorsque,
après avoir cessé de vivre ici, ainsi que ces soldats... de
braves guerriers après tout, nous revivrons ailleurs avec

eux, ils pourront me dire : « Ce n'est pas vaillamment, par
la lance et par l'épée, que tu nous as tués... Non, tu nous
as tués sans combat, par trahison... Tu veillais au gouvernail... nous dormions confiants et tranquilles... tu nous
as conduits sur des écueils... et en un instant la mer nous
a engloutis... Tu es comme un lâche empoisonneur, qui,
en mettant du poison dans nos vivres, nous aurait fait
mourir... Est-ce vaillant?... Non! ce n'est plus là cette
franche audace de tes pères; ces fiers Gaulois, qui, demi-
nus, nous combattaient, en nous raillant sur nos armures
de fer, nous demandant pourquoi nous battre si nous avions
peur des blessures ou de la mort... »

— Ah! s'est écriée Méroë avec amertume et douleur,
pourquoi les druidesses m'ont-elles enseigné qu'une femme
doit échapper par la mort au dernier outrage?... Pourquoi ta mère Margarid nous a-t-elle si souvent raconté,
comme un mâle exemple à suivre, ce trait de ton aïeule
*Siomara*... coupant la tête du Romain qui l'avait vio-
lentée... et apportant dans un pan de sa robe cette tête à
son mari, en lui disant ces fières et chastes paroles :
« Deux hommes vivants ne se vanteront pas de m'avoir
possédée!... » Ah! pourquoi n'ai-je pas cédé à César?

— Méroë!...

— Peut-être te serais-tu vengé alors!... Cœur faible,
âme sans vigueur! il te faut donc l'outrage accompli... la
honte bue... pour allumer ta colère?...

— Méroë! Méroë!...

— Il ne te suffit donc pas que ce Romain ait proposé...
ta femme de se vendre?... de se livrer à lui pour des présents?... C'est à ta femme... entends-tu?... à ta femme...
que César l'a faite... cette offre d'ignominie!...

— Tu dis vrai, a répondu le marin en sentant, au souvenir de ces outrages, le courroux enflammer son cœur,
j'étais une âme faible...

Mais sa compagne a poursuivi avec un redoublement
d'amertume :

— Non, je le vois, ce n'est pas assez... j'aurais dû
mourir... peut-être alors aurais-tu juré vengeance sur mon
corps!... Ah! ils t'inspirent de la pitié, ces Romains,
dont nous voulons faire une offrande aux dieux!... Ils ne
sont pas complices du crime qu'a voulu tenter César,
dis-tu... Réponds... seraient-ils venus à mon aide, ces
soldats, *ces braves guerriers*... si, au lieu de me fier à
mon seul courage et de puiser ma force dans mon amour
pour toi, je m'étais écriée éplorée, suppliante : « Romains,
au nom de vos mères, défendez-moi des violences de votre
général! » Réponds, seraient-ils venus à ma voix? Au-
raient-ils oublié que j'étais Gauloise... et que César était...
César? Les cœurs généreux de ces braves se seraient-ils
révoltés, eux qui, après le viol, noient les enfants dans le
sang des mères?...

Albinik n'a pas laissé achever sa compagne; il a rougi
de sa faiblesse; il a rougi d'avoir pu oublier un instant
les horreurs commises par les Romains dans leur guerre
impie... il a rougi d'avoir oublié que le sacrifice des ennemis de la Gaule est surtout agréable à Hésus. Alors,
dans sa colère, et pour toute réponse, il a chanté le chant
de guerre des marins bretons, comme si le vent avait pu
porter ces paroles de défi et de mort sur le rivage où était
César :

« *Tor-è-benn! Tor-è-benn* [1]!

Comme j'étais couché dans mon vaisseau, j'ai entendu
« l'aigle de mer appeler au milieu de la nuit. — Il appe-
« lait ses aiglons et tous les oiseaux du rivage. — Et il
« leur disait en les appelant : — Levez-vous tous...

---

1. Cri de guerre des Gaulois signifiant *frappe à la tête, assomme!* (Latour d'Auvergne, *Origines gauloises*.)

« venez... venez... — Non, ce n'est plus de la chair
« pourrie de chien ou de brebis qu'il nous faut... c'est de
« la chair romaine.

« *Tor-è-benn! Tor-è-benn!*

« Vieux corbeau de mer, dis-moi, que tiens-tu là ? —
« Moi, je tiens la tête du chef romain ; je veux avoir ses
« deux yeux... — Et toi, loup de mer, que tiens-tu là ?
« — Moi, je tiens le cœur du chef romain, et je le mange!
— « Et toi, serpent de mer, que fais-tu là, roulé autour
« de ce cou, et ta tête plate si près de cette bouche, déjà
« froide et bleue? — Moi, je suis ici pour attendre au
« passage l'âme du chef romain.

« *Tor-è-benn! Tor-è-benn!* »

Méroë, exaltée par ce chant de guerre, ainsi que son
époux, a, comme lui, répété, en semblant défier César,
dont on voyait au loin la tente :

« *Tor-è-benn! Tor-è-benn! Tor-è-benn!* »

Et toujours la barque d'Albinik et de Méroë, se jouant
des écueils et des vagues, au milieu de ces dangereux parages, tantôt s'éloignait, tantôt se rapprochait du rivage.

— Tu es le meilleur et le plus hardi pilote que j'aie
rencontré, moi qui dans ma vie ai tant voyagé sur mer,
fit dire César à Albinik, lorsqu'il eut regagné la terre et
débarqué avec Méroë. Demain, si le temps est favorable,
tu guideras une expédition dont tu sauras le but au moment de mettre en mer.

Le lendemain, au lever du soleil, le vent se trouvant
propice, la mer belle, César a voulu assister au départ
des galères romaines; il a fait venir Albinik. A côté du
général était un guerrier de grande taille, à l'air farouche :
une armure flexible, faite d'anneaux de fer entrelacés, le
couvrait de la tête aux pieds; il se tenait immobile; on
aurait dit une statue de fer. A sa main, il portait une

lourde et courte hache à deux tranchants. L'interprète a dit à Albinik, lui montrant cet homme :

— Tu vois ce soldat... durant la navigation il ne te quittera pas plus que ton ombre... Si par ta faute ou par trahison une seule des galères échouait, il a l'ordre de te tuer à l'instant, toi et ta compagne... Si, au contraire, tu mènes la flotte à bon port, le général te comblera de ses dons ; tu feras envie aux plus heureux.

— César sera content... a répondu Albinik.

Et suivi pas à pas par le soldat à la hache, il a monté, ainsi que Méroë, sur la galère *prétorienne*, dont la marche guidait celle des autres ; on la reconnaissait à trois flambeaux dorés, placés à sa poupe.

Chaque galère portait soixante et dix rameurs, dix mariniers pour la manœuvre des voiles, cinquante archers et frondeurs armés à la légère, et cent cinquante soldats bardés de fer de la tête aux pieds.

Lorsque les galères eurent quitté le rivage, le préteur, commandant militaire de la flotte, fit dire, par un interprète, à Albinik de se diriger vers le nord pour débarquer au fond de la baie du Morbihan, dans les environs de la ville de Vannes, où était rassemblée l'armée gauloise. Albinik, la main au gouvernail, devait transmettre, par l'interprète, ses commandements au maître des rameurs. Celui-ci, au moyen d'un marteau de fer, dont il frappait une cloche d'airain, d'après les ordres du pilote, indiquait ainsi, par les coups lents ou redoublés du marteau, le mouvement et la cadence des rames, selon qu'il fallait accélérer ou ralentir l'allure de la *prétorienne*, sur laquelle la flotte romaine guidait sa marche.

Les galères, poussées par un vent propice, s'avançaient vers le nord. Selon l'interprète, les plus vieux mariniers admiraient la hardiesse de la manœuvre et la promptitude de coup d'œil du pilote gaulois. Après une assez longue

navigation, la flotte, se trouvant près de la pointe méri-
dionale de la baie du Morbihan, allait entrer dans ces parages, les plus dangereux de toute la côte de Bretagne par
leur multitude d'îlots, d'écueils, de bancs de sable, et
surtout par leurs courants sous-marins d'une violence
irrésistible.

Un îlot, situé au milieu de l'entrée de la baie, que res-
serrent deux pointes de terre, partage cette entrée en deux
passes très-étroites. Rien à la surface de la mer, ni brisants, ni écume, ni changement de nuance dans la couleur des vagues, n'annonce la moindre différence entre ces
deux passages. Pourtant, l'un n'offre aucun écueil, et
l'autre est si redoutable, qu'au bout de cent coups de rames
les navires engagés dans ce chenal à la file les uns des
autres, et guidés par la *prétorienne* que pilotait Albinik,
allaient être peu à peu entraînés par la force d'un courant
sous-marin vers un banc de rochers, que l'on voyait au
loin, et sur lequel la mer, partout ailleurs calme, se bri-
sait avec furie... Mais les commandants de chaque galère
ne pourraient s'apercevoir du péril que les uns après les
autres, chacun ne le reconnaissant qu'à la rapide dérive
de la galère qui le précéderait... et alors il serait trop
tard... la violence du courant emporterait, précipiterait
vaisseau sur vaisseau... Tournoyant sur l'abîme, s'abor-
dant, se heurtant, ils devaient, dans ces terribles chocs,
s'entr'ouvrir et s'engloutir au fond des eaux avec leur
équipage, ou se briser sur le banc de roches... Cent coups
de rame encore, et la flotte était anéantie dans ce passage
de perdition...

La mer était si calme, si belle, que nul, parmi les Romains, ne soupçonnait le péril... Les rameurs accompagnaient de chants le mouvement cadencé de leurs rames;
des soldats nettoyaient les armes, d'autres dormaient,
étendus à la proue; d'autres jouaient aux osselets. Enfin,

à peu de distance d'Albinik, toujours au gouvernail, un vétéran aux cheveux blanchis, au visage cicatrisé, était assis sur un banc de la poupe, entre ses deux fils, beaux jeunes archers de dix-huit à vingt ans. Tout en causant avec leur père, ils avaient chacun un bras familièrement passé sur l'épaule du vieux soldat, qu'ils enlaçaient ainsi ; ils semblaient causer tous trois avec une douce confiance, et s'aimer tendrement. Albinik, malgré sa haine contre les Romains, n'a pu s'empêcher de soupirer de compassion, en songeant au sort de tous ces soldats, qui ne se croyaient pas si près de mourir.

A ce moment, un de ces légers vaisseaux dont se servent les marins d'Irlande sortit de la baie du Morbihan par le chenal qui n'offrait aucun danger... Albinik avait, pour son commerce, fait de fréquents voyages à la côte d'Irlande, terre peuplée d'habitants d'origine gauloise, parlant à peu près le même langage, mais difficile à comprendre pour qui ne les avait pas souvent pratiqués comme Albinik.

L'Irlandais, soit qu'il craignît d'être poursuivi et pris par quelqu'une des galères de guerre qu'il voyait s'approcher, et qu'il voulût échapper à ce danger en venant de lui-même au-devant de la flotte, soit qu'il crût avoir des renseignements utiles à donner, l'Irlandais se dirigea vers la *prétorienne*, qui ouvrait la marche. Albinik frémit... L'interprète allait peut-être interroger cet Irlandais, et il pouvait signaler le danger que devait courir l'armée navale en prenant l'une ou l'autre des deux passes de l'îlot. Albinik ordonna donc de forcer de rames, afin d'arriver au chenal de perdition avant que l'Irlandais n'eût rejoint les galères. Mais après quelques mots échangés entre le commandant militaire et l'interprète, celui-ci ordonna d'attendre le navire qui s'approchait, afin de lui demander des nouvelles de la flotte gauloise. Albinik, n'osant con-

trarier ce commandement, de peur d'éveiller des soupçons, obéit, et bientôt le petit navire irlandais fut à portée
de voix de la *prétorienne*. L'interprète, s'avançant alors,
dit en langue gauloise à l'Irlandais :

— D'où venez-vous? où allez-vous?... Avez-vous rencontré des vaisseaux en mer?

A ces questions, l'Irlandais fit signe qu'il ne compre-
nait pas, et, dans son langage moitié gaulois, il reprit :

— Je viens vers la flotte pour lui donner des nouvelles.

— Quelle langue parle cet homme? dit l'interprète à
Albinik. Je ne l'entends pas, quoique son langage ne me
semble pas tout à fait étranger.

— Il parle moitié irlandais, moitié gaulois, répondit
Albinik. J'ai souvent commercé sur les côtes de ce pays ;
je sais ce langage. Cet homme dit s'être dirigé vers la
flotte pour lui donner des nouvelles.

— Demande-lui quelles sont ces nouvelles.

— Quelles nouvelles as-tu à donner ? dit Albinik à l'Irlandais.

— Les vaisseaux gaulois, répondit-il, venant de divers
ports de Bretagne, se sont réunis hier soir dans cette baie,
dont je sors. Ils sont en très-grand nombre, bien équipés,
bien armés, et prêts au combat... Ils ont choisi leur an-
crage tout au fond de la baie, près du port de Vannes.
Vous ne pourrez les apercevoir qu'après avoir doublé le
promontoire d'Aëlkern...

— L'Irlandais nous apporte des nouvelles favorables,
dit Albinik à l'interprète. La flotte gauloise est dispersée
de tous côtés : une partie de ses vaisseaux est dans la
rivière d'Auray, d'autres plus loin encore, vers la baie
d'Audiern et Ouessant... Il n'y a au fond de cette baie,
pour défendre Vannes par mer, que cinq ou six mauvais
vaisseaux marchands, à peine armés à la hâte.

— Par Jupiter! s'écria l'interprète joyeux; les dieux sont, comme toujours, favorables à César!...

Le préteur et les officiers, à qui l'interprète répéta la fausse nouvelle donnée par le pilote, parurent aussi très-joyeux de cette dispersion de la flotte gauloise... Vannes était ainsi livrée aux Romains, presque sans défense, du côté de la mer.

Albinik dit alors à l'interprète en lui montrant le soldat à la hache:

— César s'est défié de moi; bénis soient les dieux de me permettre de prouver l'injustice de ses soupçons... Voyez-vous cet îlot... là-bas... à cent longueurs de rame d'ici?...

— Je le vois...

—Pour entrer dans cette baie, il n'y a que deux passages, l'un à droite, l'autre à gauche de cet îlot. Le sort de la flotte romaine était entre mes mains; je pouvais vous piloter vers l'une de ces passes, que rien à la vue ne distingue de l'autre, et un courant sous-marin entraînait vos galères sur un banc de rochers... pas une n'eût échappé...

— Que dis-tu? s'écria l'interprète, tandis que Méroë regardait son époux avec douleur et surprise, car il semblait renoncer à sa vengeance.

— Je dis la vérité, répondit Albinik à l'interprète; je vais vous le prouver... Cet Irlandais connaît, comme moi, les dangers de l'entrée de cette baie, dont il sort; je lui demanderai de marcher devant nous, en guise de pilote; et d'avance je vais vous tracer la route qu'il va suivre: d'abord il prendra le chenal à droite de l'îlot; il s'avancera ensuite, presque à toucher cette pointe de terre que vous apercevez plus loin; puis il déviera beaucoup à droite, jusqu'à ce qu'il soit à la hauteur de ces rochers noirs qui s'élèvent là-bas; cette passe traversée, ces écueils évités, nous serons en sûreté dans la baie... Si l'Irlandais exécute de point en point cette manœuvre, vous défierez-vous encore de moi?

— Non, par Jupiter! répondit l'interprète. Il faudrait être insensé pour conserver le moindre soupçon.

— Jugez-moi donc... reprit Albinik.

Et il adressa quelques mots à l'Irlandais, qui consentit à piloter les navires. Sa manœuvre fut celle prévue par Albinik. Alors celui-ci, ayant donné aux Romains ce gage de sincérité, fit déployer la flotte sur trois files, et pendant quelque temps la guida à travers les îlots dont la baie est semée; puis il donna l'ordre aux rameurs de rester en place sur leurs rames. De cet endroit on ne pouvait apercevoir la flotte gauloise, ancrée tout au fond de la baie, à près de deux lieues de distance de là, et dérobée à tous les yeux par un promontoire très-élevé.

Albinik dit alors à l'interprète :

— Nous ne courons plus qu'un seul danger; mais il est grand. Il y a devant nous des bancs de sable mouvants, parfois déplacés par les hautes marées : les galères pourraient s'y engraver; il faut donc que j'aille reconnaître ce passage la sonde à la main, avant d'y engager la flotte. Elle va rester en cet endroit sur ses rames; faites mettre à la mer la plus petite des barques de cette galère avec deux rameurs : ma femme tiendra le gouvernail; si vous avez encore quelque défiance, vous et le soldat à la hache vous nous accompagnerez dans la barque; puis, le passage reconnu, je reviendrai à bord de cette galère pour piloter la flotte jusqu'à l'entrée du port de Vannes.

— Je ne me défie plus, répondit l'interprète; mais, selon l'ordre de César, ni moi ni ce soldat, nous ne devons te quitter un seul instant.

— Qu'il en soit ainsi que vous le désirez, dit Albinik.

Et la petite barque de la galère fut mise à la mer. Deux rameurs y descendirent avec le soldat et l'interprète; Albinik et Méroë s'embarquèrent à leur tour : le bateau s'éloigna de la flotte romaine, disposée en croissant et se maintenant sur ses rames en attendant le retour du pilote. Méroë, assise au gouvernail, dirigeait la barque selon les indications de son époux. Lui, à genoux et penché à la proue, sondait le passage au moyen d'un plomb très-lourd attaché à un long et fort cordeau. Le bateau côtoyait alors un des nombreux îlots de la baie du Morbihan. Derrière cet îlot s'étendait un long banc de sable que la marée alors descendante commençait à découvrir; puis, au delà du banc de sable, quelques rochers bordant le rivage... Albinik venait de jeter de nouveau la sonde; pendant qu'il semblait examiner sur la corde les traces de la profondeur de l'eau, il échangea un regard rapide avec sa femme en lui indiquant d'un coup d'œil le soldat et l'interprète... Méroë comprit : l'interprète était près d'elle, à la poupe; venaient ensuite les deux rameurs sur leur banc, et enfin l'homme à la hache debout, derrière Albinik, penché à la proue, sa sonde à la main... Se relevant soudain, il se fit de cette sonde une arme terrible, lui imprima le mouvement rapide que le frondeur donne à sa fronde, et du lourd plomb attaché au cordeau frappa si violemment le casque du soldat, qu'étourdi du coup, il s'affaissa au fond de la barque. L'interprète voulut s'élancer au secours de son compagnon; mais, saisi aux cheveux par Méroë, il fut renversé en arrière, perdit l'équilibre et tomba à la mer. L'un des deux rameurs, ayant levé sa rame sur Albinik, roula bientôt à ses pieds. Le mouvement donné au gouvernail par Méroë fit approcher le bateau si près de l'îlot montueux, qu'elle y sauta ainsi que son époux. Tous deux gravirent rapidement ces rochers escarpés; ils n'avaient plus d'autre obstacle pour arriver au rivage qu'un banc de sable dont une partie, déjà découverte par la marée, était mouvante, ainsi qu'on le voyait aux bulles d'air qui venaient continuellement à sa surface. Prendre ce passage pour atteindre les rochers de la côte, c'était périr dans le gouffre caché sur cette surface trompeuse. Déjà les deux époux entendaient de l'autre côté de l'îlot, dont l'élévation les cachait, les cris, les menaces du soldat revenu de son étourdissement, et la voix de l'interprète, retiré sans doute de l'eau par les rameurs. Albinik, habitué à ces parages, reconnut à la grosseur du gravier et à la limpidité de l'eau dont il était encore couvert, que le banc de sable, à quelques pas de là n'était plus mouvant. Il le traversa donc en cet endroit avec Méroë, tous deux ayant de l'eau jusqu'à la ceinture. Ils atteignirent alors les rochers de la côte, les escaladèrent agilement, et s'arrêtèrent ensuite un instant afin de voir s'ils étaient poursuivis.

L'homme à la hache, gêné par sa pesante armure, et n'étant, non plus que l'interprète, habitué à marcher sur des pierres glissantes couvertes de varech, comme l'étaient celles de l'îlot qu'ils avaient à traverser pour atteindre les deux fugitifs, arrivèrent, après maints efforts, en face de la partie mouvante du banc de sable laissé à sec par la marée de plus en plus basse. Le soldat, possédé de colère à l'aspect d'Albinik et de sa compagne, dont il ne se voyait séparé que par un banc de sable fin et uni laissé à sec, crut le passage facile, et s'élança... Au premier pas, il enfonça dans la fondrière jusqu'aux genoux, il fit un violent effort pour se dégager... et disparut jusqu'à la ceinture... Il appela ses compagnons à son aide... à peine avait-il appelé... qu'il n'eut plus que la tête hors du gouffre... Elle disparut aussi... et un moment après, comme il avait levé les mains au ciel en s'abîmant, l'on ne vit plus qu'un de ses gantelets de fer s'agitant convul-

sivement en dehors du sable... Puis l'on n'aperçut plus
rien... rien... sinon qu'une bulle d'eau à la surface de la
fondrière.

Les rameurs et l'interprète, saisis d'épouvante, restèrent immobiles, n'osant braver une mort certaine pour
atteindre les fugitifs... Alors Albinik adressa ces mots à
l'interprète :

— Tu diras à César que je m'étais mutilé moi-même
pour lui donner confiance dans la sincérité de mes offres
de services... Mon dessein était de conduire la flotte romaine à une perte certaine en périssant moi et ma compagne... Il en allait être ainsi... Je vous pilotais dans le
chenal de perdition d'où pas une galère ne serait sortie...
Lorsque nous avons rencontré l'Irlandais, il m'a appris
que, rassemblés depuis hier, les vaisseaux gaulois, très-
nombreux et bien armés, sont ancrés au fond de cette
baie... à deux lieues d'ici. Apprenant cela, j'ai changé
de projet, je n'ai plus voulu perdre vos galères... Elles
seront de même anéanties, mais non par embûche et dé-
loyauté... elles le seront par vaillant combat, navire contre
navire, Gaulois contre Romain... Maintenant, dans l'intérêt du combat de demain, écoute bien ceci : J'ai à dessein conduit tes galères sur des bas-fonds où, dans quelques instants, elles se trouveront à sec sur le sable. Elles
y resteront engravées, car la mer descend... Tenter un
débarquement, c'est vous perdre; vous êtes de tous côtés
entourés de bancs de sable mouvants, pareils à celui où
vient de s'engloutir l'homme à la hache... Restez donc à
bord de vos navires; demain ils seront remis à flot par
la marée montante... et demain bataille... bataille à outrance... Le Gaulois aura une fois de plus montré que
*jamais Breton ne fit trahison*... et que s'il est glorieux de
la mort de son ennemi, c'est lorsqu'il a loyalement tué
son ennemi...

Et Albinik et Méroë, laissant l'interprète effrayé de ces
paroles, se sont dirigés en hâte vers la ville de Vannes,
pour y donner l'alarme et prévenir les gens de la flotte
gauloise de se préparer au combat pour le lendemain...
Chemin faisant, l'épouse d'Albinik lui a dit :

— Le cœur de mon époux bien-aimé est plus haut que le
mien. Je voulais voir détruire la flotte romaine par les
écueils de la mer... Mon époux veut la détruire par la
vaillance gauloise. Que je sois à jamais glorifiée d'être la
femme d'un tel homme !

« Ce récit que votre fils Albinik, le marin, vous envoie,
« à vous, ma mère Margarid, à vous, mon père *Joel, le*
« *brenn de la tribu de Karnak,* ce récit votre fils l'a écrit
« durant cette nuit-ci qui précède la bataille de demain.
« Retenu dans le port de Vannes par les soins qu'il donne
« à son navire, afin de combattre les Romains au point
« du jour, votre fils vous envoie cette écriture au camp
« gaulois qui défend par terre les approches de la ville.
« Mon père et ma mère blâmeront ou approuveront la
« conduite d'Albinik et de sa femme Méroë, mais ce récit
« contient la simple vérité. »

## CHAPITRE III

« La veille de la bataille de Vannes, qui, livrée sur
terre et sur mer, allait décider de l'esclavage ou de la
liberté de la Bretagne, et, par suite, de l'indépendance ou
de l'asservissement de toute la Gaule, la veille de la bataille de Vannes, en présence de tous ceux de notre
famille réunie dans le camp gaulois, moins mon frère
Albinik et sa femme Méroë, alors sur la flotte rassemblée
dans la baie du Morbihan, mon père JOEL, *le brenn de la*

*tribu de Karnak,* a dit ceci à moi son premier-né, *Guilhern* le laboureur (qui écris ce récit) :

« — Demain est jour de grand combat, mon fils; nous nous battrons bien. Je suis vieux, tu es jeune; l'ange de la Mort me fera sans doute partir le premier d'ici, et demain peut-être j'irai revivre ailleurs avec ma sainte fille Héna. Or, voici ce que je te demande en pré· sence des malheurs dont est menacé notre pays, car demain la mauvaise chance de la guerre peut faire triompher les Romains : mon désir est que, dans notre famille, et tant que durera notre race, l'amour de la Gaule et le souvenir sacré de nos pères ne périssent point. Si nos enfants doivent rester libres, l'amour du pays, le respect pour la mémoire paternelle, leur rendront la liberté plus chère encore. S'ils doivent vivre et mourir esclaves, ces souvenirs sacrés leur disant sans cesse de génération en génération qu'il fut un temps où, fidèle à ses dieux, vaillante à la guerre, indépendante et heureuse, maîtresse de son sol fécondé par de durs labeurs, insouciante de la mort dont elle a le secret, la race gauloise était redoutée du monde entier et hospitalière aux peuples qui lui tendaient une main amie, ces souvenirs perpétués d'âge en âge, rendant à nos enfants l'esclavage plus horrible, leur donneront un jour la force de le briser. Afin que ces souvenirs se transmettent de siècle en siècle, il faut, mon fils, me promettre, par Hésus, de rester fidèle à notre vieille coutume gauloise, en conservant le dépôt que je vais te confier, en l'augmentant et en faisant jurer à ton fils Sylvest de l'augmenter à son tour, afin que les fils de tes petits-fils imitent leurs pères, et qu'ils soient imités de leur descendance... Ce dépôt, le voici... Ce premier rouleau contient le récit de ce qui est arrivé dans notre maison, lors de l'anniversaire de la naissance de ma chère fille Héna, jour qui a été aussi celui de sa mort. Cet autre rouleau, que ce soir, vers le coucher du soleil, j'ai reçu de mon fils Albinik le marin, contient le récit de son voyage au camp de César, à travers les contrées incendiées par leurs populations. Ce récit honore le courage gaulois; il honore ton frère Albinik et sa femme Méroë, fidèles, jusqu'à l'excès peut-être, à cette maxime de nos pères : *Jamais Breton ne fit trahison.* Ces écrits, je te les confie, tu me les remettras après la bataille de demain, si j'y survis... sinon, tu les garderas (ou, à défaut de toi, tes frères), et tu y inscriras les principaux faits de ta vie et de celle des tiens; tu transmettras ces récits à ton fils, afin qu'il fasse comme toi, et ainsi toujours de génération en génération. Me jures-tu, par Hésus, d'obéir à ma volonté ?

« — Moi, Guilhern, le laboureur, ai-je répondu, je jure à mon père Joel, le brenn de la tribu de Karnak, d'accomplir ses volontés. . . . . . . . . . . .

. . . . . . . . . . . . . . . . .

« Et ces volontés de mon père, je les accomplis pieusement aujourd'hui, longtemps après la bataille de Vannes, et à la suite de malheurs sans nombre. Le récit de ces malheurs, je le fais pour toi, mon fils Sylvest. Et ce n'est pas avec du sang... que je devrais écrire ceci... non, ce n'est pas avec du sang, car le sang se tarit; mais avec des larmes de douleur, de haine et de rage... leur source est intarissable !

« Après que mon pauvre et bien-aimé frère Albinik a eu piloté la flotte romaine dans la baie du Morbihan, voici d'abord ce qui s'est passé le jour de la bataille de Vannes:

« Cela s'est passé sous mes yeux... je l'ai vu... J'aurais à vivre ici toutes les vies que j'ai à vivre ailleurs, que, dans des temps infinis, le souvenir de ce jour épouvantable et de ceux qui l'ont suivi me serait présent, comme il me l'est à cette heure, comme il me l'a été, comme il me le sera toujours...

« Joel mon père, Margarid ma mère, Hénory ma femme,
mes deux enfants Sylvest et Siomara, ainsi que mon frère
Mikaël l'armurier, sa femme Martha et leurs enfants
( pour ne parler que de nos parents les plus proches),
s'étaient rendus, comme tous ceux de notre tribu, dans le
camp gaulois : nos chariots de guerre, recouverts de toiles,
nous avaient servi de tentes jusqu'au jour de la bataille
de Vannes. Pendant la nuit, le conseil, convoqué par le
*chef des cent vallées* et par Talyesin, le plus ancien des
druides, s'était rassemblé. Des montagnards d'*Arès*, montés
sur leurs petits chevaux infatigables, avaient été envoyés,
la veille, en éclaireurs à travers les pays incendiés. Ils
accoururent à l'aube annoncer qu'à six lieues de Vannes
on apercevait les feux de l'armée romaine, campée cette
nuit-là au milieu des ruines de la ville de Morh'ek. Le
chef des cent vallées supposa que César, pour échapper
au cercle de destruction et de famine dont son armée allait
être de plus en plus enserrée, avait fui à marches forcées
ce pays dévasté, et venait offrir la bataille aux Gaulois.
Le conseil résolut de marcher au-devant de César, et de
l'attendre sur les hauteurs qui dominent la rivière d'Elrik.
Au point du jour, après que les druides eurent invoqué
les dieux, notre tribu se mit en marche pour aller prendre
son rang de bataille.

« Joel montait son fier étalon Tom-Bras, et commandait
la *mahrekha-droad* [1], dont je faisais partie avec mon frère
Mikaël, moi comme cavalier, lui comme piéton. Nous de-
vions, selon la règle militaire, combattre à côté l'un de
l'autre, lui à pied, moi à cheval, et nous secourir mu-
tuellement. Dans l'un des chars de guerre, armés de faux
et placés au centre de l'armée avec la réserve, se tenaient
ma mère, ma femme, ainsi que celle de Mikaël et nosen-

---

1. Troupe composée de cavaliers (*mahrek*) et de piétons (*droad*).

fants à tous deux. Quelques jeunes garçons, légèrement
armés, entouraient les chars de bataille, et tenaient difficilement en laisse les grands dogues de guerre, qui, animés par l'exemple de Deber-Trud, le mangeur d'hommes,
hurlaient et bondissaient, flairant déjà le combat et le sang.
Parmi les jeunes gens de notre tribu qui se rendaient à
leur rang, j'en ai remarqué deux qui s'étaient juré foi de
*saldune*, comme Julyan et Armel ; de plus, et ainsi que
cela se fait souvent, ils avaient voulu lier non-seulement
leur parole, mais leur corps ; et pour être plus certains de
partager le même sort, une assez longue chaîne de fer,
rivée à leur ceinture d'airain, les attachait l'un à l'autre.
Image du serment qui les liait, cette chaîne les rendait
inséparables vivants, blessés ou morts.

« En allant à notre poste de combat, nous avons vu
passer le *chef des cent vallées* à la tête d'une partie de la
TRIMARKISIA [1]. Il montait un superbe cheval noir, recouvert d'une housse écarlate : son armure était d'acier ; son
casque de cuivre étamé, brillant comme de l'argent, était
surmonté de l'emblème de la Gaule : un coq doré aux
ailes à demi ouvertes ; aux côtés du chef chevauchaient
un *barde* et un *druide*, vêtus de longues robes blanches
rayées de pourpre ; ils ne portaient pas d'armes ; mais, la
bataille engagée, dédaigneux du péril, au premier rang
des combattants, ils les encourageaient par leurs paroles
et leurs chants de guerre. Ainsi chantait le barde au moment où passait devant nous le *chef des cent vallées* :

« César est venu contre nous. — Il nous a demandé
« d'une voix forte : Voulez-vous être esclaves ? êtes-vous
« prêts ?... — Non, nous ne voulons pas être esclaves...
« Non, nous ne sommes pas prêts. — Gaulois, enfants

---

1. De deux mots qui, dans la langue gauloise, signifiaient
*trois chevaux*.

« d'une même race, unis par la même cause, levons notre
« étendard sur les montagnes, et précipitons-nous dans la
« plaine. — Marchons... marchons à César, unissons dans
« un même carnage lui et son armée... Aux Romains!...
« aux Romains! »

Et tous les cœurs battaient vaillamment à ces chants
du barde.

« En passant devant notre tribu, à la tête de laquelle
était Joel mon père, le *chef des cent vallées* arrêta son
cheval et dit :

« — Ami Joel, lorsque j'étais ton hôte, tu m'as demandé mon nom : je t'ai répondu que je m'appelais *soldat* tant que notre vieille Gaule ne serait pas délivrée de
ses oppresseurs... L'heure est venue de nous montrer fidèles à la devise de nos pères : *Dans toute guerre il n'y a
que deux chances pour l'homme de cœur : vaincre ou périr.*
Puisse mon dévouement à notre commune patrie n'être
pas stérile!... Puisse Hésus protéger nos armées!... Peut-
être alors le *chef des cent vallées* aura-t-il effacé la tache
qui couvre un nom qu'il n'ose plus porter [1]... Courage,
ami Joel! les fils de ta tribu sont braves entre les braves.
J'ai vu dans ta maison deux des tiens, Julyan et Armel,
se battre après souper par outre-vaillance. Ta sainte fille

---

1. César, dans ses *Commentaires*, et plus tard les historiens
ont pris le titre du commandement exercé par ce héros de la
Gaule pour son nom propre, et, par corruption, ils l'ont écrit
*Vercingetorix*, au lieu de *ver-cinn-cedo-righ* (*chef des cent vallées*).
Vercingétorix, natif d'Auvergne, était fils de *Cellil*, qui, coupable de conspiration contre la liberté de sa cité, avait expié sur
le bûcher son ambition et son crime. Héritier des biens de son
père, dont il rougissait de porter le nom, puisqu'on ne le trouve
jamais autrement désigné dans l'histoire que par son surnom de
guerre, le jeune Gaulois, devenu l'idole du peuple, voyagea
beaucoup, alla à Rome et y vit César, qui tâcha de se l'attacher;
mais le Gaulois repoussa l'amitié de l'ennemi de sa patrie. Revenu
dans son pays, il travailla secrètement à réveiller parmi les siens

Hêna, la vierge de l'île de Sên, a offert son sang à Hésus. Brave donc est ta tribu, ami Joel... Quels coups ne va-t-elle pas frapper, aujourd'hui qu'il s'agit du salut de la Gaule!...

« — Ma tribu frappera de son mieux et de toutes ses forces, comptes-y, ami, ainsi que je t'appelais dans ma maison, reprit mon père. Nous n'avons pas oublié ce chant des bardes qui t'accompagnaient lorsqu'ils ont poussé le premier cri de guerre dans la forêt de Karnak :

« Frappe fort le Romain... frappe à la tête... plus fort « encore... frappe... frappe le Romain !... »

« Et tous ceux de la tribu de Joel répétèrent à grands cris le refrain des bardes...

« Frappe... frappe le Romain !... »


## CHAPITRE IV


« Le *chef des cent vallées* s'éloigna pour aller adresser quelques paroles à chaque tribu. Avant de prendre notre poste de bataille, loin des chariots de guerre où étaient les femmes, les jeunes filles et les enfants, mon père, mon frère et moi, nous avons voulu nous assurer une dernière fois que rien ne manquait à la défense du char qui portait notre famille. Ma mère Margarid, aussi tranquille que lorsqu'elle filait sa quenouille au coin de notre foyer, était debout, appuyée à la membrure de chêne

le sentiment de l'indépendance et à susciter des ennemis aux Romains ; quand l'heure d'appeler le peuple aux armes fut venue, il se montra au grand jour, dans les cérémonies druidiques, dans les réunions politiques; partout enfin on le voyait, employant son éloquence, sa fortune, son crédit, en un mot, tous ses moyens d'action sur les chefs et sur la multitude, pour les amener à revendiquer les droits de la vieille Gaule. (AMÉDÉE THIERRY.)

dont est formée la caisse du char. Elle engageait ma
femme Hénory, et Martha, femme de Mikaël, à donner
plus de jeu aux courroies qui assujettissent à des chevilles plantées sur le rebord du chariot le manche des faux
que l'on manœuvre pour le défendre, de même que l'on
manœuvre les rames attachées au plat-bord d'une barque.

« Plusieurs jeunes filles et jeunes femmes de nos parentes s'occupaient d'autres soins : les unes à l'arrière de la
voiture, préparaient, au moyen de peaux épaisses tendues
sur des cordes, un réduit où nos enfants devaient être à
l'abri des flèches et des pierres lancées par les frondeurs
et les archers ennemis. Ces enfants riaient et s'ébattaient
déjà avec de joyeux cris, dans cette logette à peine ache-
vée. Pour plus de préservation encore, Mamm' Margarid,
veillant à toutes choses, fit placer des sacs remplis de
grains au-dessus du réduit. D'autres jeunes filles accro-
chaient au long des parois intérieures du char des couteaux de jet, des épées et des haches, qui, le péril venu,
ne pesaient pas plus qu'une quenouille à leurs bras blancs
et forts. Deux de leurs compagnes, agenouillées près de
Mamm' Margarid, ouvraient des caisses de linge, et préparaient l'huile, le baume, le sel et l'eau de gui pour panser les blessures, à l'exemple des druidesses, dont le char
secourable était voisin.

« A notre approche, nos enfants sont accourus gaiement du fond de leur réduit, sur le devant de la voiture ;
d'où ils nous ont tendu leurs petites mains. Mikaël, étant
à pied, prit dans ses bras son fils et sa fille, tandis que
ma femme Hénory, pour m'épargner la peine de descendre
de cheval, mit tour à tour, entre mes bras, du haut du
char, ma petite Siomara et mon petit Sylvest. Je les assis
tous deux sur le devant de ma selle, et au moment d'aller
combattre j'eus grand plaisir à baiser leurs têtes blondes.
Mon père Joel dit alors à ma mère :

« — Margarid, si la chance tourne contre nous, si le char est assailli par les Romains, ne fais lâcher les dogues de guerre qu'au moment de l'attaque ; ces braves chiens ne seront que plus furieux de leur longue attente, et ne s'écarteront pas.

« — Ton conseil sera suivi, Joel, répondit Mamm' Margarid. Vois maintenant si les courroies des faux leur donnent assez de jeu pour la manœuvre.

« — Oui, elles en ont assez, répondit mon père après avoir visité une partie des courroies.

« Puis, examinant l'armement des faux qui défendait l'autre bord du chariot, Joel reprit :

« — Femme ! femme !... à quoi ont pensé ces jeunes filles ?... Vois donc... Ah ! les têtes folles ! de ce côté-ci, le tranchant des faux est tourné vers le timon, et de l'autre, leur tranchant est tourné vers l'arrière...

« — C'est moi qui ai fait ainsi disposer les armes, a dit ma mère.

« — Et pourquoi tous les tranchants des faux ne sont ils pas tournés du même côté, Margarid ?

« — Parce qu'un char est presque toujours assailli à la fois par l'avant et par l'arrière ; dans ce cas, les deux rangs de faux, agissant en sens inverse l'un de l'autre, sont de meilleure défense... Ma mère m'a enseigné cela, je l'enseigne à ces chères filles.

« — Ta mère était plus judicieuse que moi, Margarid... La bonne fauchaison est ainsi plus certaine... Viennent les Romains à l'assaut du char ! têtes et membres tomberont fauchés comme des épis mûrs en temps de moisson ! et fasse Hésus qu'elle soit bonne, cette moisson humaine !

« Puis, prêtant l'oreille, mon père nous dit, à Mikaël et à moi :

« — Enfants, j'entends les cymbales des bardes et les

clairons de la *trimarkisia*... Rejoignons nos rangs... Allons, Margarid, allons, mes filles, au revoir ici... ou ailleurs...

« — Ici ou ailleurs, nos pères et nos époux nous retrouveront pures de tout outrage... répondit ma femme Hénory, plus fière, plus belle que jamais.

« — Victorieuses ou mortes, vous nous reverrez! ajouta Madalèn, une de nos parentes, jeune vierge de seize ans; mais esclaves ou déshonorées! non... par le glorieux sang de notre Hèna... non... jamais!...

« — Non!... reprit Martha, la femme de Mikaël, en pressant sur son sein ses deux enfants, que mon frère venait de replacer sur le chariot.

« — Ces chères filles sont de notre race.., Sois sans inquiétude, Joel, reprit Mamm' Margarid toujours calme et grave; elles feront leur devoir.

« — Comme nous ferons le nôtre... Et ainsi la Gaule sera délivrée, dit mon père. Toi aussi tu feras ton devoir, vieux mangeur d'hommes, vieux Deber-Trud! ajouta le *brenn* en caressant la tête énorme du dogue de guerre, qui, malgré sa chaîne, s'était dressé debout, et appuyait ses pattes à l'épaule du cheval. Bientôt viendra l'heure de la curée, bonne et sanglante curée, Deber-Trud! Hèr! hèr!... aux Romains!...

« Pendant que le dogue et la meute de combat semblaient répondre à ces mots par des aboiements féroces, le *brenn*, mon frère et moi, nous avons jeté un dernier regard sur notre famille; puis mon père a tourné la tête de son fier étalon Tom-Bras vers les rangs de l'armée, et l'a rapidement rejointe. J'ai suivi mon père, tandis que Mikaël, agile et robuste, tenant fortement serrée dans sa main gauche une poignée de crins de la longue crinière de mon cheval lancé au galop, m'accompagnait en courant; parfois, s'abandonnant à l'élan de ma monture, il bondissait avec elle, et était ainsi soulevé de terre pendant quelques pas... Mikaël et moi, comme bien d'autres de la tribu, nous nous étions, en temps de paix, familiarisés avec le mâle exercice militaire de la *mahrek-hadroad* (cavaliers et piétons).

« Le *brenn*, mon frère et moi, nous avons ainsi rejoint notre tribu et notre rang de bataille.

« L'armée gauloise occupait le faîte d'une colline éloignée de Vannes d'une lieue : à l'orient, notre ligne s'appuyait sur la forêt de Merek, occupée par nos meilleurs archers ; à l'occident, nous étions défendus par les hauteurs escarpées du rivage que baignaient les eaux de la baie du Morbihan... Au fond de cette baie était ancrée notre flotte, où se trouvaient alors mon frère Albinik et sa femme Méroë. Nos vaisseaux commençaient à lever leurs câbles de fer pour aller combattre les galères romaines, disposées en croissant, et immobiles comme une volée de cygnes de mer reposés sur les vagues. N'étant plus pilotée par Albinik, la flotte de César, remise à flot lors de la marée haute, gardait sa position de la veille, de peur de tomber sur des écueils qu'elle ignorait

« A nos pieds coulait la rivière de Roswallan : les Romains devaient la traverser à gué pour venir à nous. Le *chef des cent vallées* avait habilement choisi notre position : nous avions devant nous une rivière; derrière nous, la ville de Vannes ; à l'occident, la mer ; à l'orient, la forêt de Merek ; sa lisière abattue offrait des obstacles insurmontables à la cavalerie ennemie, et beaucoup de dangers à l'infanterie, nos meilleurs archers étant disséminés au milieu de ces grands abatis de bois.

« Le terrain qui nous faisait face, de l'autre côté de la rivière, s'élevait en pente douce; ses hauteurs nous cachaient la route par laquelle devait arriver l'armée romaine. Soudain nous avons vu apparaître au faîte de cette colline, et descendre son versant à toute bride, en venant à

nous, des montagnards d'Arès, envoyés en éclaireurs
pour nous signaler l'approche de l'ennemi. Ils traversèrent
la rivière à gué, nous rejoignirent et nous annoncèrent
l'avant-garde de l'armée romaine.

« — Amis, avait dit le *chef des cent vallées* à chaque
tribu en passant à cheval devant le front de bataille de
l'armée, restez immobiles jusqu'à ce que les Romains, rassemblés sur l'autre bord de la rivière, commencent à la
traverser; à ce moment, les frondeurs et les archers épui-
seront leurs pierres et leurs flèches sur l'ennemi; puis,
lorsque les Romains, après le passage de la rivière, refor-
meront leurs cohortes, que toute notre ligne s'ébranle,
laissant la réserve auprès des chariots de guerre; alors,
les gens de pied au centre, les cavaliers sur les ailes, précipitons-nous comme un torrent du haut de cette pente
rapide : l'ennemi, encore aculé à la rivière, ne résistera
pas à l'impétuosité de notre premier choc!

« Bientôt la colline opposée à la nôtre s'est couverte
des nombreuses troupes de César. A l'avant-garde mar-
chaient les VEXILLAIRES, reconnaissables à la peau de lion
qui leur couvrait la tête et les épaules; les vieilles cohortes
renommées par leur expérience et leur intrépidité, telles
que la FOUDROYANTE, la LÉGION DE FER , et bien d'autres
que nous désigna le *chef des cent vallées*, qui avait déjà
combattu les Romains, formaient la réserve. Nous voyions
briller au soleil leurs armures et les enseignes distinctives
des légions : un *aigle*, un *loup*, un *dragon*, un *minotaure*,
et autres figures de bronze doré, ornées de feuillages...
Le vent nous apportait les sons éclatants de leurs longs
clairons... Nos cœurs bondissaient à cette musique guerrière. Une nuée de cavaliers numides enveloppés de longs
manteaux blancs précédait l'armée. Elle a fait halte un
moment; un grand nombre de ces Numides sont arrivés à
toute bride au bord opposé de la rivière, ils y sont entrés

à cheval, afin de s'assurer qu'elle était guéable, et se sont
approchés malgré la grêle de pierres et de flèches que faisaient pleuvoir sur eux nos frondeurs et nos archers.
Aussi avons-nous vu plus d'un manteau blanc flottant sur
le courant de la rivière, et plus d'un cheval, sans cavalier,
gravir la berge et retourner vers les Romains. Cependant
plusieurs Numides, malgré les pierres et les traits qu'on
leur lançait, traversèrent plusieurs fois la rivière dans
toute sa largeur, montrant ainsi tant de bravoure, que
nos archers et nos frondeurs cessèrent leur jet d'un commun accord, afin d'honorer cette outre-vaillance. Le courage nous plaît dans nos ennemis, ils en sont plus hono-
rables à combattre. Les Numides, certains d'un passage à
gué, coururent porter cette nouvelle à l'armée romaine...
Alors les légions s'ébranlant se sont formées en plusieurs
colonnes profondes ; le passage de la rivière a commencé...
Selon les ordres du *chef des cent vallées*, nos archers et
nos frondeurs ont recommencé leur jet, tandis que les
archers crétois et des frondeurs des îles Baléares, se dé-
ployant sur la rive opposée, ripostaient à nos gens.

« — Mes fils, nous dit mon père en regardant du côté
de la baie du Morbihan, votre frère Albinik va se battre
sur mer pendant que nous nous battrons sur terre..,
Voyez... notre flotte a rejoint les galères romaines.

« Mikaël et moi, regardant du côté que nous montrait
le *brenn*, nous avons vu, au loin, nos navires aux lourdes
voiles de peaux tannées, tendues par des chaînes de fer,
aborder les galères romaines.

« Mon père disait vrai : le combat s'engageait à la fois
sur terre et sur mer... De ce double combat allait sortir
l'indépendance ou l'asservissement de la Gaule. J'ai fait
alors une remarque de sinistre augure : nous tous, ordinairement si babillards, si gais à l'heure de la bataille,
que l'on entendait toujours sortir des rangs gaulois de

plaisantes provocations à l'ennemi ou de bouffonnes sail-
lies sur le danger, nous étions graves, silencieux, mais
résolus à vaincre ou à périr.

« Le signal de la bataille a été donné, les cymbales des
bardes ont répondu aux clairons romains; le *chef des cent
vallées*, descendant de cheval, s'est mis de quelques pas
en avant de notre ligne de bataille... plusieurs druides et
bardes étaient à ses côtés... Il a brandi son épée et s'est
élancé en courant sur la pente rapide de la colline... Les
druides et les bardes couraient du même pas que lui...
faisant vibrer leurs harpes d'or... A ce signal, toute notre
armée s'est précipitée à leur suite sur l'ennemi, qui, après
le passage de la rivière, reformait ses cohortes.

« La *mahrek-ha-droad* des tribus voisines de Karnak,
que commandait mon père, s'élança, ainsi que le reste de
l'armée, sur le versant de la colline. Mon frère Mikaël,
tenant sa hache de la main droite, fut, pendant cette im-
pétueuse descente, presque toujours suspendu à la crinière de mon cheval, qu'il avait saisie de la main gauche.
Je voyais, au bas de la côte, la légion romaine, appelée
la *Légion de fer*, à cause des pesantes armures de ses soldats, formée *en coin*. Immobile comme une muraille d'a-
cier, hérissée de piques, elle s'apprêtait à recevoir notre
choc à la pointe de ses lances. Je portais, comme tous nos
cavaliers, un sabre au côté gauche, une hache au côté
droit, et à la main un lourd épieu ferré. Nous avions pour
casque un bonnet de fourrure, pour cuirasse une casaque
de peau de sanglier, et des bandelettes de cuir enveloppaient nos jambes que nos braies ne couvraient pas.
Mikaël était armé d'un épieu ferré, d'un sabre, et portait
au bras gauche un léger bouclier.

« — Saute en croupe! ai-je dit à mon frère au moment
où nos chevaux, dont nous n'étions plus maîtres, arrivaient à toute bride sur les lances de la *Légion de fer*...

« Une fois à portée, nous avons de toutes nos forces
lancé notre épieu ferré à la tête des Romains, comme on
lance le *pen-bas* [1]. Mon coup à moi porta ferme et droit
sur le casque d'un légionnaire. Tombant à la renverse, il
entraîna dans sa chute le soldat qui le suivait. Mon cheval entra, par cette trouée, au plus épais de la *Légion de
fer*. D'autres des nôtres m'imitèrent; dans cette mêlée, le
combat devint rude. Mon frère Mikaël, toujours à mes côtés, tantôt pour frapper de plus haut, sautait sur la croupe
de mon cheval, tantôt s'en faisait un rempart; il combat-
tait valeureusement. Une fois je fus à demi démonté; il
me protégea de son arme pendant que je me remettais en
selle. Les autres piétons de la *mahrek-had-road* se battaient de la même manière, chacun aux côtés de son cavalier.

« — Frère, tu es blessé, ai-je dit à Mikaël. Vois, ta
saie est rougie.

« — Et toi, frère, m'a-t-il répondu, regarde tes braies
ensanglantées.

« Et, de vrai, dans la chaleur du combat, nous ne sen-
tions pas ces blessures. Mon père, chef de la *mahrek-ha-
droad*, n'était pas accompagné d'un piéton. A deux reprises, nous l'avons rejoint au milieu de la mêlée; son
bras, fort malgré son âge, frappait sans relâche; sa lourde
hache résonnait sur les armures de fer comme le marteau
sur l'enclume. Son étalon, *Tom-Bras*, mordait avec furie
tous les Romains à sa portée; il en a soulevé un presque
de terre en se cabrant; il le tenait par la nuque, et le
sang jaillissait. Plus tard le flot des combattants nous a
de nouveau rapprochés de mon père déjà blessé; j'ai renversé, broyé sous les pieds de mon cheval un des assail-

1. Espèce de casse-tête encore en usage chez les paysans
bretons.

lants du *brenn:* nous avons encore été séparés de lui.
Nous ne savions rien des autres mouvements de la bataille; engagés dans la mêlée, nous ne pensions qu'à
culbuter la *Légion de fer* dans la rivière. Nous poussions
fort à cela; déjà nos chevaux trébuchaient sur les cadavres
comme sur un sol mouvant, nous avons entendu, non loin
de nous, la voix éclatante des bardes; ils chantaient à travers la mêlée :

« Victoire à la Gaule! — Liberté! liberté! — Encore
« un coup de hache! — Encore un effort! — Frappe...
« frappe, Gaulois! — Et le Romain est vaincu. — Et la
« Gaule délivrée. — Liberté! liberté! — Frappe fort le
« Romain! — Frappe plus fort... frappe, Gaulois! »

« Les chants des bardes, l'espoir victorieux qu'ils nous
donnaient, redoublent nos efforts. Les débris de la *Légion
de fer*, presque anéantie, repassent la rivière en désordre;
nous voyons accourir à nous, saisie de panique, une
cohorte romaine en pleine déroute; les nôtres la refou-
laient de haut en bas sur la pente de la colline au pied de
laquelle nous étions. Cette troupe, jetée entre deux ennemis, est détruite... Nos bras se lassaient de tuer, lorsque
je remarque un guerrier romain de moyenne taille : sa
magnifique armure annonçait son rang élevé; il était à
pied, et avait perdu son casque dans la mêlée. Son grand
front chauve, son visage pâle, son regard terrible, lui
donnaient un aspect menaçant; armé d'une épée, il frappait avec fureur ses propres soldats, ne pouvant arrêter
leur fuite. Je le montrai du geste à Mikaël qui venait de
me rejoindre.

« — Guilhern, me dit-il, si partout l'on s'est battu
comme ici, nous sommes victorieux... Ce guerrier, à l'armure d'or et d'acier, doit être un général romain; faisons-

le prisonnier, ce sera un bon otage à garder... Aide-moi, nous l'aurons.

« Mikaël court, se précipite sur le guerrier à l'armure d'or, au moment où il tentait encore d'arrêter les fuyards. En quelques bonds de mon cheval je rejoins mon frère. Après une courte lutte, il renverse le Romain; ne voulant pas le tuer, mais le garder prisonnier, il le tenait sous ses deux genoux, sa hache haute, pour lui signifier de se rendre. Le Romain comprit, n'essaya plus de se débattre, et leva au ciel la main qu'il avait de libre, afin d'attester les dieux qu'il se rendait prisonnier.

« — Emporte-le, me dit mon frère.

« Mikaël, ainsi que moi, très-robuste, très-grand, tandis que notre prisonnier était frêle et de stature moyenne, le saisit entre ses bras et le soulève de terre; moi, je prends le Romain par le collet de buffle qu'il portait sous sa cuirasse, je l'attire vers moi, je l'enlève, et le jette tout armé en travers devant ma selle; prenant alors mes rênes entre mes dents, afin de pouvoir d'une main contenir notre prisonnier, et de l'autre le menacer de ma hache, je l'emporte ainsi, et, pressant les flancs de mon cheval, je me dirige vers notre réserve pour mettre là notre otage en sûreté, et aussi faire panser mes blessures... J'avais fait à peine quelques pas, lorsqu'un de nos cavaliers, venant à ma rencontre en pourchassant des fuyards, s'écria en reconnaissant le Romain que j'emportais :

« — *C'est* CÉSAR!... *Frappe!... assomme* CÉSAR!

« J'apprends ainsi que j'emportais sur mon cheval le plus grand ennemi de la Gaule. Moi, loin de songer à le tuer... saisi de stupeur, je m'arrête... ma hache s'échappe de ma main, et je me renverse en arrière, afin de mieux contempler ce César si redouté que je tenais en mon pouvoir.

« Malheur à moi! malheur à mon pays! César profite de mon stupide étonnement, saute à bas de mon cheval, appelle à son aide un gros de cavaliers numides qui accouraient à sa recherche, et, lorsque j'ai eu conscience de ma criminelle sottise, il n'était plus temps de la réparer... César s'était élancé sur le cheval d'un des cavaliers numides, tandis que les autres m'enveloppaient... Furieux d'avoir laissé échapper César, je me défends à outrance... Je reçois de nouvelles blessures, et je vois tuer mon frère Mikaël à mes côtés... Ce malheur est le signal des autres. Jusqu'alors favorable à nos armes, la chance de la bataille tourne contre nous... César rallie ses légions ébranlées ; un renfort considérable de troupes fraîches arrive à son secours, et nous sommes repoussés en désordre sur notre réserve, où se trouvaient nos chariots de guerre, nos blessés, nos femmes et nos enfants... Entraîné par le flot des combattants, j'arrive près des chars de guerre, heureux, dans notre défaite, d'être du moins rapproché de ma mère et des miens et de pouvoir les défendre, s'il m'en restait la force, car le sang qui coulait de mes blessures m'affaiblissait de plus en plus. Hélas ! les dieux m'avaient condamné à une horrible épreuve ; maintenant je peux dire comme disaient mon frère Albinik et sa femme, morts tous deux dans l'attaque des galères romaines en combattant sur mer comme nous combattions sur terre pour la liberté de notre pauvre patrie : « — Nul n'avait vu, nul ne verra désormais le spectacle épouvantable auquel j'ai assisté... »

« Refoulés vers les chariots, toujours combattant, attaqués à la fois par les cavaliers numides, par les légionnaires de l'infanterie et par les archers crétois, nous cédions le terrain pas à pas. Déjà j'entendais les mugissements des taureaux, le bruit éclatant des nombreuses clochettes d'airain qui garnissent leur joug, les aboiements

des dogues de guerre, encore enchaînés autour des chars.
Ménageant mes forces défaillantes, je ne cherche plus à
combattre, mais à me diriger vers l'endroit où ma famille
se trouvait en danger. Soudain, mon cheval, déjà blessé,
reçoit au flanc un coup mortel, s'abat, roule sur moi ; ma
jambe et ma cuisse, percée de deux coups de lance, sont
prises comme dans un étau entre le sol et cette masse
inerte ; je m'efforçais en vain de me dégager, lorsqu'un de
nos cavaliers, qui me suivait au moment de ma chute, se
heurte à ma monture expirante, culbute sur elle avec son
cheval ; tous deux sont à l'instant percés de coups par
des légionnaires. La résistance des nôtres devient désespérée ; cadavres sur cadavres s'entassent sur moi et autour de moi. De plus en plus affaibli par la perte de mon
sang, vaincu par les douleurs de mes membres brisés sous
cet entassement de morts et de mourants, incapable de
faire un mouvement, tout sentiment m'abandonne, mes
yeux se ferment... et lorsque, rappelé à moi par les élan-
cements aigus de mes blessures, je rouvre les yeux...
voici ce que je vois, me croyant d'abord obsédé par un
de ces songes effrayants auxquels on veut vainement
échapper par un réveil qui vous fuit.

« Et pourtant ce n'était pas un songe... Non, ce n'était
pas un songe, mais une réalité horrible... horrible!...

« A vingt pas de moi j'aperçois le char de guerre où
se trouvaient ma mère, ma femme Hénory, Martha, la
femme de Mikaël, nos enfants et plusieurs jeunes filles et
jeunes femmes de notre famille. Plusieurs hommes de nos
parents et de notre tribu, accourus comme moi vers les
chars, les défendaient contre les Romains. Parmi ceux des
nôtres, je reconnais les deux *saldunes*, attachés l'un à
l'autre par une chaîne de fer, emblème de leur fraternelle
amitié ; tous deux jeunes, beaux, vaillants comme l'avaient
été Armel et Julyan. Leurs vêtements en lambeaux, la

**4**

tête, la poitrine nues et déjà ensanglantées, armés de leur épieu, les yeux flamboyants, un dédaigneux sourire aux lèvres, ils combattaient intrépidement des légionnaires romains couverts de fer, et des archers crétois armés à la légère de casaques et de jambarts de cuir. Les grands dogues de guerre, déchaînés depuis peu sans doute, sautaient à la gorge des assaillants, souvent les renversaient par leur élan furieux, et leurs redoutables mâchoires, ne pouvant entamer ni casque, ni cuirasse, dévoraient le visage de leurs victimes; et ils se faisaient tuer sur elles sans démordre. Les archers crétois, presque sans armure défensive, étaient saisis par les dogues, aux jambes, aux bras, au ventre, aux épaules; et chaque morsure de ces chiens féroces emportait un lambeau de chair sanglante.

« A quelques pas de moi, j'ai vu un archer de taille gigantesque, calme au milieu de cette mêlée, choisir dans son carquois sa flèche la plus aiguë, la poser sur la corde de son arc, le tendre d'un bras vigoureux, et longuement viser l'un des deux *saldunes* enchaînés, qui, entraîné par la chute et le poids de son frère d'armes tombé mort à son côté, ne pouvait plus combattre qu'un genou en terre; mais si vaillamment encore, que pendant quelques instants nul n'osa braver les coups de son épieu ferré, qu'il faisait voltiger autour de lui, et dont chaque atteinte était mortelle. L'archer crétois, attendant le moment opportun, visait encore le *saldune*, lorsque j'ai vu bondir le vieux *Deber-Trud*. Cloué à ma place, sous le monceau de morts qui m'écrasait, incapable de bouger sans ressentir des douleurs atroces à ma cuisse blessée, j'ai rassemblé ce qui me restait de forces pour crier :

« — Hou! hou!... Deber-Trud... au Romain!...

« Le dogue, encore excité par ma voix, qu'il reconnaît, s'élance d'un bond sur l'archer crétois, au moment où sa flèche partait en sifflant et s'enfonçait, vibrante encore,

dans la ferme poitrine du saldune... A cette nouvelle
blessure ses yeux se ferment, ses bras alourdis laissent
tomber son épieu... le genou qu'il tendait en avant flé-
chit... son corps s'affaisse ; mais, par un dernier effort, le
saldune se redresse sur ses deux genoux, arrache la flèche
de sa plaie, la rejette aux légionnaires romains en criant
d'une voix forte encore et avec un sourire de raillerie suprême :

« — A vous, lâches ! qui abritez votre peur et votre
peau sous des armures de fer... La cuirasse du Gaulois
est sa poitrine.

« Et le saldune est tombé mort sur le corps de son frère
d'armes.

« Tous deux ont été vengés par Deber-Trud... Il avait
renversé et tenait sous ses pattes énormes l'archer crétois,
qui poussait des cris affreux ; mais d'un coup de ses crocs,
formidables comme ceux d'un lion, le dogue de guerre a
déchiré si profondément la gorge de sa victime, que deux
jets d'un sang chaud sont venus mouiller mon front, et
l'archer, sans mourir encore, n'a plus crié... Deber-Trud,
sentant sa proie toujours vivante, s'acharnait sur elle
avec des grondements furieux, dévorant et jetant de côté
chaque lambeau de chair arraché ; j'ai entendu les côtes
du Crétois craquer, se broyer sous les crocs de Deber-
Trud, qui fouillait et fouillait... si avant dans cette poitrine sanglante, que son mufle rougi s'y perdait et que je
ne voyais plus que ses deux yeux flamboyants. Un légionnaire est accouru, et par deux fois il a transpercé Deber-
Trud de sa lance... Deber-Trud n'a pas poussé un seul
gémissement... Deber-Trud est mort en bon dogue de
guerre, sa tête monstrueuse plongée dans les entrailles du
Romain.

« Après la mort des deux saldunes enchaînés l'un à
l'autre, les défenseurs du chariot sont tombés un à un...

Alors j'ai vu ma mère, ma femme, celle de Mikaël, et nos autres jeunes parentes, les yeux et les joues enflammés, les cheveux épars, les vêtements désordonnés par l'action du combat, les bras et le sein demi-nus, courir, intrépides, d'un bout à l'autre du chariot, encourageant les combat-tants de la voix et du geste, lançant sur les Romains, d'une main virile et aguerrie, courts épieux ferrés, couteaux de jet, massues armées de pointes. Enfin le moment suprême est venu : tous ceux de notre famille tués, le chariot, en-touré de corps amoncelés jusqu'à ses moyeux, n'a plus été défendu que par ma mère, nos épouses, nos parentes... Il allait être assailli... Elles étaient là avec Margarid... cinq jeunes femmes et six jeunes vierges, presque toutes d'une beauté superbe, rendues plus belles encore par l'exaltation de la bataille.

« Les Romains, sûrs de cette proie pour leurs débau-ches, et la voulant garder vivante, se sont consultés avant d'attaquer... Je ne comprenais pas leurs paroles; mais à leurs rires grossiers, aux regards licencieux qu'ils jetaient sur les Gauloises, je ne doutais pas du sort qui les atten-dait... Et j'étais là, brisé, inerte, haletant, plein de déses-poir, d'épouvante et de rage impuissante, voyant à quel-ques pas de moi ce char, où étaient ma mère, ma femme, mes enfants!... Courroux du ciel! Ainsi que celui qui ne peut se réveiller d'un rêve épouvantable, j'étais condamné à tout voir, à tout entendre et à rester immobile...

« Un officier, d'une figure insolente et farouche, s'est avancé seul vers le char, et s'adressant aux Gauloises en langue romaine, il leur a dit des paroles que les autres soldats ont accueillies par des rires insultants... Ma mère, calme, pâle, redoutable, m'a paru recommander aux jeunes femmes, rassemblées autour d'elle, de ne pas s'émouvoir. Alors le Romain, ajoutant quelques mots, les a terminés par un geste obscène... Margarid tenait à ce

moment une lourde hache... Elle l'a lancée si droit à la
tête de l'officier, qu'il a tournoyé sur lui-même et est
tombé... Sa chute a donné le signal de l'attaque : les soldats se sont élancés pour assaillir le char... Les Gauloises
se précipitant alors sur les faux, qui de chaque côté défendaient le chariot, les ont fait jouer avec tant de vigueur
et d'ensemble, qu'après avoir vu tuer ou mettre hors de
combat un grand nombre des leurs, les Romains, un moment effrayés des ravages de ces armes terribles, si intrépidement manœuvrées, ont suspendu l'attaque... Mais
bientôt, se servant, en guise de leviers des longues lances
des légionnaires, ils sont parvenus à briser les manches
des faux, en se tenant hors de leur atteinte... Cette arma-
ture anéantie, un nouvel assaut allait commencer : l'issue
n'était plus douteuse... Pendant que les dernières faux
tombaient brisées sous les coups des soldats, j'ai vu ma
mère parler à Hénory et à Martha, épouse de Mikael...
Toutes deux ont couru vers le réduit où étaient abrités nos
enfants. J'ai frémi malgré moi en voyant l'air farouche et
inspiré de ma femme et de Martha en allant vers ce réduit.
Margarid a aussi parlé aux trois jeunes femmes qui
n'avaient pas d'enfants, et celles-ci, ainsi que les jeunes
filles, lui ont pris les mains et les ont pieusement baisées.

« A ce moment les dernières faux, abandonnées par
les Gauloises, tombaient sous les coups des Romains...
Ma mère saisit une épée d'une main, de l'autre un voile
blanc, s'avance sur le devant du chariot, et, agitant le
voile blanc, jette l'épée loin d'elle, comme pour annoncer
à l'ennemi que toutes les femmes voulaient se rendre
prisonnières. Cette résolution me surprit et m'effraya,
car, pour ces jeunes vierges et pour ces jeunes femmes si
belles, se rendre... c'était aller au-devant de l'esclavage
et des derniers outrages, plus affreux que la servitude et
la mort!... Les soldats, d'abord étonnés de la reddition

proposée, répondirent par des rires de consentement ironique. Margarid paraissait attendre un signal ; par deux
fois elle jeta les yeux avec impatience vers le réduit où se
trouvaient nos enfants et où étaient entrées ma femme et
celle de mon frère. Le signal désiré par ma mère ne venant pas, elle voulut sans doute détourner l'attention de
l'ennemi et agita de nouveau son voile blanc en montrant
tour à tour la ville de Vannes et la mer.

« Les soldats, ne comprenant pas la signification de ces
gestes, se regardent et s'interrogent... Alors ma mère,
après un nouveau coup d'œil vers le réduit où avaient
disparu Hénory et Martha, échange quelques mots avec
les jeunes filles qui l'entouraient, saisit un poignard, et,
avec la rapidité de l'éclair, frappe l'une après l'autre trois
des vierges placées près d'elle, et qui, entr'ouvrant leur
robe, avaient vaillamment offert au couteau leur chaste
sein... Pendant ce temps, les autres jeunes Gauloises
s'étaient entre-tuées d'une main prompte et sûre. Elles
roulaient au fond du char, lorsque Martha, la femme de
mon frère, sortit du réduit où l'on avait caché les enfants
pendant la bataille : fière et calme, Martha tenait ses
deux petites filles dans ses bras... Un timon de rechange,
dressé à l'avant-train, où se tenait Margarid, s'élevait
assez haut... D'un bond, Martha s'élance sur le bord du
char... et seulement alors, je remarque qu'elle avait le
cou entouré d'une corde ; le bout de cette corde, Martha
le passe dans l'anneau du timon : ma mère le prend, s'y
cramponne de ses deux mains... Martha s'élance en ouvrant les bras... et elle reste étranglée... pendante le long
du timon... Mais ses deux petites filles, au lieu de tomber
à terre, demeurent suspendues de chaque côté du sein de
leur mère, étranglées comme elle par un même lacet,
qu'elle s'était passé derrière le cou après avoir attaché à
chaque bout un de ses enfants.

« Tout cela est arrivé si promptement, et avec tant d'ensemble, que les Romains, d'abord immobiles de stupeur et d'épouvante, n'eurent pas le temps de prévenir ces morts héroïques !... Ils sortaient à peine de leur surprise, lorsque ma mère Margarid, voyant toutes celles de notre famille expirantes ou mortes à ses pieds, s'est écriée d'une voix forte et calme en levant vers le ciel son couteau sanglant :

« — Non, nos filles ne seront pas outragées !... non, nos enfants ne seront pas esclaves !... Nous tous, de la famille de *Joel, le brenn de la tribu de Karnak*, mort, comme les siens, pour la liberté de la Gaule, nous allons le rejoindre ailleurs... Tant de sang versé t'apaisera peut-être, ô Hésus !...

« Et ma mère s'est frappée d'une main tranquille.

« Moi... après tout ceci... en face de ce *chariot de mort*, ne voyant pas sortir ma femme Hénory du réduit où elle devait être avec mes deux enfants, où elle s'était tuée sans doute comme ses sœurs, après avoir mis à mort mon petit Sylvest et ma petite Siomara... le vertige m'a saisi, mes yeux se sont fermés... je me suis senti mourir, et j'ai, du fond de l'âme, remercié Hésus de ne pas me laisser seul ici... tandis que tous les miens allaient revivre ensemble dans des mondes inconnus...

. . . . . . . . . . . . . . . .

« Mais non... c'est ici-bas que je devais revivre... puisque j'ai survécu à tant de douleurs !... »


CHAPITRE V


« Après que j'eus vu ma mère et les femmes de ma famille se tuer et s'entre-tuer, sur le chariot de guerre, pour échapper à la honte et aux outrages de la servitude,

la perte de mon sang me priva de tout sentiment: il se
passa un assez longtemps, pendant lequel je n'eus pas
plénitude de ma raison ; lorsqu'elle me revint, je me trou
vai couché sur la paille, ainsi qu'un grand nombre
d'hommes, dans un vaste hangar. A mon premier mouvement, je me suis senti enchaîné par une jambe à un pieu
enfoncé en terre ; j'étais à demi vêtu ; l'on m'avait laissé
ma chemise et mes braies, où j'avais caché dans une
poche secrète les écrits de mon père et d'Albinik, mon
frère, ainsi que la petite *faucille d'or*, don de ma sœur
Hèna, la vierge de l'île de Sèn ; un appareil avait été mis
sur mes blessures ; elles ne me faisaient presque plus
souffrir, je ne ressentais qu'une grande faiblesse, et un
étourdissement qui rendait confus mes derniers souvenirs
J'ai regardé autour de moi : nous étions là peut-être cinquante prisonniers blessés, tous enchaînés sur nos litières ; au fond du hangar se tenaient plusieurs hommes
armés ; ils ne me parurent pas appartenir aux troupes ré-
gulières romaines. Assis autour d'une table, ils buvaient
et chantaient ; quelques-uns d'entre eux, marchant d'un
pas mal assuré comme des gens ivres, se détachaient de
temps à autre de ce groupe, ayant à la main un fouet à
manche court, composé de plusieurs lanières terminées
par des morceaux de plomb ; ils se promenaient çà et là,
jetant sur les prisonniers des regards railleurs. A côté de
moi était un vieillard à barbe et à cheveux blancs, d'une
grande pâleur et maigreur ; un linge ensanglanté cachait
à demi son front. Ses coudes sur ses genoux, il tenait son
visage entre ses mains. Le voyant prisonnier et blessé, je
l'ai cru Gaulois : je ne m'étais pas trompé.

« — Bon père, lui ai-je dit en le touchant légèrement
au bras, où sommes-nous ici ?

« Le vieillard, relevant sa figure morne et sombre, m'a
répondu d'un air de compassion .

« — Voilà tes premières paroles depuis deux jours...

« — Depuis deux jours ? ai-je repris bien étonné, ne pouvant croire qu'il se fût passé ce temps depuis la bataille de Vannes, et cherchant à recueillir ma mémoire incertaine. Est-ce possible ? il y a deux jours que je suis ici !...

« — Oui... et tu as toujours été en délire... ne semblant pas savoir ce qui se passait autour de toi... Le médecin qui a pansé tes blessures t'a fait boire des breuvages...

« — Maintenant je me rappelle cela confusément... et aussi... un voyage en chariot ?

« — Oui, pour venir du champ de bataille ici. J'étais avec toi dans ce chariot, où l'on t'a porté.

« — Et ici nous sommes ?...

« — A Vannes.

« — Notre armée ?...

« — Détruite...

« — Et notre flotte ?

« — Anéantie.

« — O mon frère !... et sa courageuse femme Méroë !... tous deux morts aussi ! ai-je pensé. Et Vannes, où nous •sommes, ai-je dit au vieillard, Vannes est au pouvoir des Romains ?

« — Ainsi que toute la Bretagne, disent-ils.

« — Et le *chef des cent vallées ?*

« — Il s'est réfugié dans les montagnes d'Arès avec un petit nombre de cavaliers... Les Romains sont à sa poursuite, me répondit le vieillard.

« Et levant les yeux au ciel :

« — Qu'Hésus et Teutâtès protégent ce dernier défenseur des Gaules !

« J'avais fait ces questions à mesure que la pensée me revenait, incertaine encore ; mais lorsque je me suis rap-

pelé le combat du char de guerre, la mort de ma mère,
de mon père, de mon frère Mikaël, de sa femme, de ses
deux enfants, puis, enfin, la mort presque certaine de ma
femme Hénory, de ma fille et de mon fils... car au moment où je perdais tout sentiment je n'avais pas vu
sortir Hénory de la logette à l'arrière du chariot, où je
supposais qu'elle s'était tuée après avoir aussi tué nos
deux enfants... après m'être rappelé tout cela, j'ai poussé
malgré moi, un grand cri de désespoir, me voyant resté
seul ici, tandis que les miens étaient ailleurs ; alors, pour
fuir la lumière du jour, je me suis rejeté la face sur ma
paille.

« Un des gardiens à moitié ivre fut blessé de mes gémissements ; plusieurs coups de fouet rudement assénés,
accompagnés d'imprécations, sillonnèrent mes épaules.
Oubliant la douleur pour la honte, moi, Guilhern ! moi,
fils de Joel ! battu du fouet ! je me dressai sur mes jambes
d'un seul élan, malgré ma faiblesse, pour me jeter sur le
gardien ; mais ma chaîne, tendue brusquement par cette
secousse, m'arrêta, me fit trébucher et retomber à genoux. Aussitôt le gardien, mis hors de ma portée par la
longueur de son fouet, redoubla ses coups, me fouettant
la figure, la poitrine, le dos... D'autres gardiens accoururent, se précipitèrent sur moi et me mirent aux mains
des menottes de fer...

.  .  .  .  .  .  .  .  .  .  .  .  .  .  .  .  .  .  .  .

« La chaîne aux pieds, les menottes aux mains, incapable de remuer, je n'ai pas voulu réjouir mes bourreaux
par ma fureur impuissante ; j'ai fermé les yeux et me suis
tenu immobile sans trahir ni colère ni douleur, pendant
que les gardiens, irrités par mon calme, me frappaient
avec acharnement. Cependant une voix leur ayant dit
quelques paroles très-vives en langue romaine, leurs coups
cessèrent ; alors j'ouvris les yeux, je vis trois nouveaux

personnages : l'un d'eux gesticulait d'un air fâché, parlait très-vite aux gardiens, me désignant de temps à autre. Cet homme, petit et gros, avait la figure fort rouge, des cheveux blancs, une barbe grise pointue; il portait une courte robe de laine brune, des chausses de peau de daim et des bottines de cuir; il n'était pas vêtu à la mode romaine; deux hommes l'accompagnaient : l'un, vêtu d'une longue robe noire, avait l'air grave et sinistre; l'autre tenait un coffret sous son bras. Pendant que je regardais ces personnages, le vieillard, mon voisin, enchaîné comme moi, me montra du regard le gros petit homme à figure rouge et à cheveux blancs, qui s'entretenait avec les gardiens, et me dit d'un air de colère et de dégoût :

« — Le *maquignon!*... le *maquignon!*...

« — Qui? lui ai-je répondu ne le comprenant pas; quel maquignon?

« — Celui qui nous achète; les Romains appellent ainsi les marchands d'esclaves [1].

« — Quoi! acheter des blessés? dis-je au vieillard dans ma surprise; acheter des mourants?

« — Ne sais-tu pas qu'après la bataille de Vannes, m'a-t-il répondu avec un sombre sourire, il restait plus de morts que de vivants, et pas un Gaulois sans blessures? C'est sur ces blessés qu'à défaut de proie plus valide, les marchands d'esclaves, suivant l'armée romaine, se sont abattus comme les corbeaux sur les cadavres.

« Alors je n'en ai plus douté... j'étais esclave... On m'avait acheté, je serais revendu. Le maquignon, ayant cessé de parler aux gardiens, s'approcha du vieillard et lui dit en langue gauloise, mais avec un accent qui prouvait son origine étrangère :

1. Les marchands d'esclaves étaient appelés MAQUIGNONS (*mangons*). Wallon, *Histoire de l'esclavage dans l'antiquité*.

« — Mon vieux *Perce-Peau*, qu'est-il donc arrivé à ton voisin? Est-ce qu'il est enfin sorti de son assoupissement? Il a donc agi ou parlé?

« — Interroge-le, dit brusquement le vieillard en se retournant sur sa paille; il te répondra.

« Alors le maquignon vint de mon côté; il ne paraissait plus irrité, sa figure, naturellement joviale, se dérida; il se baissa vers moi, appuya ses deux mains sur ses genoux, me sourit, et me dit en parlant très-vite et me faisant des questions auxquelles il répondait souvent pour moi :

« — Tu as donc repris tes esprits, mon brave *Taureau?* Oui... Ah! tant mieux... Par Jupiter! c'est bon signe... Vienne maintenant l'appétit, et il vient, n'est-ce pas? Oui?... Tant mieux encore! Avant huit jours tu seras remplumé... Ces brutes de gardiens, toujours à moitié vres, t'ont donc fouaillé? Oui? Cela ne m'étonne pas... ils n'en font jamais d'autres... Le vin des Gaules les rend stupides... Te battre... te battre... et c'est à peine si tu peux te tenir sur tes jambes... sans compter que chez les hommes de race gauloise, la colère contenue peut avoir de mauvais résultats... Mais tu n'es plus en colère, n'est-ce pas? Non?... Tant mieux! C'est moi qui dois être en colère contre ces ivrognes... Si ton sang, bouillonnant de fureur t'avait étouffé pourtant!... Mais bah! ces brutes se soucient bien de me faire perdre vingt-cinq ou trente sous d'or [1] que tu pourras me valoir prochainement, mon brave Taureau!... Mais, pour plus de sûreté, je vais te conduire dans un réduit où tu seras seul et mieux qu'ici; il était occupé par un blessé qui est mort cette nuit... un beau blessé!... un superbe blessé!... C'est une perte... Ah! tout n'est pas gain dans le commerce... Viens, suis-moi.

1. Environ 5 à 600 francs de notre monnaie

« Et il s'occupa de détacher ma chaîne au moyen d'un ressort dont il avait le secret. Je me demandais pourquoi le maquignon m'appelait toujours *Taureau*... J'aurais d'ailleurs préféré le fouet des gardiens à la joviale loquacité de ce marchand de chair humaine. J'étais certain de ne pas rêver; cependant j'avais peine à croire à la réalité de ce que je voyais... Incapable de résister, je suivis cet homme; je n'aurais plus ainsi sous les yeux ces gardiens qui m'avaient battu, et dont la vue faisait bouillonner mon sang. Je fis un effort pour me lever, car grande encore était ma faiblesse. Le maquignon décrocha ma chaîne, la prit par le bout, et, comme j'avais toujours les menottes aux mains, l'homme à la longue robe noire, et celui qui portait un coffret, me prirent chacun sous un bras et me conduisirent à l'extrémité du hangar; on me fit monter quelques degrés et entrer dans un réduit éclairé par une ouverture grillée. J'y jetai un regard; je reconnus la grande place de la ville de Vannes, et au loin la maison où j'étais souvent venu voir mon frère Albinik, le marin, et sa femme Méroë. Je vis dans le réduit un escabeau, une table et une longue caisse remplie de paille fraîche, remplaçant, je pense, celle où l'autre esclave était mort. On me fit d'abord asseoir sur l'escabeau; l'homme à la robe noire, médecin romain, visita mes deux blessures, tout en causant dans sa langue avec le maquignon; il prit différents baumes dans le coffret que portait son compagnon, me pansa, puis alla donner ses soins à d'autres esclaves... après avoir aidé le maquignon à attacher ma chaîne à la caisse de bois qui me servait de lit; je suis resté seul avec mon *maître*.

« — Par Jupiter! me dit-il de son air satisfait et joyeux, qui me révoltait, tes blessures se cicatrisent à vue d'œil, preuve de la pureté de ton sang, et avec un sang pur il n'y a pas de blessures, a dit le fils d'Esculape.

Mais te voici revenu à la raison, mon brave Taureau; tu vas répondre à mes questions, n'est-ce pas? Oui?... Alors, écoute-moi...

« Et le maquignon ayant tiré de sa poche des tablettes enduites de cire et un stylet pour écrire, me dit :

« — Je ne te demande pas ton nom; tu n'as plus d'autre nom que celui que je t'ai donné, en attendant qu'un nouveau propriétaire te nomme autrement; moi, je t'ai appelé *Taureau*... fier nom, n'est-pas? Il te convient?... Tant mieux!...

« — Pourquoi m'appelles-tu *Taureau?*

« — Pourquoi ai-je nommé *Perce-Peau* ce grand vieillard, ton voisin de tout à l'heure? Parce que ses os lui percent la peau, tandis que toi, à part tes deux blessures, quelle forte nature tu es! quelle poitrine! quelle carrure! quelles larges épaules! quels membres vigoureux!

« Et le maquignon, en disant ces mots, se frottait les mains, me regardait avec satisfaction et convoitise, songeant déjà au prix qu'il me revendrait.

« — Et la taille! elle dépasse de plus d'un palme celle des plus grands captifs que j'aie dans mon lot... Aussi, te voyant si robuste, je t'ai nommé *Taureau*. C'est sous ce nom que tu es porté sur mon inventaire... à ton numéro... et que tu seras crié à l'encan!

« Je savais que les Romains vendaient leurs prisonniers aux marchands d'esclaves; je savais que l'esclavage était horrible, puisque je trouvais juste qu'une mère tuât ses enfants plutôt que de les laisser vivre pour la captivité: je savais que l'esclave devenait une bête de somme; oui, je savais tout cela, et pourtant, pendant que le maquignon me parlait ainsi, je passais la main sur mon front, je me touchais, comme pour bien m'assurer que c'était moi... moi... Guilhern, fils de Joel, le brenn de la tribu de Karnak... moi, de race fière et libre, que l'on traitait comme un bœuf destiné au marché... Cette honte, cette vie d'esclave me parut si impossible à supporter, que je me rassurai, résolu de fuir à la première occasion, ou de me tuer... pour aller rejoindre les miens. Cette pensée me calma. Je n'avais ni l'espoir ni le désir d'apprendre que ma femme et mes enfants eussent échappé à la mort sur le chariot de guerre ; mais me rappelant que je n'avais vu sortir ni Hénory, ni mon petit Sylvest, ni ma chère petite Siomara de la logette de l'arrière du char, je dis au maquignon :

« — Où m'as-tu acheté ?

« — Dans l'endroit où nous faisons toujours nos achats, mon brave Taureau, sur le champ de bataille... après le combat.

« — Ainsi c'est sur le champ de bataille de *Vannes* que tu m'as acheté ?...

« — C'est là même...

« — Et tu m'as ramassé sans doute à la place où j'étais tombé ?

« — Oui, vous étiez là un gros tas de Gaulois, dans lequel il n'y a eu de bon à ramasser que toi et trois autres, y compris ce grand vieillard, ton voisin... tu sais... *Perce-Peau*, que les archers crétois m'ont donné par-dessus le marché, comme *esclave de réjouissance*. C'est qu'aussi, vous autres Gaulois, vous vous faites carnager de telle sorte (et par Jupiter ! je ne sais pas ce que vous y gagnez), qu'après une bataille, les captifs vivants et sans blessures sont introuvables et hors de prix... Moi, je ne peux point mettre beaucoup d'argent dehors ; aussi je me rabats sur les blessés : mon compère, le fils d'Esculape, vient avec moi visiter le champ de bataille, examine les plaies et guide mon choix ; ainsi, sais-tu, malgré tes deux blessures et ton évanouissement, ce que m'a dit ce digne médecin ? Après t'avoir examiné et sondé tes plaies :

« Achète, mon compère, achète... il n'y a que les chairs
« d'attaquées, et elles sont saines ; cela dépréciera peu ta
« marchandise et ne donnera lieu à aucun *cas rédhibi-*
« *toire* [1]. » Alors, vois-tu, moi, en fin maquignon qui
connaît le métier, j'ai dit aux archers crétois en te poussant du pied : « Quant à ce grand cadavre-là, il n'a plus
« que le souffle, je n'en veux point dans mon lot. »

« — Quand j'achetais des bœufs au marché, dis-je au
maquignon en le raillant, car je me rassurais de plus en
plus, sachant que l'homme redevient libre par la mort...
quand j'achetais des bœufs au marché, j'étais moins habile que toi.

« — Oh ! c'est que moi, je suis un vieux négociant,
sachant mon métier ; aussi les archers crétois m'ont-ils
répondu, s'apercevant que je te dépréciais : « Mais ce
« coup de lance et ce coup d'épée sont des égratignures.
« — Des égratignures, mes maîtres ! leur ai-je dit à mon
« tour ; mais on a beau le crosser et le retourner (et je te
« crossais et je te retournais du pied), voyez... il ne
« donne pas signe de vie ; il expire, mes nobles fils de
« Mars ! il est déjà froid... Enfin, brave Taureau, je t'ai
« eu pour deux sous d'or...

« — Je me trouve payé peu cher ; mais à qui me reven
dras-tu ?

« — Aux trafiquants d'Italie et de la Gaule romaine du
Midi ; ils nous rachètent les esclaves de seconde main. Il
en est déjà arrivé plusieurs ici.

« — Et ils m'emmèneront au loin ?

« — Oui, à moins que tu sois acheté par l'un de ces
vieux officiers romains qui, trop invalides pour continuer

---

1. Il y avait dans la vente d'esclaves comme dans celles d'animaux, certains cas rédhibitoires et de moins-value ; on avait six
mois pour les premiers, un an pour les derniers.

la guerre, vont fonder ici des colonies militaires, par ordre de César...

« — Et nous dépouiller ainsi de nos terres?...

« — Naturellement. J'espère donc tirer de toi vingt-cinq ou trente sous d'or... au moins... et davantage si tu es d'un état facile à placer, tel que forgeron, charpentier, maçon, orfévre ou autre bon métier. C'est pour le savoir que je t'interroge, afin de t'inscrire sur mon état de vente. Ainsi nous disons...

« Et le maquignon reprit ses tablettes, sur lesquelles il écrivit à mesure avec son stylet.

« — Ton nom? *Taureau, race gauloise bretonne.* Je vois cela d'un coup d'œil... je suis connaisseur... je ne prendrais pas un Breton pour un Bourguignon, ni un Poitevin pour un Auvergnat... J'en ai beaucoup vendu d'Auvergnats, l'an passé, après la bataille du Puy... Ton âge?

« — Vingt-neuf ans...

« — *Age, vingt-neuf ans,* écrivit-il sur ses tablettes. Ton état?

« — Laboureur.

« — Laboureur, reprit le maquignon d'un air déçu en se grattant l'oreille avec son stylet. Oh! oh! tu n'es que laboureur... Tu n'as pas d'autre profession?

« — Je suis soldat aussi.

« — Oh! oh! soldat... qui porte le carcan ne touche de sa vie ni lance ni épée... Ainsi donc, ajouta le maquignon en soupirant et relisant ses tablettes, où il écrivit :

« *N° 7, Taureau, race gauloise bretonne, de première vigueur et de la plus grande taille, âgé de vingt-neuf ans, excellent laboureur.* »

« Et il me dit :

« — Ton caractère?...

« — Mon caractère?...

« — Oui, quel est-il? Rebelle ou docile? ouvert ou
sournois? violent ou paisible ? joyeux ou taciturne?...
Les acheteurs s'enquièrent toujours du caractère de l'esclave qu'ils achètent, et quoique l'on ne soit pas tenu de
leur répondre, il est d'un mauvais négoce de les tromper... Voyons, ami Taureau, quel est ton caractère?...
Dans ton intérêt, sois sincère... Le maître qui t'achètera
saura toujours à la longue la vérité, et il te ferait payer
un mensonge plus cher qu'à moi.

« — Alors, écris ceci sur tes tablettes : « Le taureau de
« labour aime la servitude, chérit l'esclavage et lèche la
« main qui le frappe. »

« — Tu plaisantes ; la race gauloise aimer la servitude ! Autant dire que l'aigle ou le faucon chérit la
cage...

« — Alors écris sur tes tablettes que, ses forces revenues, le Taureau, à la première occasion, brisera son
joug, éventrera son maître et fuira dans les bois pour y
vivre libre...

« — Il y a plus de vérité là-dedans; car ces brutes de
gardiens, qui t'ont battu, m'ont dit qu'au premier coup de
fouet tu t'étais élancé terrible au bout de ta chaîne...
Mais, vois-tu, ami Taureau, si je t'offrais aux acheteurs
sous la dangereuse enseigne que tu te donnes, je trouve-
rais peu de chalands... Or, si un honnête commerçant ne
doit pas vanter sa marchandise outre mesure, il ne doit
pas non plus la trop déprécier... J'annoncerai donc ton
caractère ainsi que suit. Et il écrivit :

« *Caractère violent, ombrageux, par suite de son inhabitude de l'esclavage, car il est tout neuf encore; mais on
l'assouplira en employant tour à tour la douceur et le châtiment.* »

« — Relis un peu...

« — Quoi?...

« — Sous quelle enseigne je serai vendu.

« — Tu as raison, mon fils ; il faut s'assurer si cette enseigne sonne bien à l'oreille, et se figurer le crieur d'enchères... voyons :

« *N° 7,* TAUREAU, *race gauloise bretonne, de première vigueur et de la plus grande taille, âgé de vingt-neuf ans, excellent laboureur, caractère violent, ombrageux, par suite de son inhabitude de l'esclavage, car il est tout neuf encore; mais on l'assouplira en employant tour à tour la douceur et le châtiment.* »

« — Voilà donc ce qui reste d'un homme fier et libre dont le seul crime est d'avoir défendu son pays contre César ! me suis-je dit tout haut avec une grande amertume. Et ce César, qui, après nous avoir réduits à l'esclavage, va partager à ses soldats les champs de nos pères, je ne l'ai pas tué lorsque je l'emportais tout armé sur mon cheval !...

« — Toi, brave Taureau... tu aurais fait prisonnier le grand César ? m'a répondu en raillant le maquignon. Il est fâcheux que je ne puisse faire proclamer ceci à la criée, cela ferait de toi un esclave curieux à posséder.

« Je me suis reproché d'avoir prononcé, devant ce trafiquant de chair humaine, des paroles qui ressemblaient à un regret et à une plainte ; revenant à ma première pensée, qui me faisait endurer patiemment le verbiage de cet homme, je lui dis :

« — Puisque tu m'as ramassé sur le champ de bataille à la place où je suis tombé, as-tu vu près de là un chariot de guerre attelé de quatre bœufs noirs, avec une femme pendue au timon, ainsi que ses deux enfants ?

« — Si je l'ai vue ! s'écria le maquignon en soupirant tristement, si je l'ai vue !... Ah ! que d'excellente marchandise perdue ! Nous avons compté dans ce chariot jusqu'à onze jeunes femmes ou jeunes filles, toutes belles,

oh! belles!... à valoir au moins quarante ou cinquante
sous d'or chacune... mais mortes... tout à fait mortes!...
Et elles n'ont profité à personne!...

« — Et dans ce chariot... il ne restait ni femmes... ni
enfants vivants?...

« — De femmes?... Non... hélas! non... pas une... au
grand dommage des soldats romains et au mien; mais
des enfants... il en est resté, je crois, deux ou trois, q⁻i
avaient survécu à la mort que leur avaient voulu donner
ces féroces Gauloises, furieuses comme des lionnes...

« — Et où sont-ils? m'écriai-je en pensant à mon fils
et à ma fille, qui étaient peut-être des survivants; où sont-
ils, ces enfants? Réponds... réponds!...

« — Je te l'ai dit, brave Taureau, je n'achète que les
blessés; un de mes confrères aura acheté le lot d'enfants...
ainsi que d'autres petits, car l'on en a encore ramassé
quelques-uns vivants dans d'autres chariots... Mais que
t'importe qu'il y ait ou non des enfants à vendre?...

« — C'est que, moi, j'avais une fille et un fils... dans
ce chariot, ai-je répondu en sentant mon cœur se briser.

« — Et de quel âge ces enfants?

« — La fille, huit ans... le garçon, neuf ans...

« — Et ta femme?

« — Si aucune des onze femmes du chariot n'a été
trouvée vivante, ma femme est morte.

« — Et voilà qui est fâcheux, très-fâcheux : ta femme
était féconde, puisque tu avais déjà deux enfants; on
aurait pu faire un bon marché de vous quatre... Ah! que
de bien perdu!...

« J'ai réprimé un mouvement de vaine colère contre cet
infâme vieillard... et j'ai répondu :

« — Oui, on aurait mis en vente le taureau et la taure...
le taurin et la taurine?...

« — Certainement; puisque César va distribuer vos

terres dépeuplées à grand nombre de ses vétérans, ceux d'entre eux qui ne se seront pas réservé de prisonniers seront obligés d'acheter des esclaves pour cultiver et repeupler leurs lots de terre, et justement tu es de race rustique et forte ; c'est ce qui fait mon espoir de te bien vendre.

« — Écoute-moi... j'aimerais mieux savoir mon fils et ma fille tués, comme leur mère, que réservés à l'esclavage... Cependant, puisque l'on a trouvé sur nos chariots quelques enfants ayant survécu à la mort, et cela m'étonne, car la Gauloise frappe toujours d'une main ferme et sûre, lorsqu'il s'agit de soustraire sa race à la honte... il se peut que mon fils et ma fille soient parmi les enfants que l'on vendra bientôt... Comment pourrai-je le savoir ?...

« — A quoi bon savoir cela ?

« — Afin d'avoir du moins avec moi mes deux enfants...

« Le maquignon se prit à rire, haussa les épaules et me répondit :

« — Tu ne m'as donc pas entendu?... Eh ! par Jupiter ! ne t'avise pas d'être sourd... ce serait un cas rédhibitoire. Je t'ai dit que je n'achète ni ne vends d'enfants, moi...

« — Que me fait cela ?

« — Cela fait que, sur cent acheteurs d'esclaves de travail rustique, il n'y en aurait pas dix assez fous pour acheter un homme seul avec ses deux enfants sans leur mère... Aussi te mettre en vente avec tes deux petits, s'ils vivent encore, ce serait m'exposer à perdre la moitié de ta valeur, en grevant ton acheteur de deux bouches inutiles... Me comprends-tu... crâne épais ?... Non, car tu me regardes d'un air farouche et hébété... Je te répète que j'aurais été obligé d'acheter deux enfants avec toi dans un lot, ou bien on me les eût donnés par-dessus le

marché en *réjouissance*, comme le vieux *Perce-Peau*, que
mon premier soin eût été de te mettre en vente sans eux...
Comprends-tu, à la fin ?...

« J'ai compris, à la fin ; car jusqu'alors je n'avais pas
songé à ce raffinement de torture dans l'esclavage... Penser que mes deux enfants, s'ils vivaient, pouvaient être
vendus... je ne savais où, ni à qui, et loin de moi... je ne
l'ai pas cru possible, tant cela me paraissait affreux !
Mon cœur s'est gonflé de douleur... et j'ai dit presque en
suppliant, tant je souffrais, j'ai dit au maquignon :

« — Tu me trompes !... Qu'en ferait-on, de mes enfants ?
Qui voudrait acheter de pauvres petites créatures si jeunes ?
des bouches inutiles..., tu l'as dit toi-même ?...

« — Oh ! oh ! ceux qui font le commerce des enfants
ont une clientèle à part et assurée, surtout si les enfants
sont jolis... Les tiens le sont-ils ?

« — Oui, ai-je répondu malgré moi, me rappelant alors
plus que jamais, hélas ! les jolies figures blondes de mon
petit Sylvest et de ma petite Siomara, qui se ressemblaient
comme deux jumeaux, et que j'avais embrassés une dernière fois un moment avant la bataille de Vannes. Ah
oui, ils sont beaux ! comme était leur mère...

« J'avais écouté d'abord le maquignon sans savoir ce
qu'il voulait dire ; mais bientôt j'avais eu comme un vertige d'horreur, à cette pensée que mes enfants, s'ils
avaient malheureusement échappé à la mort que leur
mère si prévoyante voulait leur donner, pouvaient être
conduits en Italie pour y accomplir de monstrueuses destinées... Ce n'est pas de la colère, de la fureur que j'ai
ressentie ; non... mais une douleur si grande, une épouvante si terrible, que je me suis agenouillé sur ma paille,
et j'ai tendu, malgré mes menottes, mes mains suppliantes vers le maquignon ; puis, ne trouvant pas une
parole, j'ai pleuré... à genoux...

« —Ami Taureau, a repris le maquignon d'un air fâché,
je ne m'étais point trompé en te portant sur mes tablettes
comme violent et emporté ; mais je crains que tu n'aies
un défaut pire que ceux-là... je veux dire une tendance à
la tristesse...

J'ai vu des esclaves chagrins fondre comme neige
d'hiver au soleil du printemps, devenir aussi secs
que des parchemins, causer grand dommage à leur propriétaire par cette chétive apparence... Ainsi, prends
garde à toi ; il me reste à peine quinze jours avant
l'encan où tu dois être vendu ; c'est peu pour te ramener à ton embonpoint naturel, pour te donner un
teint frais et reposé, une peau souple et lisse, enfin
tous les signes de la vigueur et de la santé, qui allèchent
les amateurs jaloux de posséder un esclave sain et
robuste. Pour obtenir ce résultat, je ne veux rien mé-
nager, ni bonne nourriture, ni soins, ni aucun de ces
petits artifices à nous connus pour parer agréablement
notre marchandise. Mais il faut que de ton côté tu me
secondes ; or si, loin de là, tu ne décolères pas, si (et cela
est pire encore), si tu te mets à larmoyer, à te désoler,
c'est-à-dire à dépérir, en rêvant creux à tes enfants, au
lieu de me faire honneur et profit par ta bonne mine,
ainsi que le doit tout bon esclave jaloux de l'intérêt de son
maître... prends garde, ami Taureau, prends garde ! je
ne suis pas novice dans mon commerce... je le fais depuis
longtemps, et dans tous les pays... J'en ai dompté de
plus intraitables que toi ; j'ai rendu des *Sardes* dociles,
et des *Sarmates* doux comme des agneaux... juge de mon
savoir-faire... Ainsi, crois-moi, ne t'évertue pas à me
causer préjudice en dépérissant : je suis très-doux, très-
clément ; je n'aime point par goût les châtiments ; ils
laissent souvent des traces qui déprécient les esclaves...
Cependant, si tu m'y obliges, tu feras connaissance avec

les mystères de l'*ergastule* [1] des récalcitrants... Songe à cela, ami Taureau... Voici bientôt l'heure du repas : le médecin affirme que l'on peut maintenant te donner une nourriture substantielle ; on va t'apporter de la poule bouillie avec du gruau arrosé de jus de mouton rôti, de bon pain et de bon vin mélangé d'eau... Je saurai si tu as mangé de bon appétit et de manière à réparer tes forces, au lieu de les perdre en larmoyant... Ainsi donc, mange, c'est le seul moyen de gagner mes bonnes grâces... mange beaucoup... mange toujours... j'y pourvoirai : tu ne mangeras jamais assez à mon gré, car tu es loin d'être à *pleine peau*... et il faut que tu y sois, à pleine peau... et cela, tu m'entends, avant quinze jours, terme de l'encan... Je te laisse sur ces réflexions, prie les dieux qu'elles te profitent, sinon... oh ! sinon, je te plains, ami Taureau...

« Et en disant cela, le maquignon m'a laissé seul, enchaîné dans ce réduit dont la porte épaisse s'est refermée sur moi. »

## CHAPITRE VI

« Sans mon incertitude sur le sort de mes enfants, je me serais tué après le départ du maquignon, en me brisant la tête sur la muraille de ma prison, ou en refusant toute nourriture. Beaucoup de Gaulois avaient ainsi échappé à l'esclavage ; mais je ne devais pas mourir sans avoir fait ce qui dépendait de moi pour les arracher à la destinée dont ils étaient menacés... J'ai d'abord examiné mon réduit, afin de voir si, mes forces une fois revenues, j'avais quelque chance de m'échapper... Il était fermé de trois côtés par une muraille, et de l'autre par une épaisse cloison renforcée de poutres, entre deux desquelles s'ou-

---

1. Espèce de souterrain où étaient tenus les esclaves.

vrait la porte, toujours soigneusement verrouillée au
dehors : un barreau de fer traversait la fenêtre, trop
étroite pour me donner passage. Je visitai ma chaîne et
les anneaux, dont l'un était rivé à ma jambe et l'autre
fixé à l'une des barres transversales de ma couche ; il
m'était impossible de me déchaîner, eussé-je été aussi vigoureux qu'auparavant... Alors, moi, Guilhern, fils de
Joel, le brenn de la tribu de Karnak, j'ai dû songer à la
ruse... à la ruse !... à me mettre dans les bonnes grâces
du maquignon, afin d'obtenir de lui quelques renseignements sur mon petit Sylvest et ma petite Siomara... Pour
cela, il ne fallait ni dépérir, ni paraître triste du sort réservé à mes enfants... J'ai craint de ne pouvoir réussir à
feindre : notre race gauloise n'a jamais connu la fourbe
et le mensonge ; elle triomphe, ou elle meurt !...

« Le soir même de ce jour où, revenant à moi, j'ai eu
conscience de mon esclavage, j'ai assisté à un spectacle
d'une terrible grandeur ; il a relevé mon courage... je
n'ai pas désespéré du salut et de la liberté de la Gaule.
La nuit allait venir, j'ai entendu d'abord le piétinement
de plusieurs troupes de cavalerie arrivant au pas sur la
grande place de la ville de Vannes, que je pouvais apercevoir par l'étroite fenêtre de ma prison. J'ai regardé,
voici ce que j'ai vu :

« Deux cohortes d'infanterie romaine et une légion de
cavalerie, rangées en bataille, entouraient un grand espace
vide, au milieu duquel s'élevait une plate-forme en charpente. Sur cette plate-forme était placé un de ces lourds
billots de bois dont on se sert pour dépecer les viandes.
Un *More*, de gigantesque stature, au teint bronzé, les cheveux ceints d'une bandelette écarlate, les bras et les
jambes nus, portant une casaque et un court caleçon de
peau tannée, çà et là taché d'un rouge sombre, se tenait
debout à côté de ce billot, une hache à la main.

« J'ai entendu retentir au loin les longs clairons des Romains ; ils sonnaient une marche lugubre. Le bruit s'est rapproché ; une des cohortes rangées sur la place a ouvert ses rangs en formant la haie ; les clairons romains sont entrés les premiers sur la place ; ils précédaient des *légionnaires* bardés de fer. Après cette troupe venaient des prisonniers de notre armée, garrottés deux à deux ; puis (et mon cœur a commencé de battre avec angoisse puis venaient des femmes, des enfants, aussi garrottés... Plus de deux portées de fronde me séparaient de ces captifs ; à une si grande distance je ne pouvais distinguer leurs traits, malgré mes efforts... Pourtant mon fils et ma fille se trouvaient peut-être là... Ces prisonniers, de tout âge, de tout sexe, serrés entre deux haies de soldats, ont été rangés au pied de la plate-forme : d'autres troupes ont encore défilé, et, après elles, j'ai compté vingt-deux autres captifs, marchant un à un ; mais non pas enchaînés, ceux-là ; je l'ai reconnu à leur libre et fière allure : c'é- taient les chefs et les *anciens* de la ville et de la tribu de Vannes, tous vieillards à cheveux blancs... Parmi eux, et marchant les derniers, j'ai distingué deux *druides* et un *barde* du collége de la forêt de *Karnak*, reconnaissables, les premiers, à leurs longues robes blanches, le second, à sa tunique rayée de pourpre. Ensuite a paru encore de l'infanterie romaine ; et enfin, entre deux escortes de cavaliers numides, couverts de leurs longs manteaux blancs, César à cheval et entouré de ses officiers. J'ai reconnu le fléau des Gaules à l'armure dont il était revêtu, lorsque, à l'aide de mon bien-aimé frère Mikaël, l'armurier, j'emportais César, tout armé, sur mon cheval... Oh !... combien à sa vue j'ai maudit de nouveau mon ébahisse- ment stupide, qui fut le salut du bourreau de mon pays !

« César s'est arrêté à quelque distance de la plate- forme ; il a fait un signe de la main droite... Aussitôt les vingt-deux prisonniers, le barde et les deux druides passant les derniers, sont montés d'un pas tranquille sur la plate-forme... Tour à tour ils ont posé leur tête blanche sur le billot, et chacune de ces têtes vénérées, abattue par la hache du More, a roulé aux pieds des captifs garrottés.

« Le barde et les deux druides restaient seuls à mourir... Ils se sont tous trois enlacés dans une dernière étreinte, la tête et les mains levées vers le ciel... Puis ils ont crié d'une voix forte ces paroles de ma sœur HÈNA, la vierge de l'île de Sèn, à l'heure de son sacrifice volontaire sur les pierres de Karnak... ces paroles qui avaient été le signal du soulèvement de la Bretagne contre les Romains :

« Hésus ! Hésus !... par ce sang qui va couler, clémence « pour la Gaule !...

« Gaulois, par ce sang qui va couler, victoire à nos « armes !... »

« Et le barde a ajouté :

« Le *chef des cent vallées* est sauf... Espoir pour nos « armes !... »

« Et tous les captifs gaulois, hommes, femmes, enfants, qui assistaient au supplice, ont ensemble répété les dernières paroles des druides, les acclamant d'une voix si puissante, que l'air en a vibré jusque dans ma prison.

« Après ce chant suprême, le barde et les deux druides ont tour à tour porté leurs têtes sacrées sur le billot, et elles ont roulé comme les têtes des anciens de la ville de Vannes.

« A ce moment, tous les captifs ont entonné d'une voix si forte et si menaçante le refrain de guerre des bardes : « Frappe le Romain !... frappe... frappe à la tête !... frappe fort le Romain !... » que les légionnaires, abaissant leurs lances, ont resserré précipitamment les captifs, désarmés et garrottés pourtant, dans un cercle de fer, hérissé de piques...

« Mais cette grande voix de nos frères était venue jusqu'aux blessés, renfermés comme moi dans le hangar, et tous, et moi-même, nous avons répondu aux cris des autres prisonniers par le refrain de guerre :

« Frappe le Romain!... frappe... frappe à la tête!...
« frappe fort le Romain!... »

« Telle a été la fin de la guerre de Bretagne, de cet appel aux armes, fait par les druides, du haut des pierres sacrées de la forêt de Karnak, après le sacrifice volontaire de ma sœur Hêna... de cet appel aux armes terminé par la bataille de Vannes. Mais la Gaule, quoique envahie de toutes parts, devait résister encore. Le *chef des cent vallées*, forcé d'abandonner la Bretagne, allait soulever les autres populations restées libres.

« Hésus! Hésus! ce ne sont pas seulement les malheurs de ma sainte et bien-aimée patrie qui ont déchiré mon cœur... ce sont aussi les malheurs de ma famille... Hélas! à chaque blessure de la patrie, la famille saigne!

« Forcément résigné à mon sort, j'ai repris peu à peu mes forces, espérant chaque jour obtenir du maquignon quelques renseignements sur mes enfants... Je les lui avais dépeints le plus fidèlement possible ; il me répondait toujours que, parmi les petits captifs qu'il avait vus, il n'en connaissait pas de semblables au signalement que je lui donnais, mais que plusieurs marchands avaient l'habitude de cacher à tous les yeux leurs esclaves de choix jusqu'au jour de la vente publique. Il m'apprit aussi que le noble seigneur Trimalcion, un homme qui achetait les enfants, et dont le nom seul me faisait frémir d'horreur, était arrivé à Vannes sur sa galère.

« Après quinze jours de captivité vint le moment de la vente.

« La veille, le maquignon entra dans ma prison : c'é-
'tait le soir; il me présenta lui-même mon repas, et y as-
sista. Il avait en outre apporté un flacon de vieux vin des
Gaules.

« — Ami Taureau, m'a-t-il dit avec sa jovialité habituelle, je suis content de toi; ta peau s'est à peu près remplie; tu n'as plus d'emportements insensés, et si tu ne te
montres pas très-joyeux, du moins je ne te trouve plus
triste et larmoyant... Nous allons boire ensemble ce flacon
à ton heureux placement chez un bon maître, et au gain
que tu me produiras.

« — Non, lui ai-je répondu; je ne boirai pas...

« — Pourquoi cela?

« — La servitude rend le vin amer... et surtout le vin
du pays où l'on est né.

« Le maquignon m'a regardé d'un air fâché.

« — Tu réponds mal à mes bontés; tu ne veux pas
boire... libre à toi... Je voulais vider une première coupe
à ton heureux placement, et la seconde à ton rapprochement de tes enfants : j'avais mes raisons pour cela.

« — Que dis-tu? me suis-je écrié plein d'espoir et d'angoisse. Tu saurais quelque chose sur eux?

« — Je ne sais rien..., a-t-il repris brusquement.

« Et se levant comme pour sortir :

« — Tu refuses une avance amicale... Tu as bien
soupé... dors bien...

« — Mais que sais-tu de mes enfants? Parle! je t'en
conjure... parle !...

« — Le vin seul me délie la langue, ami Taureau, et je
ne suis point de ces gens qui aiment à boire seuls... Tu es
trop fier pour vider une coupe avec ton maître... Dors
bien jusqu'à demain, jour de l'encan.

« Et il fit de nouveau un pas vers la porte. J'ai craint
d'irriter cet homme en refusant de céder à sa fantaisie, et

surtout de perdre cette occasion d'avoir des nouvelles de mon petit Sylvest et de ma petite Siomara...

« — Tu le veux absolument? lui ai-je dit ; je boirai donc, et surtout je boirai à l'espoir de revoir bientôt mon fils et ma fille.

« — Tu te fais prier beaucoup, reprit le maquignon en se rapprochant de moi à la longueur de ma chaîne.

« Puis il me versa une pleine coupe de vin, et s'en versa une à lui-même. Je me souvins plus tard qu'il la porta longuement à ses lèvres, sans qu'il me fût possible de m'assurer qu'il avait bu.

« — Allons, ajouta-t-il, allons, buvons... au bon gain que je ferai sur toi.

« — Oui, buvons à mon espoir de revoir mes enfants.

« A mon tour je vidai ma coupe ; ce vin me sembla excellent.

« — J'ai promis, reprit cet homme, je tiendrai ma promesse. Tu m'as dit que le chariot où se trouvait ta famille, le jour de la bataille de Vannes, était attelé de quatre bœufs noirs?

« — Oui.

« — De quatre bœufs portant chacun une petite marque blanche au milieu du front?

« — Oui, ils étaient tous quatre frères et pareils, ai-je répondu sans pouvoir m'empêcher de soupirer, songeant à ce bel attelage, élevé dans nos prairies, et que mon père et ma mère admiraient toujours.

« — Ces bœufs portaient au cou des colliers de cuir garnis de clochettes d'airain, pareilles à celle-ci, poursuivit le maquignon en fouillant à sa poche.

« Et il en tira une clochette qu'il me montra.

« Je la reconnus ; elle avait été fabriquée par mon frère Mikaël, l'armurier, et portait la marque de tous les objets façonnés par lui.

« — Cette clochette vient de nos bœufs, lui dis-je.
Veux-tu me la donner?... Elle n'a aucune valeur.

« — Quoi! me répondit-il en riant, tu voudrais aussi
te pendre des clochettes au cou, ami Taureau?... C'est ton
droit... Tiens, prends-la... Je l'avais seulement apportée
pour savoir de toi si l'attelage dont elle provient était
celui du chariot de ta famille.

« — Oui, ai-je dit en mettant cette clochette dans la
poche de mes braies, comme le seul souvenir qui devait
peut-être me rester du passé; oui, cet attelage était le
nôtre; mais il m'a semblé voir un ou deux bœufs tomber
blessés dans la mêlée?

« — Tu ne te trompes pas... deux de ces bœufs ont été
tués dans la bataille; les deux autres, quoique légèrement
blessés, sont vivants et ont été achetés (j'ai seulement su
cela aujourd'hui) par un de mes confrères, qui a aussi
acheté trois enfants restés dans ce chariot : deux, dont un
petit garçon et une petite fille de huit à neuf ans, à demi
étranglés, avaient encore le lacet autour du cou; mais
l'on a pu les rappeler à la vie...

« — Et ce marchand..., me suis-je écrié tout trem-
blant, où est-il?...

« — Ici, à Vannes... Tu le verras demain; nous avons
tiré au sort nos places pour l'encan, et elles sont voisines
l'une de l'autre... Si les enfants qu'il a à vendre sont les
tiens, tu vois que tu seras rapproché d'eux.

« — En serai-je bien près?

« — Tu en seras loin comme deux fois la longueur de ta
prison. Mais qu'as-tu à porter ainsi les mains à ton front?

« — Je ne sais,... Il y a longtemps que n'ai bu de vin;
la chaleur de celui que tu m'as versé me monte à la tête...
Depuis quelques instants... je me sens étourdi...

« — Cela prouve, ami Taureau, que mon vin est généreux, a repris le maquignon avec un sourire étrange.

« Puis, se levant, il est sorti, a appelé un des gardiens et est rentré avec un coffret sous le bras... Il a ensuite soigneusement refermé la porte, et étendu un lambeau de couverture devant la fenêtre, afin que l'on ne pût pas voir du dehors dans mon réduit, éclairé par une lampe... Ceci fait, il m'a regardé de nouveau très-attentivement, sans prononcer une parole, tout en ouvrant son coffret, dont il a tiré plusieurs flacons, des éponges, un petit vase d'argent avec un long tube recourbé, ainsi que différents instruments, dont l'un, d'acier, me parut très-tranchant. A mesure que je contemplais le maquignon, toujours silencieux, je sentais s'augmenter en moi un engourdissement inexplicable, mes paupières alourdies se fermèrent deux ou trois fois malgré moi. Assis jusqu'alors sur ma couche de paille, où j'étais toujours enchaîné, j'ai été obligé d'appuyer ma tête au mur, tant elle devenait pesante, embarrassée. Le maquignon me dit en riant :

« — Ami Taureau, il ne faut pas t'inquiéter de ce qui t'arrive.

« — Quoi? répondis-je en tâchant de sortir de ma torpeur. Que m'arrive-t-il?

« — Tu sens une espèce de demi-sommeil te gagner malgré toi.

« — C'est vrai.

« — Tu m'entends, tu me vois, mais comme si ta vue et ton oreille étaient couvertes d'un voile.

« — C'est vrai, murmurai-je, car ma voix faiblissait aussi, et sans éprouver aucune douleur, tout en moi semblait s'éteindre peu à peu.

« Je fis cependant un effort pour dire à cet homme :]

« — Pourquoi suis-je ainsi?

« — Parce que je t'ai préparé à *ta toilette* d'esclave.

« — Quelle toilette?

« — Je possède, ami Taureau, certains philtres magi-

ques pour parer ma marchandise... Ainsi, quoique tu sois
maintenant assez bien en chair, la privation d'exercice et
de grand air, la fièvre allumée par tes blessures, la tristesse qu'occasionne toujours la captivité, d'autres causes
encore ont séché, terni ta peau, jauni ton teint ; mais,
grâce à mes philtres, demain matin tu auras la peau aussi
fraîche et aussi souple, le teint aussi vermeil que si tu
arrivais des champs par une belle matinée de printemps,
mon brave rustique ; cette apparence ne durera guère qu'un
jour ou deux ; mais je compte, par Jupiter, que demain
soir tu seras vendu : libre à toi de rejaunir et de dépérir chez ton nouveau maître... Je vais donc commencer par te mettre nu et t'oindre le corps de cette huile
préparée, dit le maquignon en débouchant un de ses
flacons.

« Ces apprêts me parurent si honteux pour ma dignité
d'homme, que, malgré l'engourdissement qui m'accablait,
de plus en plus, je me dressai sur mon séant, et m'écriai
en agitant mes mains et mes bras libres de toute entrave :

« — Je n'ai pas mes menottes aujourd'hui... Si tu approches, je t'étrangle !

« — Voilà ce que j'avais prévu, ami Taureau, dit le
maquignon en versant tranquillement l'huile dans un vase
où il mit tremper une éponge. Tu vas vouloir résister,
t'emporter... J'aurais pu te faire garrotter par les gardiens ; mais dans ta violence tu te serais meurtri les membres, détestable enseigne pour la vente ; car ces meur-
trissures annoncent toujours un esclave récalcitrant... Et
tout à l'heure, quels cris n'aurais-tu pas poussés, quelle
révolte, lorsqu'il va falloir te raser la tête en signe d'esclavage.

« A cette dernière et insultante menace (un des plus
grands outrages que l'on puisse faire endurer à un Gaulois n'est-il pas de le priver de sa chevelure), j'ai rassemblé

ce qui me restait de forces pour me lever, et je me suis
écrié en menaçant le maquignon :

« — Par *Ritha-Gawr!* ce saint des Gaules, qui se faisait, lui, une saie de la barbe des rois qu'il avait rasés, je
te tue si tu oses toucher à un seul cheveu de ma tête!...

« — Oh! oh! rassure-toi, ami Taureau, me répondit le
maquignon en me montrant un instrument tranchant, rassure-toi... ce n'est pas un seul de tes cheveux que je couperai... mais tous.

« Je ne pus me tenir plus longtemps debout; vacillant
bientôt sur mes jambes comme un homme ivre, je re-
tombai sur ma paille, tandis que le maquignon, riant aux
éclats, me disait en me montrant toujours son instrument
d'acier :

« — Grâce à ceci, ton front sera tout à l'heure aussi
chauve que celui du grand César, que tu as, dis-tu, emporté tout armé sur ton cheval, ami Taureau... Et le
philtre magique que tu as bu dans ce vin des Gaules va
te mettre à ma merci : aussi inerte qu'un cadavre.

« Et le maquignon a dit vrai; ces paroles ont été les
dernières dont je me souvienne... Un sommeil de plomb
s'est appesanti sur moi; je n'ai plus eu conscience de ce
que l'on me faisait.

« Et cela n'était que le prélude d'une journée horrible,
rendue doublement horrible par le mystère dont elle est
encore à cette heure enveloppée.

« Oui, à cette heure où j'écris ceci pour toi, ô mon fils
Sylvest! afin que dans ce récit sincère et détaillé, où je te
dis une à une les souffrances, les hontes infligées à notre
pays et à notre race, tu puises une haine impitoyable
contre les Romains... en attendant le jour de la vengeance
et de la délivrance... oui, à cette heure encore, les mystères de cette horrible journée de vente sont impénétrables
pour moi, à moins que je ne les explique par les sorti-

léges du maquignon, plusieurs de ces gens étant, dit-on,
adonnés à la magie; mais nos druides vénérés affirment
que la magie n'existe pas.

« Le jour de l'encan, j'ai été éveillé le matin par mon
maître, car je dormais profondément; je me suis souvenu
de ce qui s'était passé la veille; mon premier mouvement
a été de porter mes deux mains à ma tête; j'ai senti qu'elle
était rasée, ainsi que ma barbe... Cela m'a grandement
affligé; mais, au lieu d'entrer en fureur, comme je l'aurais fait la veille, j'ai seulement versé quelques larmes en
regardant le maquignon avec beaucoup de crainte... Oui,
j'ai pleuré devant cet homme... oui, je l'ai regardé avec
beaucoup de crainte!...

« Que s'était-il donc passé en moi depuis la veille?
Étais-je encore sous l'influence de ce philtre versé dans le
vin? Non... ma torpeur avait disparu : je me trouvais
dispos de corps, sain d'entendement; mais quant au caractère et au courage, je me sentais amolli, énervé, craintif, et, pourquoi ne pas le dire? lâche!... oui... lâche!...
Moi, Guilhern, fils de Joel, le brenn de la tribu de Karnak,
je regardais timidement autour de moi; presque à chaque
instant mon cœur semblait se fondre, et les larmes me
montaient aux yeux, de même qu'auparavant le sang de
la colère et de la fierté me montait au front... De cette
inexplicable transformation, due peut-être au sortilége,
j'avais vaguement conscience, et je m'en étonnais... puisque aujourd'hui je m'en souviens, je m'en étonne, et
qu'aucun des détails de cette horrible journée ne s'est
effacé de ma mémoire.

« Le maquignon m'observait en silence d'un air triom-
phant; il ne m'avait laissé que mes braies. J'étais nu jusqu'à la ceinture; je restais assis sur ma couche. Il m'a
dit :

« — Lève-toi...

« Je me suis hâté d'obéir. Il a tiré de sa poche un petit miroir d'acier, me l'a tendu, et a repris :

« — Regarde-toi.

« Je me suis regardé : grâce aux sortiléges de cet homme, j'avais les joues vermeilles, le teint clair et reposé, comme si d'affreux malheurs ne s'étaient pas appesantis sur moi et sur les miens. Cependant, en voyant pour la première fois dans le miroir ma figure et ma tête complétement rasées, en signe de servitude... j'ai de nouveau versé des larmes, tâchant de les dissimuler au maquignon, de crainte de l'indisposer... Il a remis le miroir dans sa poche, a pris sur la table une couronne tressée de feuilles de hêtre [1], et m'a dit :

« — Baisse la tête.

« J'ai obéi... mon maître m'a posé cette couronne sur le front, ensuite il a pris un parchemin où étaient écrites plusieurs lignes en gros caractères latins, et au moyen de deux lacets noués derrière mon cou, il a attaché cet écriteau, qui pendait sur ma poitrine ; il m'a jeté sur les épaules une longue couverture de laine, a ouvert le ressort secret qui attachait ma chaîne à l'extrémité de ma couche ; puis cette chaîne a été fixée par lui à un anneau de fer, que l'on m'avait rivé à l'autre cheville pendant mon lourd sommeil ; de sorte que, quoique enchaîné par les deux jambes, je pouvais marcher à petits pas, ayant de plus les deux mains liées derrière le dos.

« D'après l'ordre du maquignon, que j'ai suivi, docile et soumis comme le chien qui suit son maître, j'ai ainsi descendu péniblement, à cause du peu de longueur de ma chaîne, les degrés qui de mon réduit conduisaient au hangar ; là, couchés sur la paille, j'ai retrouvé plusieurs

---

1. Les prisonniers de guerre, vendus comme esclaves, portaient pour signe distinctif une couronne de feuilles d'arbre.

captifs, parmi lesquels j'avais passé ma première nuit;
leur guérison n'était pas sans doute assez avancée pour
qu'ils pussent être mis en vente. D'autres esclaves, dont
la tête avait été rasée comme la mienne, par surprise ou
par force, portaient aussi des couronnes de feuillage, des
écriteaux sur la poitrine, des menottes aux mains, de
lourdes entraves aux pieds. Ils commencèrent, sous la
surveillance des gardiens armés, à défiler par une porte
qui s'ouvrait sur la grande place de la ville de Vannes.
Là se tenait l'encan; presque tous les captifs me parurent
mornes, abattus, soumis comme moi; ils baissaient les
yeux, ainsi que des gens honteux de s'entre-regarder.
Parmi les derniers, j'ai reconnu deux ou trois hommes de
notre tribu; l'un d'eux me dit à demi-voix en passant près
de moi :

« — Guilhern... nous sommes rasés, mais les cheveux
repoussent et les ongles aussi!

« J'ai compris que le Gaulois voulait me donner à entendre que l'heure de la vengeance viendrait un jour;
mais, dans l'inconcevable lâcheté qui m'énervait depuis le
matin, j'ai feint de ne pas comprendre le captif, tant
j'avais peur du maquignon.

« L'emplacement occupé par notre maître pour l'encan
de ses esclaves n'était pas éloigné du hangar où nous
avions été retenus prisonniers; nous sommes bientôt arrivés dans une espèce de loge, entourée de planches de trois
côtés, recouverte d'une toile et jonchée de paille; d'autres
loges pareilles, que je vis en me rendant à la nôtre, étaient
disposées à droite et à gauche d'un long escalier formant
comme une rue. Là se promenaient en foule des officiers
et des soldats romains, des acheteurs ou revendeurs d'esclaves et autres gens qui suivaient les armées; ils regardaient les captifs enchaînés dans les loges avec une railleuse et outrageante curiosité. Mon maître m'avait averti

6

que sa place au marché se trouvait en face de celle de son
confrère au pouvoir de qui étaient mes enfants. J'ai jeté
les yeux sur la loge située vis-à-vis la nôtre; je n'ai rien
pu voir, une toile abaissée en cachait l'entrée; j'ai seulement entendu, au bout de quelques instants, des imprécations et des cris perçants, mêlés de gémissements douloureux poussés par des femmes, qui disaient en gaulois :

« — La mort... la mort, mais pas d'outrages !

« — Ces sottes timorées font les vestales, parce qu'on
les met toutes nues pour les montrer aux acheteurs, me
dit le maquignon qui m'avait gardé près de lui.

« Bientôt il m'a emmené dans le fond de notre loge; en
la traversant j'y ai compté neuf captifs, les uns adoles-
cents, les autres de mon âge, deux seulement avaient
dépassé l'âge mûr. Ceux-ci s'assirent sur la paille, le
front baissé, pour échapper aux regards des curieux;
ceux-là s'étendirent la face contre terre; quelques-uns
restèrent debout, jetant autour d'eux des regards farouches; les gardiens, le fouet à la main, le sabre au côté,
les surveillaient. Le maquignon me montra une cage en
charpente, espèce de grande boîte placée au fond de la
loge, et me dit :

« — Ami Taureau, tu es la perle, l'escarboucle de mon
lot : entre dans cette cage; la comparaison que l'on ferait
de toi aux autres esclaves les déprécierait trop; en habile
marchand, je vais d'abord tâcher de vendre ce que j'ai de
moins vaillant... on écoule le fretin avant le gros poisson.

« J'ai obéi, je suis entré dans la cage; mon maître en a
fermé la porte. Je pouvais me tenir debout, une ouverture
pratiquée au plafond me permettait de respirer sans être
vu du dehors: bientôt une cloche a sonné, c'était le signal
de la vente. De tous côtés se sont élevées les voix glapis-
santes des crieurs annonçant les enchères des marchands
de chair humaine, qui, en langue romaine, vantaient leurs

esclaves, en invitant les acheteurs à entrer dans les loges.
Plusieurs chalands sont venus visiter le lot du maquignon;
sans comprendre les paroles qu'il leur adressait, j'ai de-
viné, aux inflexions de sa voix, qu'il s'efforçait de les
capter pendant que le crieur annonçait les enchères of-
fertes. De temps à autre un grand tumulte s'élevant dans
la loge se mêlait aux imprécations du marchand et au
bruit du fouet des gardiens : ils frappaient sans doute
quelques-uns de mes compagnons de captivité, qui refusaient de suivre le nouveau maître auquel ils venaient
d'être adjugés par *la criée*; mais bientôt ces clameurs
cessaient, étouffées sous le bâillon. D'autres fois j'entendais les piétinements d'une lutte sourde, désespérée,
quoique muette... Cette lutte se terminait aussi sous les
efforts des gardiens. J'étais effrayé du courage que montraient ces captifs; je ne comprenais plus ni la résistance
ni l'audace; j'étais plongé dans ma lâche inertie, lorsque
la porte de ma cage s'est ouverte; le maquignon, tout
joyeux, s'est écrié :

« — Tout est vendu, sauf toi, ma perle, mon escarboucle! Et par Mercure! à qui je promets une offrande, en
reconnaissance de mon gain d'aujourd'hui, je crois avoir
trouvé pour toi un acquéreur de gré à gré.

« Mon maître m'a fait sortir de la cage; j'ai traversé la
loge, je n'y ai plus vu aucun esclave; je me suis trouvé
en face d'un homme à cheveux gris, d'une figure froide
et dure; il portait l'habit militaire, boitait très-bas, et
s'appuyait sur la canne en cep de vigne qui distingue le
rang des *centurions* dans l'armée romaine. Le maquignon
ayant enlevé de dessus mes épaules la couverture de laine
dont j'étais enveloppé, je suis resté nu jusqu'à la ceinture... puis j'ai été obligé de quitter mes braies : mon
maître, en homme fier de sa marchandise, exposait ainsi
ma nudité aux yeux de l'acheteur.

« Plusieurs curieux rassemblés en dehors me regardaient; j'ai baissé les yeux, ressentant de la honte, de l'affliction... non de la colère.

« Après avoir lu l'écriteau qui pendait à mon cou, l'acheteur m'examina longuement, tout en répondant, par plusieurs signes de tête approbatifs, à ce que le marchand lui disait en langue romaine, avec sa volubilité habituelle; souvent il l'interrompait pour mesurer, au moyen de ses doigts qu'il écartait, tantôt la largeur de ma poitrine, tantôt la grosseur de mes bras, de mes cuisses ou la carrure de mes épaules.

« Ce premier examen parut satisfaire le centurion, car le maquignon me dit :

« — Sois fier pour ton maître, ami Taureau, ta structure est trouvée sans défaut... « Voyez, ai-je dit à l'acheteur, voyez si les statuaires grecs ne feraient pas de ce superbe esclave le modèle d'une statue d'Hercule ? » Mon client est de mon avis; il faut maintenant lui montrer que ta vigueur et ton agilité sont dignes de ton apparence.

« Mon maître, me montrant un poids de plomb placé là pour cette épreuve, me dit en me déliant les bras :

« — Tu vas remettre tes braies, puis prendre ce poids entre tes deux mains, le lever au-dessus de ta tête, et le tenir ainsi suspendu le plus longtemps que tu le pourras.

« J'allais exécuter cet ordre avec ma stupide docilité, lorsque le centurion se baissa vers le poids de plomb et essaya de l'enlever de terre, ce qu'il fit à grand'peine, pendant que le maquignon me disait :

« — Ce malin boiteux est un vieux renard aussi fin que moi; il sait que beaucoup de marchands ont, pour éprouver la force de leurs esclaves, des poids demi-creux qui semblent peser deux et trois fois plus qu'ils ne pèsent réellement; allons, ami Taureau, montre à ce défiant que tu es aussi vigoureux que solidement bâti.

Mes forces n'étaient pas entièrement revenues; cependant je pris ce lourd poids entre mes deux mains; et
je l'élevai au-dessus de ma tête, où je le balançai un moment; j'eus alors la vague pensée de le laisser retomber
sur le crâne de mon maître et de l'écraser ainsi à mes
pieds... Mais ce ressouvenir de mon courage passé s'étei-
gnit bien vite dans ma timidité présente, et je rejetai le
poids sur le sol.

« Le Romain boiteux parut satisfait.

« — De mieux en mieux, ami Taureau, me dit le maquignon: par Hercule, ton patron, jamais esclave n'a fai
plus d'honneur à son propriétaire. Ta force est démon-
trée; maintenant, voyons ton agilité. Deux gardiens vont
tenir cette barre de bois à la hauteur d'une coudée; tu
vas, quoique tes pieds soient enchaînés, sauter par-dessus
cette barre à plusieurs reprises; rien ne prouve mieux la
vigueur et l'élasticité des membres.

« Malgré mes récentes cicatrices et la pesanteur de ma
chaîne, je sautai plusieurs fois à pieds joints par-dessus
la barre, au nouveau contentement du centurion.

« — De mieux en mieux, reprit le maquignon; tu es
reconnu aussi fortement construit et aussi agile que vigoureux; reste à montrer l'inoffensive douceur de ton caractère... Quant à cette dernière épreuve... je suis certain
d'avance de son succès...

« Et de nouveau il m'attacha les mains derrière le dos.

« Je ne compris pas d'abord ce que voulait dire le marchand, car il prit un fouet de la main d'un gardien, puis
me désignant du bout de ce fouet, il parla tout bas à
l'acheteur : celui-ci fit un signe d'assentiment; déjà le
maquignon s'avançait vers moi, lorsque le boiteux prit
lui-même le fouet.

« — Le vieux renard, toujours défiant, craint que je
ne te fouaille pas assez dru, ami Taureau; allons, ne

bronche pas... fais-moi une dernière fois honneur et profit en montrant que tu endures patiemment les châtiments.

« A peine avait-il prononcé ces mots, que le boiteux m'asséna sur les épaules et sur la poitrine une grêle de coups ; je ressentis la douleur, mais non la honte de l'outrage ; je pleurai en tombant à genoux et demandai grâce... pendant que les curieux amassés riaient aux éclats.

« Le centurion, surpris de tant de résignation chez un Gaulois, abaissa son fouet et regarda le maquignon, qui, par son geste, semblait lui dire :

« — Vous avais-je trompé ?...

« Alors me flattant du plat de sa main qu'il passa sur mon échine meurtrie, de même que l'on flatte un animal dont on est satisfait, mon maître reprit :

« — Si tu es taureau pour la force, tu es agneau pour la douceur ; je m'attendais à cette patience. Maintenant, quelques questions sur ton métier de laboureur, et le marché sera conclu ; l'acheteur demande : « Où étais-tu laboureur ?

« — Dans la tribu de Karnak, ai-je répondu avec un lâche soupir ; là, je cultivais avec ma famille les champs de nos pères...

« Le maquignon reporta ma réponse au boiteux ; celui-ci parut à la fois aussi surpris que content ; il échangea quelques mots avec le marchand, qui reprit :

« — L'acheteur demande où étaient placées la maison et les terres de ta famille.

« — Non loin et à l'orient des pierres de Karnak, sur la hauteur de Craig'h.

« A cette réponse le Romain fut si satisfait, qu'il parut à peine croire à ce qu'il apprenait, car le maquignon me dit :

« — Rien de plus défiant que ce boiteux... Pour être

certain que je ne le trompe pas, et que je lui traduis
fidèlement tes paroles, il exige que tu traces devant lui,
là sur le sable, la position des terres et de la maison de
ta famille par rapport aux pierres de Karnak et au bord
de la mer; je ne sais malheureusement pas quel intérêt il
a à savoir cela, car si c'est une convenance pour lui, je
la lui ferai payer cher... Mais obéis à son ordre.

« Mes mains furent de nouveau déliées; je pris le
manche du fouet de l'un des gardiens, et je traçai sur le
sable, sous les yeux attentifs du centurion, la position
des pierres de Karnak et de la côte de Craig'h, puis
l'emplacement de notre maison et de nos champs à
Karnak.

« Le boiteux frappa dans ses mains en signe de joie; il
tira de sa poche une longue bourse, y puisa bon nombre
de pièces d'or qu'il offrit au maquignon. Après un assez
long débat sur le prix de mon corps, le vendeur et l'acheteur tombèrent d'accord.

« — Par Mercure, me dit le maquignon, je t'ai vendu
trente-huit sous d'or, moitié comptant comme arrhes,
moitié à la fin de la vente, lorsque le boiteux te viendra
prendre... Avais-je tort de te dire l'escarboucle de mon
lot?

« Puis il ajouta, d'après quelques paroles du centurion:

« — Ton nouveau maître, — et je comprends cela lorsqu'il s'agit d'un esclave richement payé, — ton nouveau
maître ne te trouve pas assez sûrement enchaîné; il veut
qu'on ajoute des entraves à ta chaîne, il viendra te chercher en chariot.

« En outre de ma chaîne, on me mit aux pieds deux
pesantes entraves de fer, qui m'auraient empêché de marcher autrement qu'en sautant à pieds joints si j'avais pu
sauter en enlevant un poids si lourd; mes menottes furent
soigneusement visitées, et je m'assis dans un coin de la

loge pendant que le maquignon comptait et recomptait
son or.

« A ce moment, la toile qui cachait l'entrée de la loge
située vis-à-vis de celle où je me trouvais s'est re-
levée... Voici ce que j'ai vu.

« D'un côté, trois belles jeunes femmes ou jeunes
filles... les mêmes sans doute que j'avais entendues sup-
plier et gémir pendant qu'on les dépouillait de leurs vêtements pour les livrer aux regards des acheteurs, étaient
assises, encore demi-nues, leurs pieds nus aussi, enduits
de craie, passés dans les anneaux d'une longue barre de
fer. Serrées les unes contre les autres, elles s'enlaçaient
de telle sorte, que deux d'entre elles, encore écrasées de
honte, cachaient leur figure dans le sein de la troisième.
Celle-ci, pâle et sombre, sa longue chevelure noire dénouée,
baissait la tête sur sa poitrine découverte et meurtrie...
meurtrie sans doute pendant la lutte de ces infortunées
contre les gardiens qui les avaient déshabillées. A peu de
distance d'elles, deux petits enfants de trois à quatre ans
au plus, et seulement attachés par la ceinture à une corde
légère fixée à un pieu, riaient et s'ébattaient sur la paille
avec l'insouciance de leur âge; j'ai pensé, sans me
tromper, j'en suis certain, que ces enfants n'appartenaient
à aucune des trois Gauloises.

« A l'autre coin de la loge, je vis une matrone de taille
aussi élevée que celle de ma mère Margarid, les menottes
aux mains, les entraves aux pieds; elle se tenait debout,
appuyée à une poutre à laquelle elle était enchaînée par
le milieu du corps, immobile comme une statue, sa chevelure grise en désordre, les yeux fixes, la figure livide,
effrayante; elle poussait de temps à autre un éclat de rire
à la fois menaçant et insensé... Enfin, au fond de la loge,
j'ai aperçu une cage semblable à celle d'où je sortais;
dans cette cage devaient se trouver mes deux enfants,

selon ce que m'avait dit le maquignon. Les larmes me son
venues aux yeux... Cependant, malgré la faiblesse qu
m'énervait et me glaçait encore, j'ai senti en pensant que
mes enfants étaient là... si près de moi... j'ai senti une
légère chaleur me monter du cœur à la tête, comme un
symptôme encore lointain du réveil de mon énergie.

« Maintenant, mon fils Sylvest, toi pour qui j'écris
ceci... lis lentement ce qui va suivre... Oui, lis lentement... afin que chaque mot de ce récit pénètre à jamais
ton âme d'une haine implacable contre les Romains...
haine qui doit éclater terrible au jour de la vengeance...
Lis ceci, mon fils, et tu comprendras que ta mère, après
vous avoir donné la vie à ta sœur et à toi, après vous
avoir comblés de sa tendresse, ne pouvait mieux vous
prouver à tous deux son maternel amour qu'en essayant
de vous tuer... afin de vous emmener d'ici pour aller revivre ailleurs, auprès d'elle et des nôtres... Hélas! vous
avez survécu à sa céleste prévoyance.

« Voici donc, mon fils, ce qui s'est passé...

« J'avais les yeux fixés sur la cage où je te supposais
prisonnier avec ta sœur, lorsque j'ai vu entrer dans cette
loge un vieillard magnifiquement vêtu; c'était le riche et
noble seigneur Trimalcion, aussi usé par la débauche que
par les années : ses yeux ternes, froids, comme ceux d'un
mort, semblaient sans regard; sa figure hideuse et ridée
disparaissait à demi sous une épaisse couche de fard. Il
portait une perruque blonde frisée, des boucles d'oreilles
ornées de pierreries et un gros bouquet à la ceinture de
sa longue robe brodée, que son manteau de peluche
rouge laissait entrevoir. Il traînait péniblement ses pas,
appuyant ses mains sur les épaules de deux jeunes esclaves de quinze à seize ans, vêtus avec luxe, mais d'une
façon si étrange, si efféminée, que l'on ne savait si l'on
devait les prendre pour des hommes ou pour des femmes.

Deux autres esclaves plus âgés suivaient : l'un tenait
sur son bras la pelisse fourrée de son maître, l'autre un
vase de nuit en or.

« Le marchand de la loge est accouru au-devant du
seigneur Trimalcion avec empressement et respect, lui a
adressé quelques mots, puis il a avancé un escabeau où
le vieillard s'est assis. Ce siége n'ayant pas de dossier, un
des jeunes esclaves s'est aussitôt placé debout et immobile derrière son maître, afin de lui servir d'appui, tandis
que l'autre esclave s'est couché par terre à un signe du
noble seigneur, a soulevé ses pieds, chaussés de riches
sandales, et les enveloppant d'un pli de sa robe, il les a
tenus pressés contre sa poitrine, afin sans doute de les
réchauffer.

« Le marchand, espérant contenter ce difficile acheteur,
s'est dirigé vers la cage, l'a ouverte, et en a fait sortir
trois enfants enveloppés de longs voiles blancs, qui cachaient leur visage : deux de ces enfants étaient de la
taille de mon fils et de ma fille ; l'autre, plus petit. Celui-
ci a d'abord été dévoilé aux yeux du vieillard ; j'ai reconnu la fille d'une de nos parentes, dont le mari avait
été tué en défendant notre chariot de guerre ; elle s'était
tuée ensuite comme les autres femmes de notre famille,
oubliant sans doute, dans ce moment suprême, de mettre
son enfant à mort. Cette petite fille était chétive et sans
beauté ; le seigneur Trimalcion, après un coup d'œil rapide jeté sur elle, fit de la main un geste impatient,
comme s'il eût été irrité de ce que l'on osât offrir à ses
regards un objet si peu digne de les fixer... Elle fut re-
conduite dans la cage par un gardien : les deux autres
enfants restèrent là, toujours voilés.

« Moi, mon fils, je voyais ceci du fond de la loge du
maquignon, les bras liés derrière le dos par des menottes
et de doubles anneaux de fer, les jambes enchaînées et

les deux pieds joints par une entrave d'un poids énorme. Je me sentais toujours sous l'empire du sortilége. Cependant mon sang, jusqu'alors figé dans mes veines, commençait à y circuler de plus en plus vivement... Un vague frémissement faisait de temps à autre tressaillir mes membres... Le réveil approchait... Je n'étais pas le seul à frémir : les trois jeunes Gauloises et la matrone, oubliant leur honte et leur désespoir, trouvaient dans leurs cœurs de fille, d'épouse ou de mère, une douloureuse épouvante pour le sort de ces enfants offerts à cet horrible vieillard. Quoique demi-nues, elles ne songeaient plus à se soustraire aux regards licencieux des spectateurs du dehors, et couvaient des yeux, avec une sorte de terreur maternelle, les deux enfants voilés, tandis que la matrone, liée à un poteau, les yeux étincelants, les dents serrées par une rage impuissante, levait au ciel ses bras enchaînés comme pour appeler le châtiment des dieux sur ces monstruosités...

« A un signe du seigneur Trimalcion, les voiles sont tombés...et je vous ai reconnus tous deux... toi, mon fils Sylvest, et ta sœur Siomara...

« Lis toujours, mon fils... lis toujours, et attends...

« Vous étiez tous deux pâles, amaigris, vous frissonniez d'effroi ; la douleur se lisait sur vos visages baignés de larmes... Les longs cheveux blonds de ma petite fille tombaient sur ses épaules ; elle n'osait lever les yeux, non plus que toi ; vous vous teniez tous deux par la main, serrés l'un contre l'autre... Malgré la terreur qui bouleversait sa figure, je revoyais ma fille dans sa rare et enfantine beauté... beauté maudite ! car à son aspect les yeux morts du seigneur Trimalcion s'allumèrent et brillèrent comme des charbons ardents au milieu de son visage ridé, couvert de fard. Il se redressa, tendit vers ma fille ses mains décharnées, comme pour s'emparer de

sa proie, et un sourire affreux découvrit ses dents jaunes...
Siomara épouvantée se rejeta en arrière et se cramponna
à ton cou. Le marchand vous eut bientôt séparés, et la
ramena près du vieillard. Celui-ci, repoussant alors du
pied son esclave couché à terre, s'empara de ma fille, la
saisit entre ses genoux, maîtrisa facilement les efforts
qu'elle faisait afin de lui échapper en poussant des cris
perçants, rompit violemment les cordons qui attachaient
la petite robe de mon enfant, et la mit à moitié nue pour
examiner sa poitrine et ses épaules, tandis que le marchand te contenait, mon fils.

« Et moi le père des deux victimes... moi, qui, chargé
de chaînes, voyais cela... que faisais-je?... Lis toujours,
mon fils..., lis toujours et attends...

« A ce crime du seigneur Trimalcion... le plus exé-
crable des crimes! outrager la chasteté d'une enfant!... les
trois Gauloises enchaînées et la matrone firent un effort
désespéré, mais vain pour rompre leurs fers, et se mirent
à pousser des imprécations et des gémissements...

Le seigneur Trimalcion acheva paisiblement son horrible examen, dit quelques mots au marchand, et aussitôt un gardien rajusta la robe de mon enfant, plus morte
que vive, l'enveloppa de son long voile, qu'il lia autour
d'elle, et prenant entre ses bras ce léger fardeau, il se
tint prêt à suivre le vieillard, qui, pour payer le marchand,
prenait de l'or dans sa bourse... A ce moment de désespoir suprême... toi et ta sœur... pauvres enfants égarés
par la terreur, vous avez crié comme si vous croyiez pouvoir être entendus et secourus... vous avez crié : *Ma
mère !... mon père?...*

« Jusqu'à ce moment, vois-tu, mon fils, moi, j'avais
assisté à cette scène haletant, presque fou de douleur et
de rage, à mesure que, luttant de toute la puissance de
mon cœur paternel contre les sortilèges du maquignon,

j'en triomphais peu à peu... Mais à ces cris poussés par
toi et par ta sœur : *Ma mère !... Mon père !...* le charme se
rompit tout à fait... je retrouvai toute ma raison, tout mon
courage; votre vue me donna une telle secousse, un tel
élan de fureur, que, ne pouvant briser mes fers, je me
suis dressé, et, les mains toujours enchaînées derrière le
dos, les jambes toujours chargées de lourdes entraves, je
me suis élancé hors de ma loge, et en deux bonds, sautés
à pieds joints, je suis tombé comme la foudre sur le noble
seigneur Trimalcion... Il a du choc roulé sous moi; alors,
faute de la liberté de mes mains pour l'étrangler, je l'ai
mordu au visage... où j'ai pu... à la joue, je crois, près
du cou... et puis je n'ai plus démordu... Les maquignons,
leurs gardiens, se sont jetés sur nous ; mais pesant de
tout mon poids sur ce hideux vieillard, qui poussait des
hurlements, je n'ai pas démordu... Le sang de ce monstre
m'inondait la bouche... on a frappé sur moi à coups de
fouet, à coups de bâton, à coups de pierre... je n'ai pas
démordu, je n'ai pas plus quitté ma proie que notre vieux
dogue de guerre Deber-Trud, le mangeur d'hommes, ne
quittait la sienne... Non... et ainsi que lui je n'ai démordu
qu'en emportant entre mes dents un lambeau de la chair
du riche et noble seigneur Trimalcion, lambeau sanglant
que j'ai craché à sa face hideuse, livide, agonisante.

« — Père ! père !... me criais-tu pendant ce temps-
là, toi.

« Alors, voulant me rapprocher de vous deux, mes
enfants, je me suis redressé effrayant... oui, effrayant...
car, pendant un moment, un cercle d'épouvante s'est fait
autour de l'esclave gaulois chargé de fers.

« — Père... père !... t'es-tu encore écrié en tendant
vers moi tes petits bras, malgré le gardien qui te retenait.

« J'ai fait un bond vers toi ; mais aussitôt le marchand,

monté sur la cage où vous aviez été renfermés, mes enfants, m'a jeté à l'improviste une couverture sur lla tête ;
l'on m'a en même temps saisi par les jambes : j'ai été
renversé, garrotté de mille liens... la couverture, dont
j'avais la tête et les épaules enveloppées, a été liée autour
de mon cou, et dans cette couverture les bourreaux ont
pratiqué un trou qui me permit malheureusement de respirer... car j'espérais étouffer...

« J'ai senti que l'on me transportait dans notre loge,
où l'on m'a jeté sur la paille, mis hors d'état de faire un
mouvement ; puis, assez longtemps après cela, j'ai entendu
le centurion, mon nouveau maître, se disputer vivement
avec le maquignon et le marchand qui avait vendu Siomara au seigneur Trimalcion... Puis, tous sont sortis ; le
silence s'est fait autour de moi. Plus tard, le maquignon,
de retour, s'est approché de moi, et me crossant du
pied avec rage, après avoir écarté la couverture qui
cachait mon visage, il m'a dit d'une voix tremblante de
colère :

« — Scélérat !... sais-tu ce que m'a coûté la bouchée
de chair humaine que tu as arrachée de la figure du
noble seigneur Trimalcion ? Dis... le sais-tu, bête féroce ?... Cette bouchée de chair m'a coûté vingt sous
d'or !... plus de la moitié de ce que je t'avais acheté ; car
je suis responsable de tes méfaits, infâme tant que tu es
dans ma loge, double scélérat !... De sorte que c'est moi
qui ai fait cadeau de ta fille au vieillard ; on la lui ven-
dait vingt sous d'or, que j'ai payés pour lui ; il a exigé...
et j'en suis encore quitte à bon marché... il a exigé ce
dédommagement.

« — Ce monstre n'est pas mort... Hésus !... il n'est
pas mort !... me suis-je écrié avec désespoir ; et ma fille
non plus n'est pas morte !...

« — Ta fille... gibier de potence !... ta fille es entre

les mains du seigneur Trimalcion... et c'est sur elle qu'il
se vengera de toi... Il s'en réjouit d'avance ; car il a
parfois des caprices féroces, et il est assez riche pour se
les passer...

. « Je n'ai pu répondre à ces paroles que par de longs
gémissements.

« — Et cela n'est pas tout, infâme scélérat !... J'ai
perdu la confiance du centurion à qui je t'ai vendu... Il
m'a reproché de l'avoir indignement trompé, de lui avoir
vendu, au lieu d'un agneau, un tigre qui dévore à belles
dents les riches seigneurs... Aussi a-t-il voulu te revendre
sur l'heure... te revendre !... comme si quelqu'un pouvait
consentir à t'acheter... après un coup pareil... Autant
acheter une bête enragée... Heureusement pour moi,
j'avais reçu des arrhes devant témoins... La férocité de
caractère n'est pas un cas rédhibitoire, et il faut bien que
le centurion te garde... Il te gardera donc... mais il te
fera payer cher ta scélératesse... Oh ! tu ne sais pas la
vie qui t'attend dans son ergastule ! tu ne sais pas non
plus...

« — Et mon fils ?... ai-je demandé au maquignon en
l'interrompant, et sachant bien que par cruauté il me ré-
pondrait. Aussi vendu, mon fils ?... A qui vendu ?...

« — Vendu !... et qui donc en voudrait encore de
celui-là ? Vendu !... dis donc donné pour rien ! car tu
portes malheur à tout le monde, double traître !... Tes
fureurs et les cris de cet avorton n'ont-ils pas appris à
tous qu'il était de ta race de bête féroce ?... Personne n'en
a seulement offert une obole !... Achetez donc un pareil
louveteau... J'allais d'ailleurs t'en parler, de ton fils, afin
de réjouir ton cœur de père... Apprends donc que mon
confrère l'a donné par-dessus le marché, *en réjouissance*,
à l'acheteur auquel il a vendu la matrone à cheveux gris,
qui sera bonne à tourner la roue d'un moulin...

« — Et cet acheteur, lui ai-je dit, qui est-il ? que va-t-il faire de mon fils ?...

« — Cet acheteur ! c'est le centurion... c'est ton maître !...

« — Hésus ! me suis-je écrié, pouvant à peine croire ce que j'entendais , Hésus !... vous êtes bon et miséricordieux... J'aurai du moins mon fils près de moi...

« — Ton fils près de toi !... Mais tu es donc aussi brute que scélérat ?... Ah ! tu crois que c'est pour ton contentement paternel que ton maître s'est chargé de ce louveteau ?... Sais-tu ce qu'il m'a dit, ton maître ? « Je n'ai « qu'un moyen de dompter cet animal sauvage que tu « m'as vendu, fourbe insigne ! (Voilà les douceurs que tu « me vaux, infâme !) Cet enragé aime peut-être son petit... « Je prends le petit ; je le tiendrai en cage, et le fils me « répondra de la docilité du père... Aussi, à sa première... « à sa moindre faute... il verra les tortures que, sous ses « yeux, je ferai souffrir à son louveteau !... »

« Je n'ai plus fait attention à ce que m'a dit le maquignon... J'étais du moins certain de te voir ou de te savoir près de moi, mon enfant ; cela m'aiderait à supporter l'horrible douleur que me causait le sort de ma pauvre petite Siomara, qui, deux jours après avoir été vendue, a quitté Vannes à bord de la galère du seigneur Trimalcion, qui l'emmenait en Italie...

.   .   .   .   .   .   .   .   .   .   .   .   .   .   .

« Mon père Guilhern, à moi, Sylvesi, n'a pu achever ce récit...

« La mort !... oh ! quelle mort !... la mort l'a frappé, le lendemain du jour même où il avait écrit ces dernières lignes !...

« Ce récit des souffrances de notre race, je le continuerai pour obéir à mon père Guilhern, comme il avait obéi à son père Joel, le brenn de la tribu de Karnak...

« Hésus a été miséricordieux pour toi, ô mon père!...
Tu n'as pas su la vie de ta fille Siomara...

« Et c'est à moi de raconter la vie de ma sœur... »

FIN DE LA CLOCHETTE D'AIRAIN

# LE COLLIER DE FER

## CHAPITRE PREMIER

A l'heure où j'écris ceci, moi, SYLVEST, pour accomplir les dernières volontés de mon père Guilhern, fils de Joel, le brenn de la tribu de Karnak, j'ai atteint ma soixante et douzième année.

Ma femme, *Loyse la Parisienne*, est morte esclave.

Mon fils *Péaron* est mort esclave.

Sa femme *Foëny* est morte esclave.

Il ne me reste que toi, mon petit-fils *Fergan*, esclave comme ton vieux grand-père, qui était né libre pourtant !.. libre comme tes aïeux !...

Chanceuse est notre vie, elle dépend du caprice ou de la barbarie du maître... Bien souvent je me demande comment j'ai pu survivre à tant de douleurs, de chagrins, de périls ! Cette vie pouvait m'être retirée d'un jour à l'autre ; je n'avais pas attendu d'être si avancé en âge pour obéir aux ordres de mon père Guilhern... J'avais, dans le courant des années, écrit çà et là quelques pages destinées à mon fils. Ces pages, tu les liras, toi, le fils de mon fils.

Le plus ancien de ces récits est le suivant ; les faits

qu'il raconte se sont passés alors que j'avais vingt-sept
ans... C'était sous le règne d'*Octave-Auguste,* empereur,
seize ans après que César, le fléau des Gaules, avait été
puni, comme traître et parjure à la république romaine,
par le poignard de Brutus...

.   .   .   .   .   .   .   .   .   .   .   .   .   .   .   .

Octave-Auguste régnait sur l'Italie et sur la Gaule,
notre patrie, complétement asservie après des luttes héroïques!...

La ville d'Orange, une des villes les plus riches de la
Gaule provençale ou narbonnaise, dont les Romains se
sont emparés, et où ils se sont établis depuis plus de
deux cents ans, est devenue une ville complétement romaine par son luxe, ses mœurs et sa dépravation. Dans
ces contrées, moins âpres que notre Bretagne, le climat
est doux comme le climat d'Italie ; le printemps et l'été
y sont perpétuels, et comme en Italie, le citronnier,
l'oranger, le grenadier, le figuier, le laurier-rose, se
mêlent aux colonnades des temples de marbre, bâtis par
les Romains depuis qu'ils sont maîtres de ces belles provinces de notre pays.

Par une nuit d'été, qu'éclairait une lune brillante, un
homme... non... un esclave gaulois (car il avait la tête
rasée, portait au cou un collier de fer poli, et était vêtu
d'une livrée), sortait des faubourgs de la ville d'Orange.
Attaché au service intérieur de la maison de son maître,
il n'était pas enchaîné comme les esclaves des champs ou
de la plupart des fabriques, appelés pour cela *gente ferrée.*

Après avoir passé devant le cirque immense où se
donnent les combats de gladiateurs, et où sont renfer-
mées les bêtes féroces, lions, éléphants et tigres, dont
on sentait au loin la fauve et âcre odeur, l'esclave suivit
pendant quelque temps les avenues de lauriers-roses et
de citronniers en fleurs, dont sont entourées les somp-

tueuses villas romaines. Mais, abandonnant bientôt ce
riant paysage, il s'enfonça dans les bois, traversa, non
sans péril, un torrent rapide et profond, en sautant de
l'une à l'autre de plusieurs grandes roches disséminées
dans la largeur de son courant, gagna la pente escarpée
d'une montagne, çà et là couverte de blocs de granit ;
puis, arrivé sur la crête de la colline, il redescendit au
fond d'un vallon inculte, désert, sauvage, sans arbres,
sans verdure, et non moins rocheux que la montagne.
Au milieu du profond silence de la nuit et de cette solitude éclairée par la vive clarté de la lune à son déclin,
l'esclave gaulois entendit au loin, et dans des directions
diverses et opposées à celle qu'il avait suivie, le pas précipité de plusieurs hommes, mêlé au cliquetis des chaînes
que quelques-uns d'entre eux portaient au pied. Après
s'être arrêté un instant pour écouter, l'esclave hâta sa
marche. Il arriva devant l'entrée d'une grotte pleine de
ténèbres ; son ouverture était si basse, qu'il lui fallut
ramper pour s'y introduire. Il rampait ainsi depuis quelques instants, lorsqu'une voix, sortant de l'obscurité, lui
dit en langue gauloise :

— Arrête... la hache est levée sur ta tête...

— La branche du chêne sacré me couvrira de son
ombre et me protégera, répondit l'esclave.

— La branche de chêne est fanée, reprit la voix ; le
vent de la tempête a emporté ses feuilles ; tu ne peux
plus te mettre à l'abri de son ombre sacrée ; qui te protégera ?

— La branche de chêne perd ses feuilles à la saison
mauvaise ; mais le gui sacré reste toujours verdoyant, dit
l'esclave : sept brins de gui me protégeront.

— Que signifient ces sept brins de gui ?

— Sept lettres.

— Ces sept lettres, quel mot font-elles ?

— Liberté...

— Passe...

Et l'esclave, continuant de ramper, passa. Peu à peu, grâce à l'élévation croissante de la grotte, il put marcher à demi courbé, puis debout... mais toujours dans la plus profonde obscurité. Bientôt une autre voix sortant des ténèbres lui dit :

— Arrête... le couteau est levé sur ta poitrine.

— Sept brins de gui me protégent.

— A cette heure, reprit la voix, le gui sacré dégoutte de larmes, de sueurs et de sang.

— Ces larmes, ces sueurs, ce sang, se changeront un jour en une rosée féconde...

— Que fécondera-t-elle?

— L'indépendance de la Gaule.

— Qui veille sur la Gaule asservie ?

— Hésus le tout-puissant, et ses druides vénérés, errants dans les bois, se cachant dans des cavernes comme celle-ci.

— Ton nom ?

— *Bretagne.*

— Qui es-tu ?

— *Enfant du Gui.*

— Passe...

L'esclave gaulois, après avoir ainsi répondu aux questions que l'on adresse toujours aux *Enfants du Gui* venant aux réunions nocturnes, fit encore quelques pas et s'arrêta ; les ténèbres étaient toujours profondes, et quoique l'on fît silence, on entendait les mouvements de plusieurs personnes réunies en cet endroit, et le sourd cliquetis des fers qu'elles portaient pour la plupart ; bientôt la voix d'un druide présidant la réunion secrète s'éleva dans l'ombre et dit :

— *Auvergne ?*

— Je suis là, reprit une voix.

— *Artois ?*

— Je suis là...

— *Bretagne ?*

— Je suis là, dit l'esclave.

Et après lui, chacun répondit à cet appel de presque
toutes les provinces de France, que représentaient à cette
réunion des esclaves vendus et amenés des diverses contrées de la Gaule provençale, devenue romaine par la
conquête. Après cet appel, un grand silence s'est fait, et
le druide a continué :

— Artois et Bourgogne présentent un nouvel affilié.

— Oui... oui, répondirent deux voix.

— Est-il éprouvé par les larmes et par le sang ? demanda le druide.

— Il est éprouvé.

— Vous le jurez par Hésus ?

— Par Hésus nous le jurons.

— Qu'il écoute et réponde, reprit le druide.

Et il ajouta :

— Toi, nouveau venu ici, que veux-tu ?

— Être l'un des *Enfants du Gui...*

— Dans quel but ?

— Pour obtenir justice... liberté... vengeance, reprit la
voix du néophyte.

— Toi, qui demandes justice, liberté, vengeance, dit le
druide, es-tu dépouillé, asservi par l'étranger ? Travailles-
tu sous son fouet, la chaîne au pied, le carcan au cou ?

— Oui.

— Tes labeurs, commencés à l'aube, terminés le soir,
souvent prolongés dans la nuit, enrichissent-ils le Romain qui t'a acheté comme un vil bétail ? Vit-il ainsi
dans l'opulence et l'oisiveté, tandis que tu vis dans la misère et l'esclavage ?

— Oui... je travaille, et le Romain profite... Je souffre, et il jouit.

— Les champs que tu laboures, que tu moissonnes aujourd'hui, pour l'étranger conquérant, appartenaient-ils à tes pères de race libre ?

— Oui... .

— Les douces et pures joies de la famille te sont-elles défendues ? La sainteté du mariage t'est-elle interdite ? Le Romain, te regardant comme un animal qui s'accouple, peut-il, à son gré, séparer le mari de la femme, les enfants de la mère, pour les vendre et les envoyer au loin ?

— Oui...

— Tes dieux sont-ils proscrits ? leurs ministres poursuivis, traqués comme des bêtes fauves et crucifiés comme des larrons ?

— Oui...

— Le Romain peut-il à son gré te battre, te marquer au front, te mutiler, te torturer, toi et les tiens ? Peut-il vous faire périr au milieu d'affreux supplices, par cela seul que cela plaît à sa méchanceté ?

— Oui...

— Ce joug abhorré... veux-tu le briser ?

— Je le veux.

— Veux-tu que la Gaule, redevenue libre et fière, puisse en paix honorer ses héros, adorer ses dieux, assurer le bonheur de tous ses enfants ?

— Je le veux... je le veux...

— Sais-tu que la tâche sera longue, remplie de douleurs, hérissée d'épreuves, de périls ?...

— Je le sais...

— Sais-tu qu'il y va de la vie... je ne ne dis pas de la mort... car ce n'est plus le temps de sortir de la vie d'ici par une mort facile et volontaire, afin de plaire à Hésus, et d'aller revivre ailleurs, auprès de ceux que nous avons aimés ?... Non, non, mourir n'est rien pour le Gaulois, mais il est cruel pour lui de vivre esclave... et pour plaire aujourd'hui à Hésus, il faut à cela te résigner, afin de travailler lentement, péniblement à la délivrance de notre race... T'y résignes-tu ?...

— Je m'y résigne...

— Quels que soient les maux dont tu souffriras, toi et les tiens, jures-tu par Hésus de ne porter ni sur toi ni sur eux une main homicide, et d'attendre, pour t'en aller d'ici, que l'ange de la Mort t'appelle à lui?

— Je le jure par Hésus !

— Jures-tu, lorsque le signal de l'insurrection et du combat sera donné, du nord au midi, de l'orient à l'occident de la Gaule, jures-tu de frapper le Romain, ton maître, et de combattre jusqu'à la fin?

— Je le jure...

— Jures-tu d'attendre, patient et résigné, le jour d'une terrible vengeance, et de ne te soulever qu'à la voix des druides, afin qu'un sang précieux ne coule pas en vain dans une révolte isolée?

— Je le jure...

— Jures-tu d'envelopper dans une haine commune et les Romains et ces lâches Gaulois, traîtres à leur pays, qui se sont ralliés à nos oppresseurs pour accabler la vaillante nation gauloise, épuisée par vingt ans de luttes?

— Jures-tu... rude épreuve pour notre race, d'employer la dissimulation, la ruse, seules armes de l'esclave, afin d'endormir ton maître dans la sécurité, pour qu'au jour de la justice il se réveille dans l'épouvante?

— Je le jure.

— Jures-tu de tenir secrètes et cachées à tes maîtres les réunions nocturnes des *Enfants du Gui ?* Jures-tu d'endurer toutes les tortures plutôt que de révéler la cause de ton absence de cette nuit, et que demain sans doute, tu vas expier par le fouet et la prison ?

— Je le jure...

— Par Hésus! sois donc l'un des braves *Enfants du Gui*, si ceux-là qui sont ici présents dans l'ombre t'acceptent pour leur frère, comme moi je t'accepte pour le mien.

Il n'y eut qu'une voix pour accepter le nouvel enfant du Gui. Cela fait, un autre druide reprit :

— Vous tous qui êtes là, m'écoutant dans l'ombre, entendez ceci... Lointaine peut-être est la délivrance de la Gaule... mais prochaine aussi... Je vais vous apprendre une nouvelle heureuse, moi, *Ronan*, fils de Talyessin, qui fut le plus vénéré des druides de Karnak... pierres sacrées, d'où est parti, ne l'oubliez jamais, le premier cri de guerre de la Bretagne ! pierres sacrées, arrosées du sang généreux d'Hèna, la vierge de l'île de Sèn.. glorieuse vierge gauloise dont les bardes chantent encore de nos jours le courage et la beauté !

— Oh ! oui... Hèna... c'est une sainte ; les chants des bardes nous l'ont appris, dirent plusieurs voix. Glorieuse soit-elle... la fille de Joel, le brenn de la tribu de Karnak !

— Glorifiée soit-elle! la vaillante et douce vierge qui a offert son sang innocent à Hésus pour apaiser sa colère!

— Gloire aux chants des bardes, notre seule consolation dans la servitude! car ils racontent la grandeur de nos pères.

L'esclave gaulois, en entendant cela, n'a pu retenir ses larmes, et elles ont coulé dans l'ombre, ces larmes douces, parce que Hèna, depuis longtemps chantée par les bardes, Hèna, la vierge de l'île de Sèn, dont on glorifiait en ce moment le nom et la mémoire, c'était la sœur de Guilhern, père de l'esclave qui pleurait... car celui-ci se nommait Sylvest... et avait pour aïeul Joel, le brenn de la tribu de Karnak.

Le druide a continué ainsi :

— Lointaine peut être notre délivrance, mais prochaine
aussi... Moi, Ronan, fils de Talyessin, j'arrive du centre
de la Gaule ; j'ai marché la nuit ; le jour, je me suis caché
dans les bois et dans les cavernes servant, comme celle-ci,
aux réunions secrètes des *Enfants du Gui ;* car, par tout
le pays, malgré obstacles et périls, les *Enfants du Gui* se
rassemblent en secret... Là est notre force... là est notre
espoir... Oui, notre espoir, a repris le druide. Ayons espoir ; voici la bonne nouvelle ! Les Romains, rassurés par
le calme apparent des provinces depuis les dernières
guerres, font rentrer leur grande armée en Italie. L'avant-
garde est en marche, elle se dirige vers cette province où
nous sommes, pour aller s'embarquer à Marseille... Le
passage de cette armée dans les contrées qu'elle traverse
sera le signal pour les *Enfants du Gui* de se préparer à la
sainte nuit de la révolte et de la vengeance...

— Nous sommes prêts..., s'écrièrent plusieurs voix ;
vienne cette nuit !...

— Et de cette nuit de révolte et de vengeance, qui donnera au même instant le signal par toute la Gaule, du
nord au midi, de l'orient à l'occident ? reprit le druide.
Oui, ce signal nocturne, visible aux yeux de chacun... à
la même heure... au même instant, qui le donnera ? Ce
sera l'astre sacré des Gaules !... Écoutez... écoutez... La
lune commence aujourd'hui son décours... A mesure que
son orbe va se rétrécir, l'armée romaine fera un pas vers
le lieu de son embarquement ; ses étapes militaires sont
comptées... Lorsque la lune aura atteint le terme de son
décours, les Romains seront au moment de quitter la
Gaule, n'y laissant qu'une faible garnison...

— Et cette nuit-là, s'écria Sylvest dans son ardeur impatiente, toute la Gaule se soulève !

— Non... pas encore cette nuit-là, répondit le druide,

Quoique, en cette saison, les vents soient toujours favorables, une brise contraire peut s'élever et retarder le départ de l'ennemi.

— Et si le soulèvement suivait de trop près l'embarquement des Romains, dit une voix, un bâtiment léger pourrait rejoindre les galères en haute mer, et donner l'ordre de ramener les troupes...

— Cela est juste, reprit le druide; il faut donner aux troupes le temps de s'éloigner. La révolte ne doit éclater que la nuit du second croissant de la lune nouvelle. O Gaulois opprimés, ajouta le druide inspiré, ô vous tous, de toutes contrées, qui gémissez dans l'esclavage... je vous vois... je vous vois à l'approche de ce moment solennel!... les yeux levés vers le ciel, n'ayant tous qu'un seul regard! attendant le signal, tant de fois aussi attendu par nos pères... Il paraît... il a paru le croissant d'or sur le bleu du firmament! Alors, je n'entends qu'un seul bruit d'un bout à l'autre de la Gaule! le bruit des fers qui se brisent! Je n'entends qu'un seul cri : Vengeance et liberté!

— Vengeance et liberté! répétèrent les *Enfants du Gui* en secouant leurs fers.

— Toute insurrection sans chef, sans ordre, est funeste et stérile, reprit le druide. Que l'heure de la délivrance sonne... êtes-vous prêts?

— Nous sommes prêts, dit un esclave de labour; la nuit de la délivrance venue, les esclaves de chaque métairie isolée assomment les Romains et les gardiens...

— En épargnant les femmes et les enfants, dit le druide; les femmes et les enfants de nos ennemis sont sacrés pour nous...

— Il est des femmes qui méritent la mort aussi bien que les hommes, reprit une voix ; car elles surpassent la férocité des hommes...

— C'est vrai..., ajoutèrent plusieurs autres voix; combien est-il de grandes dames romaines qui rivalisent avec les seigneurs par leurs monstrueuses débauches et leur cruauté envers leurs esclaves!...

— Feriez-vous donc grâce à Faustine? reprit la voix de l'enfant du Gui qui le premier avait parlé de la férocité de certaines femmes; lui feriez-vous grâce à Faustine, de la ville d'Orange, cette noble dame, dont la noblesse remonte, dit-on, jusqu'à Junon, une des divinités de ces païens?

A ce nom de Faustine, que Sylvest exécrait aussi, un murmure d'horreur et d'épouvante circula parmi les *Enfants du Gui*, et plusieurs s'écrièrent :

— Non, pas de pitié pour celle-là et pour ses pareilles!.. La mort aussi pour elles! la mort, qu'elles ont donnée à tant d'esclaves!

— Faustine et ses semblables sont des monstres de luxure et de férocité, reprit le druide; leurs passions infâmes et sanglantes n'ont pas de nom dans la langue des hommes; que le sang qu'elles auront versé retombe donc sur elles!... Je vous parle des enfants et des femmes des Romains vos maîtres; quoique celles-ci soient souvent impitoyables envers vous, et que, par avidité, elles vous écrasent de travaux, ce sont des êtres faibles, sans défense; épargnez-les...

— Celles-là... oui, reprit l'esclave de labour, elles seront épargnées; mais nos maîtres romains, mais nos gardiens, assommés sans pitié!... Cela fait, nous autres des métairies isolées, nous nous emparons des armes, des vivres, des chariots; nous choisissons un chef, et nous nous retirons dans le bourg le plus voisin...

— Dans ce bourg, reprit un esclave demi-laboureur, demi-artisan, les esclaves de métiers ou de location se sont au même signal débarrassés des Romains, ont pris les armes et élu un chef; ils accueillent leurs frères des campagnes et fortifient de leur mieux le bourg, en attendant un avis de la ville voisine...

— Dans la ville, dit alors Sylvest, esclave citadin, les esclaves domestiques, artisans ou loués aux fabriques, ont au même signal fait justice des Romains et de leur faible garnison, se sont armés et formés en compagnies; chacune d'elles a élu un chef, ces chefs ont élu un chef général; les postes militaires sont occupés, les portes de la ville fermées, et l'on attend les avis de la réunion suprème des *Enfants du Gui.*

— Et cet avis ne se fait pas attendre, dit le druide ; le conseil suprême s'est assemblé au même signal, dans la forêt de Chartres, au cœur de la Gaule... Ses avis partent dans toutes les directions, nous retrouvons la force par notre union. Les levées en masse s'organisent, afin de pouvoir soutenir une lutte suprême contre Rome, si elle veut nous envahir de nouveau... Tous unis cette fois contre l'ennemi, la victoire n'est pas douteuse... la Gaule rentre en possession d'elle-même... Et il arrive enfin ce jour, ce jour béni, où elle peut honorer en paix ses héros, adorer ses dieux et assurer le bonheur de tous ses enfants.

— Espoir à la Gaule! s'écrièrent alors les *Enfants du Gui.*

— Oh! que cette nuit n'est-elle celle de demain! dit l'un d'eux.

— Enfants, reprit un des druides, pas d'impatience... On vous l'a dit... prochaine peut être la délivrance de la Gaule, mais lointaine aussi... Qui sait? l'armée romaine, déjà en marche pour regagner l'Italie, peut s'arrêter ou revenir sur ses pas... et prolonger longtemps encore son occupation. Depuis trente ans, le plus pur, le plus généreux sang de la Gaule a coulé dans de terribles luttes; aujourd'hui épuisée, désarmée, enchaînée, elle ne peut songér à attaquer à ciel ouvert cette innombrable armée romaine, aguerrie, disciplinée; nous serions écrasés dans notre sang! Si cette fois les troupes étrangères trompaient notre attente, en restant dans le pays, ajournons nos projets, et jusque-là... patience... enfants... patience... calme et résignation! Que la foi dans la justice de notre cause soit notre force impérissable; songeons à tout le sang versé par nos pères! que le souvenir de leur martyre et de leur héroïsme nous console, nous soutienne!...

— Oui, que ce souvenir nous console et nous soutienne! s'écria la voix d'un barde inspiré, — car à chacune de ces réunions des *Enfants du Gui*, les bardes, avant qu'elle fût close, chantaient toujours quelque mâle *bardit*, qui nous réchauffait le cœur, à nous pauvres esclaves, et dont le refrain répété entre nous à voix basse, durant nos rudes labeurs et nos misères, semblait les adoucir. — Oui, reprit le barde, que ce souvenir nous soutienne, nous console et nous rende fiers, esclaves que nous sommes, nous rende plus fiers que des rois... Écoutez, écoutez ce 'chant inspiré par l'un des plus grands héros de la Gaule... le *chef des cent vallées*, ce héros dont César, à jamais maudit, a été le lâche bourreau!

Au nom du *chef des cent vallées*, un grand frémissement d'orgueil patriotique a couru parmi les *Enfants du Gui*, et Sylvest a doublement partagé cet orgueil; il se souvenait que, dans son enfance, avant la bataille de Vannes, VERCINGETORIX, le *chef des cent vallées*, avait été l'hôte de Joel, le brenn de la tribu de Karnak, aïeul de Sylvest.

Et le barde a ainsi commencé ses chants :

« Combien en est-il mort de guerriers gaulois, depuis « la bataille de Vannes jusqu'au siége d'Alaïs?... — Oui, « pendant ces quatre ans, combien en est-il mort de guer- « riers, pour la liberté? — Cent mille? est-ce trop? —

« Non. — Deux cent mille? — Non. —Trois cent, quatre
« cent mille? — Non, ce n'est pas trop; non, ce n'est pas
« assez ! — Nombrez les feuilles mortes tombées de nos
« chênes sacrés durant ces quatre ans, vous n'aurez pas
« nombré les guerriers gaulois dont les os blanchissent
« dans les champs de leurs pères !

———

« Et tous ces guerriers, dont les chefs se nommaient:
« *Luctère,* — *Camulogène* (le vieux défenseur de Paris),
« — *Corrès,* — *Cavarill,* — *Épidorix,* — *Comm* (de l'Ar-
« tois), — *Virdumar,* — *Versagillaüm,* — *Ambiorix,* —
« tous ces guerriers, à la voix de quel guerrier s'étaient
« ils levés pour l'indépendance de la patrie? — Tous ils
« s'étaient levés à la voix du *chef des cent vallées,* —
« celui-là qui, depuis la bataille de Vannes jusqu'au siége
« d'Alais, a pendant quatre années tenu la campagne et
« deux fois battu César. — Un effort encore... un effort
« suprême... et la Gaule était délivrée...

———

« Mais, non, — de lâches Gaulois n'ont pas voulu cela,
« — non, —ils ont préféré, aux rudes et sanglants labeurs
« de la délivrance, le repos et la richesse sous le joug de
« l'étranger; — ils ont abandonné, trahi la fière plèbe
« gauloise! — Magistrats, ils ont ouvert leurs villes aux
« Romains; — chefs militaires, ils ont laissé leurs troupes
« sans ordres, sans direction, — leur ont soufflé la dé-
« fiance, le découragement, —et la plupart de ces troupes
« se sont dispersées.
    « On les attend pourtant, ces troupes vaillantes. — Qui
« cela?... où cela?... qui les attend? — C'est le *chef des*
« *cent vallées.* Où les attend-il? — Dans la ville d'Alais,
« au milieu des Cévennes: — là il est renfermé avec les
« débris de son armée et les femmes et les enfants de ses

« soldats. César l'assiége en personne ; — dix contre un
« sont les Romains. — Les vivres manquent ; — la famine
« moissonne les plus faibles. — Mais, de jour en jour,
« d'heure en heure, on espère le secours des traîtres, et
« l'on dit : — Ils vont venir... — Non, — ils ne doivent
« pas venir!... — Non, — ils ne viendront pas...

———

« Non, — ils ne doivent pas venir ! — non, — ils ne
« sont pas venus!... — Un dernier effort pourtant déli-
« vrait la Gaule. — Les lâches ont reculé. — Alors,
« voyant cela, le *chef des cent vallées* se montre encore
« plus grand par le cœur que par le courage ; — il peut
« fuir seul... une issue est préparée ; — mais il sait que
« c'est lui, — lui l'âme de la guerre sainte, que César
« poursuit de sa haine. — Il sait qu'Alais, hors d'état de
« résister désormais, va tomber au pouvoir des Romains ;
« — il sait ce que les Romains font des prisonniers, des
« femmes, des enfants ; — il dépêche pendant la nuit un
« de ses officiers à César. — Au bout de deux heures,
« l'officier revient.

———

« Voici que le lendemain, dès l'aube, le soleil se lève
« sur les remparts d'Alais. —Quel est ce tribunal, couvert
« de tapis de pourpre, qui s'élève entre les retranchements
« du camp romain et les murailles de la ville gauloise
« assiégée? —Quel est cet homme pâle, au front chauve,
« à l'œil ardent et cave, au sourire cruel, qui siége sur ce
« tribunal... oui... qui siége sur ce tribunal, dans son
« fauteuil d'ivoire, seul assis au milieu de ses généraux,
« debout autour de lui? — Cet homme chauve et pâle,
« c'est César.

« Et ce guerrier à cheval, qui sort seul d'une des portes
« de la ville d'Alais, quel est-il? — Sa longue épée pend

« à son côté; — d'une main il tient un javelot; — fière
« et martiale est sa grande taille sous sa cuirasse d'acier,
« qui étincelle aux premiers feux du jour; — fière et
« triste est sa mâle figure sous la visière de son casque
« d'argent, surmonté du coq doré aux ailes demi-ou-
« vertes, emblème de la Gaule; — flottante au vent est la
« housse rouge brodée qui cache à demi son cheval noir...
« son ardent cheval noir... tout écumant et hennissant. —
« Oui, ce fier guerrier, quel est-il? — Ce fier guerrier
« c'est le *chef des cent vallées*.

———

« Où va-t-il? — Que va-t-il faire? — Le voilà qui
« presse son noir coursier de l'éperon, son noir coursier
« qui bondit jusqu'au pied du tribunal où est assis le
« chauve et pâle César. — Alors le *chef des cent vallées*
« lui dit ceci: — César, ma mort n'assouvirait pas ta
« haine; tu veux me posséder vivant... me voilà. César,
« tu as juré à mon envoyé d'épargner les habitants de la
« ville d'Alais si je me rendais prisonnier... Je suis ton
« prisonnier. — Et le *chef des cent vallées* a sauté à bas
« de son cheval; — son casque brillant, son lourd ja-
« velot, sa forte épée, il les a jetés au loin; — et tête
« nue, il a tendu ses mains... — ses mains vaillantes, —
« aux chaînes des licteurs de César, — du pâle César,
« qui, du haut de son siége, accable d'injures son ennemi
« désarmé, vaincu, — et il l'envoie à Rome.

——

« Quatre ans se sont passés; — une longue marche
« triomphale se déroule à Rome, sur la place du Capitole:
« César, couvert de la pourpre impériale, couronné de
« lauriers, s'avance, enivré d'orgueil, debout dans un
« char d'or, traîné par huit chevaux blancs. — Quel est
« cet esclave livide, décharné, à peine vêtu de haillons,

« chargé de chaînes, et conduit par des licteurs armés de
« haches?... — Il marche, d'un pas ferme encore, devant
« le char triomphal de César. — Oui, — quel est-il cet
« esclave ? — Cet esclave, — c'est le *chef des cent vallées.*
« — Ce jour-là, César l'a tiré du cachot où il se mourait
« depuis quatre ans, — et le plus glorieux ornement du
« triomphe de ce vainqueur du monde, c'est le captif
« gaulois. — Mais la marche triomphale s'arrête. César
« fait un geste, — un homme s'agenouille, — une tête
« tombe sous la hache des licteurs. — Quelle est cette
« tête qui vient de tomber? — C'est la tête du *chef des*
« *cent vallées...* — Ce sang qui coule, c'est le sang du
« plus grand héros de la Gaule... — Esclave comme nous,
« martyr comme nous... »

———

« Coule, coule, sang du captif! — Tombe, tombe,
« rosée sanglante! — Germe, grandis, moisson venge-
« resse! — A toi, faucheur, à toi!... la voilà mûre! —
« Aiguise ta faux... aiguise, aiguise ta faux! »

———

Et les *Enfants du Gui*, entraînés par ce refrain du barde,
répétèrent tous, en agitant leurs chaînes dans une sinistre
cadence :

« — Oh! coule, coule, sang du captif! — Tombe,
« tombe, rosée sanglante! — Germe, grandis, moisson
« vengeresse! — A toi, faucheur, à toi!... la voilà mûre!
« — Aiguise ta faux... aiguise, aiguise ta faux! »

———

Et tous les *Enfants du Gui* ont quitté la grotte, par ses
différentes issues, pour regagner les champs, les bourgs
ou la ville, dont ils avaient pu, à grand'peine, s'échapper;
nocturne absence que la plupart d'entre eux devaient
payer bien cher le lendemain.

## CHAPITRE II

La lune couchée... la nuit était devenue noire... Sylvest, après avoir traversé de nouveau la vallée déserte et couverte de roches, franchit le torrent, gagna les grands bois et le chemin d'Orange ; mais il ne se dirigea pas vers cette ville, où habitait son maître ; il suivit un sentier, à droite de la route, marcha longtemps, et arriva près d'un grand mur de briques, clôture d'un parc immense, dépendant de la villa de Faustine, cette grande dame romaine dont le nom avait été prononcé avec horreur dans la réunion des *Enfants du Gui;* s'arrêtant alors un instant, Sylvest prit dans les broussailles, où elle était cachée, une longue perche garnie çà et là de bâtons formant autant d'échelons, et la dressa contre la muraille : jeune, agile et robuste, il l'eut bientôt escaladée ; passant alors sa perche de l'autre côté, il descendit dans le parc.

L'ombre des grands arbres était si épaisse, que l'on voyait à peine devant soi ; mais l'esclave, connaissant ce lieu, gagna bientôt les bords d'un canal ornés de balustrades de marbre ; près de là s'élevait un temple, construit en rotonde, entouré d'une riche colonnade à jour, formant autour du bâtiment un portique circulaire qui communiquait avec le canal au moyen d'un large escalier dont les dernières marches baignaient dans l'eau.

Sylvest, marchant alors d'un pied léger, l'oreille au guet, entra sous la colonnade et appela à plusieurs reprises et à voix basse :

— Loyse !... Loyse !...

Personne ne répondit à son appel ; étonné de ce silence, car s'étant attardé à la réunion nocturne des *Enfants du Gui,* il croyait trouver Loyse depuis longtemps arrivée en ce lieu, l'esclave continua de s'avancer à tâtons ; il se rapprocha ainsi de l'escalier donnant sur le canal, pensant que peut-être Loyse l'attendait sur une des marches ; vain espoir.

Soudain il vit les eaux réfléchir au loin une grande clarté, tandis qu'une bouffée de vent lui apportait, avec la senteur des citronniers et des amandiers en fleur, un bruit confus de lyres et de flûtes accompagnées de chants.

Sylvest supposa que Faustine, par cette chaude et belle nuit d'été, se promenait en gondole sur le canal, avec ses esclaves chanteuses et musiciennes ; ces bruits harmonieux se rapprochant de plus en plus, ainsi que les reflets des lumières sur les eaux, il crut que la gondole allait passer devant l'escalier du temple, et se retira prudemment dans l'ombre, surpris et inquiet de n'avoir pas vu Loyse ; il ne perdait pas encore toute espérance, et prêtait toujours l'oreille du côté des jardins. Sylvest vit tout à coup dans cette direction, à travers l'obscurité, la clarté de plusieurs lanternes, et il entendit le pas et la voix des hommes qui les portaient ; saisi d'une grande épouvante, car, il l'avoue en ce moment, il redoutait la mort, et surpris dans le parc de la grande dame romaine, il pouvait être tué sur l'heure... l'esclave hésita. Retourner vers l'escalier du canal, c'était s'exposer à être éclairé par les flambeaux de la gondole qui, dans quelques instants, devait longer les marches du temple... Rester sous la colonnade, c'était, pour lui, risquer d'être découvert par les gens qui, venant des jardins, se rendaient peut-être dans ce bâtiment. Sylvest, voyant les lanternes encore à une assez grande distance, eut le temps de grimper le long d'une des colonnes, et, se cramponnant à la forte saillie du chapiteau, d'atteindre le rebord d'une large corniche circulaire régnant autour du dôme de cette rotonde ; puis il se mit à plat ventre sur cet en-

tablement; les hommes, porteurs de lanternes, contour-
nèrent le temple et passèrent...

Sylvest respira; cependant, craignant que ces hommes
ne revinssent sur leurs pas, il n'osa pas redescendre encore
de sa cachette... Mais ses alarmes, un moment apaisées,
redoublèrent bientôt; la gondole s'arrêta devant l'escalier
du canal et les chants cessèrent... Plus de doute, Faustine allait entrer dans cette rotonde, pendant que ses
esclaves veilleraient peut-être au dehors, à moins que la
noble dame n'eût voulu quitter sa gondole pour se pro-
mener dans ses jardins. Entouré de dangers, Sylvest
resta sur le rebord de la corniche; bientôt il remarqua,
au niveau du large entablement sur lequel il se tenait
blotti, plusieurs cintres à jour, destinés sans doute, en
raison de la chaleur du climat, à laisser pénétrer des
courants d'air frais en ce lieu; il pouvait ainsi du haut
de sa cachette plonger ses regards dans l'intérieur de la
rotonde. Durant quelques instants, il n'aperçut que des
ténèbres; mais il entendit bientôt s'ouvrir la porte donnant sur le canal, et il vit entrer, tenant à la main un
flambeau, un noir d'Éthiopie d'une taille gigantesque,
coiffé d'un bonnet écarlate et vêtu d'une courte robe
orange lamée d'argent; cet esclave portait au cou un
large carcan aussi d'argent, et à ses jambes nues et
musculeuses des anneaux du même métal.

L'Éthiopien alluma plusieurs candélabres dorés, placés
autour d'une statue représentant le dieu Priape; une
grande lumière remplit alors la rotonde, tandis que la
cavité des cintres de la coupole supérieure où se cachait
Sylvest resta dans l'ombre; entre les colonnes intérieures
de marbre blanc, enrichies de cannelures dorées comme
leurs chapiteaux, l'on voyait des peintures à fresque,
tellement obscènes que Sylvest rougirait de les décrire;
le plancher du temple disparaissait sous un épais mate-

las recouvert d'étoffe pourpre, ainsi qu'un grand nombre de coussins jetés çà et là... Entre deux des colonnes, et se faisant face, étaient des buffets d'ivoire incrustés d'écaille et précieusement sculptés; sur leurs tablettes de porphyre l'on voyait de grands vases d'or ciselés, des coupes ornées de pierreries, et d'autres plus précieuses encore, ces coupes de *murrhe* que l'on fait venir à si grands frais d'Orient, qui sont d'une sorte de pâte odorante et polie, brillant de toutes les couleurs de l'arc-en-ciel; dans des bassins d'argent remplis de neige, plongeaient de petites amphores en argile de *Sagonte*; de grandes cassolettes remplies de parfums, posées sur des trépieds, étaient disposées autour de la statue du dieu des jardins; le noir les alluma, et aussitôt une vapeur balsamique, mais d'une force presque enivrante, monta des trépieds d'or et remplit la coupole...

Ces préparatifs terminés, le gigantesque Éthiopien disparut par la porte du bord de l'eau et rentra bientôt; il tenait entre ses bras, comme on tient un enfant qui dort, une femme enveloppée de voiles; plusieurs jeunes esclaves, d'une rare beauté, vêtues avec magnificence, suivaient le noir; c'étaient les femmes esclaves de la grande dame romaine, la riche et noble Faustine : *habilleuses, berceuses, coiffeuses, noueuses de sandales, porteuses de coffret, chanteuses, musiciennes et autres.*

Dès leur entrée dans le temple, elles s'empressèrent d'empiler des coussins, afin de coucher le plus mollement possible leur maîtresse, que le noir portait toujours entre ses bras... Celles des esclaves qui avaient joué de la flûte et de la lyre en se rendant au temple tenaient encore à la main leurs instruments de musique; parmi elles se trouvaient deux jeunes et beaux affranchis grecs, de seize à dix-huit ans, reconnaissables, comme tous ceux de leur nation voués à cette condition servile, re-

connaissables à leur démarche lascive, à leur physionomie effrontée, à leurs cheveux courts et frisés, ainsi qu'à
leur costume aussi riche qu'efféminé. Ils portaient de
grands éventails en plumes de paon, destinés à rafraîchir
l'air autour de leur maîtresse.

Les coussins soigneusement disposés, l'Éthiopien y
plaça la noble Faustine avec autant de précaution que
s'il eût craint de la briser ; puis les deux jeunes Grecs,
déposant leurs éventails, s'agenouillèrent auprès de leur
maîtresse, et écartèrent doucement les voiles dont elle
était entourée.

Sylvest avait souvent, et cette nuit-là même, entendu
parler de Faustine, célèbre comme tant d'autres dames
romaines par sa beauté, son opulence et ses monstrueuses
débauches ; mais Sylvest n'avait jamais vu cette femme
redoutée ; il put la contempler avec un mélange d'horreur,
de haine et de curiosité.

De taille moyenne et frêle, âgée de trente ans au plus,
Faustine aurait été d'une beauté rare, si des excès n'eussent déjà flétri, amaigri ce visage fin et régulier ; on apercevait ses épais cheveux noirs à travers les mailles de la
résille d'or qui ceignait son front pâle et bombé. Ses yeux
noirs, profondément cernés et demi-clos, parurent un
moment offusqués par l'éclat des lumières ; aussi, à un
simple froncement de sourcils de la grande dame, deux
de ses esclaves, prévenant sa pensée, par la peur du
châtiment, se hâtèrent de développer un voile qu'elles
tinrent étendu entre la lumière des candélabres et leur
maîtresse.

Faustine portait deux tuniques de soie tyrienne, l'une
longue et blanche brodée d'or, l'autre beaucoup plus
courte, de couleur vert clair brodée d'argent ; pour corsage, elle n'avait autre chose qu'une résille d'or, comme
celle de ses cheveux, et à travers ses mailles on apercevait

son sein et ses épaules nus comme ses bras frêles et d'une blancheur de cire. Un collier de grosses perles et de rubis d'Orient faisait plusieurs fois le tour de son cou flexible un peu allongé ; ses petites oreilles se détendaient presque sous le poids des nombreuses pendeloques de diamants, d'émeraudes et d'escarboucles qui descendaient presque sur ses épaules ; ses bas de soie étaient roses, et ses sandales, à semelles d'or, attachées à ses pieds par des cothurnes de soie verte, disparaissaient sous les pierres précieuses dont elles étaient ornées.

La grande dame, ainsi mollement couchée sur ses coussins, fit un signe aux deux jeunes Grecs ; ils s'agenouillèrent, l'un à droite, l'autre à gauche de leur maîtresse, et commencèrent à l'éventer doucement, tandis que le noir gigantesque, agenouillé derrière elle, se tenait prêt à remédier au moindre dérangement des carreaux.

Faustine dit alors d'une voix languissante :

— J'ai soif.

Aussitôt plusieurs de ses femmes se précipitèrent vers les buffets d'ivoire : celle-ci mit une coupe de *murrhe* sur un plateau de jaspe, celle-là prit un vase d'or, tandis qu'une autre apportait un de ces grands bassins d'argent remplis de neige, où plongeaient plusieurs flacons d'argile de Sagonte.

Faustine indiqua du geste qu'elle voulait boire de ce vin glacé dans la neige. Une esclave tendit la coupe, qui fut aussitôt remplie ; mais en se hâtant d'apporter ce breuvage à sa maîtresse, la jeune fille trébucha sur un des coussins, la coupe déborda, et quelques gouttes de la liqueur glacée tombèrent sur les pieds de Faustine. Elle fronça le sourcil, et tout en prenant le vase de l'une de ses mains blanches et fluettes, couvertes de pierreries, de l'autre elle fit voir à l'esclave la tache humide du vin sur sa chaussure ; puis elle vida lentement la coupe, sans

quitter de son noir et profond regard la jeune fille. Celle-
ci commença de trembler et de pâlir...

A peine la grande dame eut-elle bu que plusieurs
mains se tendirent à l'envi pour recevoir la coupe... Se
renversant alors en arrière, et s'accoudant sur l'un des
coussins, tandis que les deux Grecs continuaient de l'éventer, Faustine, tout en jouant avec les pendants d'oreilles
que portait l'un de ces deux jeunes gens, se mit à sourire d'un rire cruel ; ce rire montra deux rangées de
petites dents blanches entre ses lèvres rouges... d'un
rouge de sang... Elle dit alors à l'esclave qui avait maladroitement répandu quelques gouttes de vin :

— *Philénie*, à genoux...

L'esclave effrayée obéit.

— Plus près, dit Faustine, plus près... à ma portée.

Philénie obéit encore.

— J'ai grand chaud ! dit la noble dame pendant que sa
jeune esclave, de plus en plus épouvantée, marchant sur
ses deux genoux, se rapprochait de sa maîtresse presque
à la toucher...

Lorsque celle-ci eut dit qu'elle avait grand chaud, les
deux jeunes Grecs agitèrent plus vivement encore leurs
éventails, et la porteuse de mouchoirs, fouillant dans
sa corbeille parfumée, donna un carré de lin richement
brodé à l'une de ses compagnes, qui s'empressa de venir
essuyer respectueusement le front moite de sa maîtresse.

Philénie, coupable de maladresse, toujours agenouillée,
attendait son sort en frémissant.

Faustine la contempla quelques instants d'un air de
satisfaction féroce, et dit :

— La *pelote*...

A ces mots, l'esclave tendit vers sa maîtresse ses mains
suppliantes ; mais elle, sans paraître seulement voir ce
geste implorant, dit au noir gigantesque :

— Érèbe, découvre son sein... et tiens-la bien...

Le noir, dans sa joie dissolue, exécuta les ordres de la grande dame, qui prit alors, des mains d'une de ses femmes, un singulier et horrible instrument de torture [1]. C'était une assez longue tige d'acier, très-flexible, terminée par une plaque d'or ronde, recouvrant une pelote de soie rouge... Dans cette pelote étaient fixées par la tête, et assez écartées l'une de l'autre, un grand nombre d'aiguilles, de façon que leurs pointes acérées sortaient de la pelote au lieu d'y être enfoncées.

Le noir s'était emparé de Philénie... Celle-ci, pâle comme une morte, n'essaya pas de résister... Son sein fut brutalement mis à nu. Alors, au milieu du morne silence de tous, car l'on savait quel châtiment était réservé à la moindre marque de pitié, Faustine, accoudée sur son coussin, la joue appuyée dans sa main gauche, prit la pelote de sa main droite, imprima un léger balancement à la tige flexible, et en frappa le sein de Philénie, contenue dans les bras nerveux de l'Éthiopien agenouillé derrière elle... A cette douleur aiguë, la malheureuse enfant poussa un cri, et la blancheur de sa poitrine se teignit de quelques gouttelettes de sang vermeil, sortant à fleur de peau...

A la vue de ce sang, au cri de la victime, les yeux noirs de Faustine, jusqu'alors presque éteints, reprirent un vif éclat ; le sourire de ce monstre devint effrayant, et elle dit en se dressant très-animée sur son séant avec une sorte de férocité doucereuse et passionnée :

— Crie... mon doux trésor ! crie... cela m'excite ! Crie donc, ma colombe, crie donc !

Et en disant : *Crie donc...* Faustine redoubla de coups

1. Voir *Les Romains au siècle d'Auguste* par Dezobry.

et de piqûres, de sorte que le sein de l'esclave fut bientôt couvert d'une légère rosée de sang...

Philénie eut la force d'étouffer le gémissement de sa douleur, de peur d'exciter davantage encore la barbarie de sa maîtresse, dont les traits devenaient d'une expression de plus en plus étrange... effrayante... Mais, jetant soudain la pelote loin d'elle, la grande dame, refermant à demi les yeux, dit languissamment en se renversant sur ses coussins, pendant que sa victime, à demi évanouie de douleur, allait tomber dans les bras de ses compagnes :

— J'ai encore soif...

Au moment où l'on s'empressait de lui obéir, le son de deux petites cymbales retentit au dehors, du côté du canal.

— La sorcière de Thessalie ! la sorcière ! déjà..., dit Faustine en se dressant sur son séant, après avoir vidé sa coupe. Par les trois Parques ! sœurs de cette rusée vieille, je ne l'attendais pas sitôt.

Et, s'adressant à Érèbe :

— Faites-la entrer sur l'heure, et que la barque qui l'a amenée reste près des marches de l'escalier.

La sorcière thessalienne fut introduite par l'Éthiopien. Son teint était d'un brun cuivré, sa figure hideuse disparaissait à demi sous de longs cheveux gris emmêlés, sortant de son capuchon rabattu et noir comme sa robe, que serrait à sa taille une ceinture de cuir rouge, où l'on voyait, tracés en blanc, des caractères magiques, et à laquelle pendait une pochette. La Thessalienne tenait à la main un brin de coudrier.

A l'aspect de cette sorcière, tous les esclaves ont paru troublés, effrayés ; mais Faustine, impassible comme une statue de marbre, dont elle avait la pâleur, est restée accoudée, et a dit à la Thessalienne, debout au seuil de la porte :

— Approche... approche... orfraie des enfers !...

— Tu m'as envoyé quérir, reprit la sorcière en s'approchant ; que veux-tu de moi ?

Sylvest fut frappé de la voix de la sorcière ; cette femme était vieille, et sa voix était douce et fraîche.

— Je ne crois pas à ta science magique dont je me raille, reprit Faustine, et pourtant je veux te consulter.. Je suis dans un jour de faiblesse.

— La vie ne croit pas à la mort... le soleil ne croit pas à la nuit..., répondit la vieille en hochant la tête. Et pourtant vient la nuit noire... et pourtant vient la tombe noire... Que veux-tu de moi, noble Faustine ? que veux-tu de moi ?

— Tu as entendu parler du fameux gladiateur... *Mont-Liban ?*

— Ah ! ah ! dit la sorcière avec un étrange éclat de rire, encore lui ! encore cet Hercule au bras de fer, au cœur de tigre !

— Que veux-tu dire ?

— Vois-tu, noble Faustine, sur dix grandes dames qui ont recours à mes charmes magiques, il y en a neuf qui commencent ainsi que toi... en me nommant le fameux gladiateur Mont-Liban.

— Je l'aime ! dit audacieusement Faustine devant ses esclaves, en fronçant ses sourcils, tandis que ses narines s'enflaient, et que tout son corps semblait tressaillir... J'adore Mont-Liban ! je suis folle de lui !

— Tu n'es pas la seule...

— Je lui ai écrit... ma lettre est restée sans réponse.

— Tu n'es pas la seule...

— Peu m'importe qu'il soit aimé, reprit impétueusement cette odieuse impudique ; je veux savoir s'il aime

— S'il aime ?

— Oui... s'il aime ?

La sorcière hocha la tête, et, attachant fixement ses regards sur la grande dame comme pour lire au fond de sa pensée, elle répondit :

— Faustine, tu me demandes ce que tu sais... car toute la ville d'Orange le sait...

— Explique-toi..., répondit Faustine, dont le front d'airain, pour la première fois, parut troublé ; explique-toi !

— Lors du dernier combat du cirque, poursuivit la sorcière, chaque fois que Mont-Liban vainqueur tenait sous son pied son adversaire, avant de lui enfoncer son fer dans la gorge, est-ce qu'il ne se tournait pas, avec un sauvage sourire, vers certaine place de la galerie dorée, en saluant de son épée... après quoi il égorgeait délicieusement son adversaire vaincu ?

— Et qui occupait cette place ? demanda Faustine les dents serrées de rage. Réponds...

— Tu me demandes ce que tu sais ; car toute la ville d'Orange le sait..., reprit de nouveau la sorcière. Ah ! tu veux ignorer qui occupait cette place ?... Je vais te l'apprendre. C'était une nouvelle courtisane, venue d'Italie... belle à rendre Vénus jalouse... blonde aux yeux noirs et au teint de rose... une nymphe pour la taille... vingt-cinq à vingt-six ans au plus... et d'une telle renommée de beauté qu'on ne la nomme pas autrement que la *belle Gauloise...*

A mesure que la magicienne parlait, Sylvest sentait son cœur se briser, une sueur froide inonder son front. Il avait entendu parler déjà d'une courtisane gauloise, arrivée depuis peu à Orange, sans savoir d'autres détails sur elle ; mais apprenant par la sorcière que cette courtisane venait d'Italie, qu'elle avait vingt-cinq à vingt-six ans, les cheveux blonds et les yeux noirs, il se souvint que sa sœur Siomara, autrefois vendue tout enfant, après la bataille de Vannes, au seigneur Trimalcion, partant alors pour l'Italie ; il se souvint que sa sœur devait être aussi âgée de vingt-cinq à vingt-six ans, et avait aussi les cheveux blonds et les yeux noirs... Un horrible pressentiment traversa l'esprit de Sylvest ; il écouta la sorcière avec un redoublement d'angoisse.

Faustine, de plus en plus sombre et sinistre, à mesure que la vieille parlait de la rare beauté de la courtisane gauloise, Faustine, les yeux fixes, son front appuyé sur sa main, écoutait, sans l'interrompre, la Thessalienne. Celle-ci poursuivit au milieu du profond silence des esclaves, considérés par leur maîtresse, et selon l'habitude, comme n'ayant pas plus d'importance que des animaux familiers, avec qui et devant qui l'on fait tout, l'on dit tout, l'on ose tout...

— La belle Gauloise !... oh ! oh ! j'en sais long sur elle... grâce à mes secrets magiques ! ajouta la Thessalienne d'un air mystérieux. Ç'a été un beau jour pour moi quand j'ai appris sa venue à Orange !

Et, éclatant d'un rire singulier, qui fit tressaillir la grande dame, l'horrible vieille s'écria :

— Ah ! ah ! ah ! belle Gauloise !... belle adorée !... tu verras une nuit... par une nuit profonde comme la tombe... tu verras que la *poule noire a couvé des œufs de serpent !*...

Sylvest ne comprit pas ces mots étranges, mais l'expression cruelle de la Thessalienne l'épouvanta.

— Parle plus clairement, lui dit Faustine ; que signifient ces paroles mystérieuses ?

La sorcière secoua la tête et reprit :

— L'heure n'est pas venue de t'en dire davantage... Mais ce que je veux t'apprendre, et cela n'est pas un secret... c'est que la belle Gauloise s'appelle Siomara... Elle a été revendue lors de la succession du vieux Trimalcion, qui a laissé de si grands souvenirs d'opulence et de débauche en Italie.

Les derniers doutes de Sylvest s'évanouirent... La courtisane gauloise... c'était sa sœur... sa sœur Siomara, qu'il n'avait pas revue depuis dix-huit ans...

Faustine avait écouté la sorcière dans un sombre silence ; elle lui dit :

— Ainsi, Mont-Liban aime cette courtisane ?... il en est aimé ?...

— Tu l'as dit, noble dame.

— Écoute... Tu prétends ton art puissant : peux-tu rompre à l'instant le charme qui attache cet homme à cette vile créature ?

— Non ; mais je peux te prédire si ce charme sera ou non rompu... et s'il le sera tard... ou bientôt.

— Alors parle ! s'écria Faustine, qui en ce moment semblait plus sinistre et plus pâle encore ; si ton art n'est pas un mensonge... dis-moi l'avenir à l'instant... Parle...

— Crois-tu donc que l'avenir se dévoile à nous sans cérémonie propiliatoire ?...

— Fais ta cérémonie... hâte-toi..

— Il me faut trois choses...

— Lesquelles ?...

— Un de tes cheveux.

— Le voilà, dit Faustine, en arrachant un de ses noirs cheveux à travers les mailles de sa résille d'or.

— Il me faut encore une boulette de cire ; elle représentera le cœur de Siomara, la belle Gauloise, et je percerai d'une aiguille ce cœur figuré.

— Érèbe, dit Faustine au gigantesque Éthiopien, prends un morceau de cire à ce flambeau...

Et s'adressant à la sorcière :

— Que veux-tu encore ?

La Thessalienne parla bas à l'oreille de la grande dame, qui lui dit tout en l'écoutant :

— Te la faut-il jeune... belle ?...

— Oui, jeune et belle, répondit la magicienne avec un sourire qui fit frémir Sylvest; j'aime ce qui est jeune... ce qui est beau...

— Choisis, dit Faustine en lui désignant du geste ses esclaves muettes, immobiles et debout autour de leur maîtresse.

La sorcière s'approcha d'elles, examina soigneusement la paume des mains de plusieurs de ces jeunes filles qui, osant à peine manifester leur inquiétude devant Faustine, échangeaient quelques regards à la dérobée. Enfin la vieille fit son choix : c'était une charmante enfant de quinze ans ; à son teint brun, à ses cheveux d'un noir bleuâtre, on la reconnaissait pour une Gauloise du Midi. La Thessalienne la saisit par la main, l'amena toute tremblante devant la grande dame, et lui dit :

— Celle-ci convient !

— Prends-la ! répondit Faustine pensive, sans même regarder la jeune fille, dont les yeux déjà humides de larmes l'imploraient humblement.

— Une coupe pleine de vin ! demanda la sorcière.

Le noir Éthiopien alla chercher une coupe sur l'un des buffets d'ivoire et la remplit.

Faustine devenait de plus en plus sombre ; par deux fois elle passa ses mains sur son front, et dit durement aux deux jeunes Grecs qui, attentifs à cette scène, avaient cessé le jeu de leurs éventails :

— De l'air... donc... de l'air !... j'étouffe ici. Pas de négligence ou je vous fais couper les épaules à coups de fouet !

Les deux affranchis, à cette menace, firent jouer leurs éventails avec une nouvelle activité.

Le noir ayant rapporté du buffet une coupe remplie de vin, la sorcière tira de sa pochette un petit flacon, en vida le contenu dans le vase d'or et, le présentant à la jeune esclave, lui dit :

— Bois...

Sans doute frappée d'un sinistre soupçon, la malheureuse enfant hésita... et tâcha de chercher soit un conseil,
soit un regard de pitié chez ses compagnes ; mais, hélas !
telle est l'horrible condition de la servitude, que toutes
les esclaves détournèrent les yeux de cette infortunée,
craignant d'être compromises en répondant au muet appel
qu'elle faisait à leur pitié.

Faustine, courroucée de l'hésitation de son esclave,
s'écria d'une voix menaçante :

— Par Pluton... boiras-tu ?

La jeune fille, se voyant abandonnée de tous, devint
d'une pâleur mortelle, se résigna, leva les yeux au ciel,
approcha la coupe de ses lèvres d'une main si tremblante
que Sylvest entendit le choc du métal sur les dents de
cette pauvre enfant ; puis elle but, rendit la coupe à
l'Éthiopien, et secoua la tête avec accablement, comme
quelqu'un qui renonce à la vie.

— Maintenant, lui dit la sorcière, donne-moi tes
mains...

La jeune Gauloise obéit ; la sorcière prit un morceau
de craie dans sa pochette et en blanchit les doigts de
l'esclave.

A peine la vieille avait-elle terminé cette opération,
que la jeune Gauloise devint livide, ses lèvres bleuirent,
ses yeux semblèrent se renfoncer dans leur orbite, ses
membres frissonnèrent, et se sentant sans doute défaillir,
elle s'appuya sur l'un des trépieds où brûlaient des parfums, et porta d'un air égaré ses mains tantôt à son
cœur, tantôt à sa tête...

La grande dame, toujours accoudée, le menton dans sa
main, avait attentivement suivi les mouvements de la
sorcière, et lui dit :

— Pourquoi lui as-tu ainsi enduit les doigts de craie ?

— Pour qu'elle écrive.

— Quoi ?

— Les caractères qu'elle va tracer sur ce tapis rouge avec ses doigts enduits de blanc.

— Quels sont ces caractères ?

— Attends un instant, répondit la Thessalienne en examinant l'esclave, tu vas voir.

Il régna dans le temple un silence de mort...

Tous les regards s'attachèrent alors sans crainte sur la jeune Gauloise... Elle n'implorait plus personne, et l'on devinait son sort...

Après s'être appuyée toute chancelante sur le trépied, elle parut soudain saisie de vertige, balbutia quelques mots, s'affaissa sur elle-même, roula sur le tapis, et bientôt s'y tordit en proie à des convulsions horribles ; de sorte que ses mains, tour à tour étendues et crispées par la douleur, labouraient l'étoffe rouge dont était couvert le plancher, y laissant ainsi des traces blanches avec ses doigts enduits de craie.

— Vois-tu ?... vois-tu ? dit la magicienne à la grande dame, qui, toujours son menton dans sa main, regardait avec une curiosité tranquille son esclave se tordre et agoniser ; vois-tu ces caractères blancs... tracés par ses doigts convulsifs ? Vois-tu qu'elle écrit ?... C'est là mon grimoire, c'est là que je vais lire si le charme qui unit Mont-Liban à Siomara... sera bientôt rompu...

Les autres esclaves, habituées à de pareils spectacles, restaient impassibles devant les tortures de leur compagne : elles auraient payé trop cher la moindre marque de commisération. Peu à peu les convulsions de la jeune Gauloise devinrent moins violentes, elle ne se débattit plus que faiblement contre la mort... Après quelques derniers tressaillements elle expira, et tout son corps se roidit d'une manière effrayante.

— Otez ce corps... il me gêne, dit la sorcière ; il faut que je lise maintenant les arrêts du destin tracés par cette main mourante.

Le gigantesque Éthiopien, comme s'il eût été habitué à de pareilles choses, prit le corps inanimé de la Gauloise, se dirigea vers la porte qui donnait sur le canal, et disparut.

Sylvest, de l'endroit où il était caché, entendit le bruit d'un corps tombant au milieu des eaux profondes, et vit peu d'instants après l'Éthiopien rentrer dans le temple.

Faustine quitta ses coussins, se leva et s'approcha de la sorcière, qui, courbée vers le tapis, semblait y déchiffrer les caractères tracés par la main de la mourante...

Faustine se courba aussi, et suivit d'un œil sombre tous les mouvements de la Thessalienne ; celle-ci avait traversé d'une aiguille la boule de cire symbolisant le cœur de Siomara, rivale de la grande dame, et ensuite attaché le cheveu de Faustine à cette aiguille ; puis, tout en marmottant des paroles confuses, elle la piquait çà et là, sur les caractères blancs tracés par l'esclave agonisante.

De temps à autre Faustine demandait à la sorcière avec anxiété :

— Que lis-tu ?... que lis-tu ?...

— Rien de bon jusqu'ici...

— Chimère... fourberie que ta magie ! s'écria la noble dame en se redressant avec dédain ; vains jeux que tout cela !...

— Voici pourtant un signe meilleur, reprit la vieille en se parlant à elle-même et sans s'inquiéter des paroles de la Romaine. Oui... oui... En comparant ce signe à cet autre à demi effacé... c'est bon... très-bon...

— Tu as de l'espoir ? dit Faustine.

Et de nouveau elle se courba auprès de la vieille.

— Pourtant, reprit celle-ci en hochant la tête, voici le
cœur de Siomara qui vient de tourner trois fois sur lui-
même... Mauvais... mauvais présage !

— Je suis folle de t'écouter ! s'écria Faustine en se redressant courroucée. Va-t'en... sors d'ici... orfraie de
l'enfer... oiseau de malheur! Grande est mon envie de te
faire payer cher ton effronterie et tes impostures.

— Par Vénus ! s'écria soudain la magicienne sans avoir
paru entendre les imprécations de Faustine, je n'ai jamais
vu prédiction plus évidente, plus assurée, car ces trois
derniers signes le disent... Oui, le charme qui enchaîne
le gladiateur Mont-Liban à Siomara la Gauloise sera
rompu... Mont-Liban préférera la noble Faustine à toutes
les femmes... Et ce n'est pas tout, non, car ces derniers
signes sont infaillibles... l'avenir tout entier s'ouvre devant moi... Oui, je vous vois, furies de l'enfer... avec vos
chevelures de vipères... Secouez, secouez vos torches...
elles m'éclairent, je vois ! je vois ! ajouta la Thessalienne.

Et en proie à une sorte de délire qui alla croissant, elle
agita ses bras, qu'elle levait en tournant sur elle-même
avec rapidité.

Sylvest remarqua une chose étrange : les longues et
larges manches de la magicienne s'étant un instant re-
levées pendant ses brusques mouvements, il lui sembla
que les bras de cette horrible vieille à la figure ridée,
bronzée, étaient ronds et blancs comme ceux d'une jeune
fille.

La magicienne poursuivit de plus en plus agitée :

— Furies, secouez vos torches ! Je vois... je vois la
Gauloise Siomara ! Elle tombe au pouvoir de la noble
Faustine... Oui, Faustine la tient... Va-t-elle brûler la
chair de sa rivale... scier ses os, arracher son cœur pal-
pitant... le dévorer ?... Furies... secouez vos torches !

secouez-les... qu'elles éclairent pour moi l'avenir.., tout
l'avenir !... Furies... Furies... à moi !... à moi !... Mais
ces lueurs funèbres ont disparu, poursuivit la sorcière
d'une voix défaillante. Je ne vois plus... rien... rien... La
nuit... de la tombe... Rien... plus rien...

Et l'horrible vieille, livide, baignée de sueur, haletante,
épuisée, les yeux fermés, s'appuya sur une des colonnes,
tandis que Faustine, ne pouvant contenir la joie féroce
que lui causait cette prédiction, s'écriait en saisissant une
des mains de la Thessalienne pour la rappeler à elle-même :

— Dix mille sous d'or pour toi si ta prédiction se
réalise !... Entends-tu ? dix mille sous d'or !

— Quelle prédiction ? reprit la vieille en paraissant sortir d'un rêve et passant sa main sur son front pour écarter
ses cheveux gris ; de quelle prédiction parles-tu ?... qu'ai-
je prédit ?

— Tu as prédit que Mont-Liban me préférerait à toutes
les femmes ! s'écria Faustine d'une voix pantelante ; tu as
prédit que la Siomara tomberait entre mes mains... serait
à moi... toute à moi...

— Quand l'esprit s'est retiré, répondit la sorcière en
revenant à elle, je ne me souviens plus de rien... Si j'ai
prédit... ma prédiction s'accomplira...

— Et alors dix mille sous d'or pour toi !... Oh ! elle
s'accomplira cette prédiction, je le sens à mon cœur em-
brasé d'amour et de vengeance, dit Faustine.

Et de plus en plus effrayante de luxure, de haine, de
férocité, les yeux étincelants, les narines frémissantes, ce
monstre s'écria, dans sa farouche ardeur :

— Le gladiateur pour amant !... ma rivale pour victime !... de l'amour et du sang !... *Évohé !*... Furies !...
*Évohé !*... Bacchus !... du vin, du vin !... Venez tous...
qu'une même ronde nous enchaîne !... Du vin pour tous...
pour tous du vin... des fleurs... des parfums... des

chants... et que l'aube nous trouve épuisés, mais non pas
assouvis !

Et d'un geste furieux, la noble dame arracha la résille
d'or de sa coiffure, la résille d'or de son corsage ; sa noire
chevelure, qu'elle secoua comme une lionne secoue sa crinière, tomba sur son sein, sur ses épaules nues, et en-
toura ce pâle visage, alors éclatant d'une épouvantable
beauté. Elle vida d'un trait une large coupe d'or, donna
le signal de l'orgie. Les coupes circulèrent, et bientôt, au
bruit retentissant des lyres, des flûtes, des cymbales,
affranchis et esclaves, entraînés par le vin, la corruption,
la terreur et l'exemple de leur maîtresse infâme, commencèrent, au son des instruments et des chants obscènes,
une danse monstrueuse.

Sylvest, saisi d'un vertige d'horreur, et au risque d'être
découvert et tué s'il rencontrait quelqu'un dans les jardins, quitta le rebord de l'entablement, se laissa glisser
le long d'une des colonnes, toujours poursuivi par les
chants frénétiques de cette infernale orgie, à laquelle suc-
céda bientôt un silence plus hideux encore que ces cris
délirants !

Éperdu, insensé, oubliant toute prudence, l'esclave
s'éloignait de ce temple maudit, marchant à l'aventure,
lorsqu'une voix bien chère à son cœur le rappela à lui-
même.

— Sylvest ! disait cette voix dans l'ombre, Sylvest !

C'était la voix de Loyse, sa femme... sa femme bien-
aimée... sa femme devant leurs serments secrets, jurés
au nom des dieux de leurs pères, car l'esclave n'a pas
d'épouse devant les hommes !

Quoique l'aube ne dût pas tarder à paraître, la nuit
était encore sombre ; l'esclave se dirigea à tâtons vers
l'endroit d'où était partie la voix de Loyse, et tomba dans
ses bras, sans pouvoir d'abord prononcer une parole.

Loyse, effrayée de l'accablement de Sylvest, le soutint et guida péniblement ses pas au fond d'un bosquet de rosiers et de citronniers en fleur ; l'esclave s'assit sur un banc de mousse, entourant le pied d'une statue de marbre.

— Sylvest, lui dit sa femme avec inquiétude, reviens à toi... Dis... qu'as-tu ? Parle-moi, je t'en supplie !

L'esclave, revenant peu à peu à lui, a dit à sa femme en la serrant passionnément contre son cœur :

— Oh ! je renais... je renais.. Auprès de toi je respire un air pur ; celui de ce temple maudit est empoisonné... il m'avait rendu fou !

— Que dis-tu ? s'écria Loyse épouvantée ; tu es entré dans le temple ?

— Je t'attendais près du canal, lieu ordinaire de nos rendez-vous. J'ai vu venir au loin des gens avec des lanternes ; pour n'être pas découvert, j'ai monté le long d'une des colonnes du temple : caché sur la corniche, j'ai assisté à de monstrueux mystères... Le vertige m'a saisi... et j'accours, ne sachant encore si je n'ai pas été le jouet d'une vision horrible !...

— Non, ce n'est pas une vision, reprit la jeune femme en frémissant. Tu l'as dit, il se passe de monstrueux mystères dans ce temple où Faustine, ma maîtresse, ne se rend que le jour consacré à Vénus chez les païens... C'était avant-hier, ce jour-là ; je pensais que les environs du temple seraient déserts cette nuit ; aussi, songeant à notre rendez-vous, j'ai été ce soir surprise et effrayée lorsque, de la filanderie où nous travaillons pour Faustine, j'ai vu au loin la lueur des flambeaux de la gondole qui, suivant le canal, se dirigeait vers le temple.

— Attardé moi-même, ma Loyse bien-aimée, je croyais te trouver déjà arrivée ici.

— En effet... je suis venue plus tard que je ne l'aurais

voulu, répondit la jeune femme avec embarras et un accent de tristesse dont fut frappé Sylvest.

— Loyse, que s'est-il passé ? reprit-il. Ta voix est triste... tu soupires... ta main tremble... tu me caches quelque chose...

— Non... non... rien, mon Sylvest... Il m'est toujours difficile, tu le sais, de sortir de la filanderie... il m'a fallu attendre ce soir longtemps... plus longtemps qu'à l'ordinaire, une occasion favorable...

— Vrai... il ne t'est rien arrivé de fâcheux ?

— Non, je te l'assure...

— Loyse, mon amour, tu ne me réponds pas, ce me semble, avec ta sincérité habituelle... tu es troublée...

— Parce que je frémis encore du danger que tu courais si tu avais été surpris caché près du temple...

— Ah ! Loyse... je te le dis... c'est comme un rêve effrayant ! Ces supplices... cette mort... cette sorcière... et puis... ma sœur... dieux pitoyables !... ma sœur, rivale de ce monstre ! ma sœur, courtisane ! Ah ! je te le dis, je deviendrai fou !...

— Ta sœur, rivale de Faustine... ta sœur, courtisane... Mais depuis dix-huit ans... tu ignorais si elle était morte ou vivante ?

— Elle vit, elle habite Orange depuis peu... On la connaît sous le nom de la *belle Gauloise !* Et pour comble, ce matin, mon maître m'a dit qu'il était amoureux de cette courtisane...

— Ton maître le seigneur Diavole ?

— Oui... juge de mon anxiété, maintenant que je sais qu'il s'agit de ma sœur... Faut-il bénir ce jour où je retrouve la compagne de mon enfance... cette sœur si souvent pleurée... tu le sais, Loyse... cette sœur à qui ma mère Hénory avait donné, comme présage d'honneur, le nom de notre aïeule *Siomara*, la fière et chaste Gauloise ?...

Faut-il le maudire ce jour où j'apprends l'infamie de ma sœur... courtisane?... Oh! honte et douleur sur moi! Oh! honte et mépris sur elle!...

— Hélas! arrachée tout enfant à ses parents, vendue, m'as-tu dit, à des infâmes...' elle était belle et esclave!... et la beauté dans l'esclavage c'est l'opprobre... c'est l'asservissement aux débauches du maître... La mort seule peut vous y soustraire...

— Tiens, Loyse... tu ne sais pas une des plus affreuses pensées qui me soient venues pendant cette nuit d'horreurs!... Je me disais en voyant ces malheureuses jeunes filles, esclaves comme toi, belles comme toi...

— Belles comme moi! répondit la jeune femme avec un accent singulier et un soupir étouffé; belles comme moi!...

— Non, reprit Sylvest après avoir remarqué l'expression de la voix de sa femme; non, moins belles que toi, Loyse!... car elles n'ont plus, comme toi, cette beauté céleste, pure de toute souillure!... Aussi, cette nuit, les voyant si jeunes et déjà si profondément corrompues par l'esclavage et par la terreur des supplices, je me disais : Si Loyse, au lieu d'avoir toujours été, par la bénédiction des dieux, reléguée loin des regards de sa maîtresse infâme et de ses affranchis, était tombée sous leurs yeux, peut-être ce soir, dans cette orgie infernale, je l'aurais vue... elle aussi...

Mais, frissonnant à ce souvenir et à cette crainte, Sylvest, s'apercevant qu'au loin l'aube naissante blanchissait déjà faiblement l'horizon, reprit en serrant sa femme entre ses bras :

— Loin de nous ces affreuses pensées, ma Loyse!.. Le jour va bientôt paraître... quelques instants nous restent à peine... qu'ils ne soient pas attristés davantage...

arlons de toi, de cet espoir à la fois si cruel et si doux...

Mère ! toi mère ! Ah ! pourquoi faut-il que l'esclavage me fasse prononcer avec angoisse, presque avec effroi, ce mot béni des dieux pourtant : *mère !*...

— Mon époux bien-aimé ! reprit Loyse d'une voix pleine de larmes, et comme impatiente d'abréger l'entretien, tu l'as dit, le jour va bientôt paraître... Il y a loin d'ici à Orange ; il te faut sortir du parc sans être vu... Les esclaves des champs vont être bientôt conduits à leurs travaux ; leurs gardiens pourraient te rencontrer... éloigne-toi, je t'en supplie... Adieu... adieu !...

— Loyse, quelques moments encore !... Attends au moins que la première clarté du matin m'ait permis de voir tes traits chéris ! il y a si longtemps, hélas ! que je n'ai joui de ce bonheur ! car c'est la nuit, toujours la nuit, qu'il m'est seulement possible de venir près de toi...

Et Sylvest, enlaçant tendrement de ses bras sa femme, toujours assise sur le banc de mousse, est tombé à ses genoux, a pris ses mains, les a baisées dans un ravissement qui lui faisait oublier un instant les misères et les douleurs de sa vie d'esclave... Le jour naissant colorait les arbres d'un rose pâle ; les citronniers, par cette fraîcheur matinale, répandaient une senteur plus pénétrante et plus douce ; des milliers d'oiseaux commençaient à gazouiller sous les feuilles aux approches du soleil levant... Et il y eut bientôt assez de clarté au ciel pour que Sylvest pût remarquer que sa femme détournait la tête et tenait sa figure cachée dans une de ses mains ; puis il vit, à l'agitation de son sein, qu'elle versait des larmes et tâchait d'étouffer ses sanglots.

— Tu pleures !... s'écria-t-il, tu détournes ta vue de moi... Loyse, au nom de notre amour, dis, qu'as-tu ? réponds-moi !...

— Mon ami, je t'en conjure ! reprit-elle en essayant de dérober d'autant plus ses traits à son mari que le jour augmentait ; retourne chez ton maître... pars... pars à l'instant si tu m'aimes !...

— Partir ! sans avoir vu tes traits !... partir... sans un baiser, un seul et dernier baiser !...

— Oui..., a-t-elle repris d'une voix entrecoupée. Oui, pars... va-t'en sans me regarder... il le faut... je le veux... je t'en supplie...

— Partir sans te regarder ? répéta Sylvest stupéfait. Loyse... que signifie cela ?...

Et comme sa femme, retirant brusquement son autre main d'entre les mains de son époux, cachait complétement sa figure, et ne pouvait plus retenir ses sanglots, Sylvest, effrayé, abaissa, malgré elle, les mains de sa femme, se renversa en arrière à mesure qu'il la contemplait... et poussa enfin un grand cri de douleur déchirante... oui, un cri de douleur horrible...

La dernière fois qu'il avait vu Loyse, son teint semblait plus blanc que le lis ; ses yeux, bleus comme le bleu du ciel, se voilaient de longs cils ; ses traits charmants étaient d'une incomparable pureté, et, lorsqu'elle souriait, sourire d'esclave cependant, sourire triste et résigné, ses lèvres vermeilles avaient une expression de douceur céleste...

Oui, voilà quelle était Loyse, et voici comme la revoyait Sylvest aux clartés du soleil levant : un des yeux de sa femme paraissait mort ; l'autre éraillé, sans cils, s'ouvrait entre deux paupières rougies. Son teint était aussi brûlé, aussi couturé, que si elle eût exposé sa figure à un brasier ardent. Ses lèvres étaient boursouflées, cicatrisées, comme si elle avait bu quelque liquide bouillant... et pourtant, malgré sa hideur effrayante, ce pauvre visage exprimait encore, et plus que jamais peut-être, une douceur ineffable.

Le premier mouvement de Sylvest fut de pleurer en

silence toutes les larmes de son cœur, en regardant s
femme, qui lui dit d'une voix navrée :

— Je suis bien laide, n'est-ce pas ?

Mais lui, croyant que sa femme avait été ainsi torturée,
défigurée par Faustine, qu'il savait capable de tous les
crimes, se releva en bondissant de fureur, et s'écria montrant le poing au temple des orgies infâmes :

— Faustine... je te tuerai!... Oui, quand je devrais
être brûlé à petit feu..., je t'arracherai les entrailles !...

— Sylvest, tu te trompes... ce n'est pas elle !...

— Qui donc t'a ainsi mutilée, défigurée ?...

— Moi...

— Toi, Loyse ! toi ?... Non... non... tu veux calmer
ma fureur...

— C'est moi, te dis-je !... je te le jure, mon Sylvest !
je te le jure par l'enfant que je porte dans mon sein...

— Que faire devant un pareil serment ? Croire... croire
sans le comprendre ce douloureux mystère...

— Écoute, Sylvest, reprit Loyse. Nous toutes, les esclaves filandières de la fabrique, reléguées dans des bâtiments éloignés du palais de Faustine, nous ne la voyions
jamais, ni ses affranchis, aussi cruels, aussi corrompus
qu'elle... Ce matin, je ne sais quel funeste hasard a
amené dans la filanderie l'esclave favori de notre maîtresse, un noir d'Éthiopie...

— Cette nuit, je l'ai vu.

— Il a traversé la cour au moment où j'étendais au
soleil les toiles de lin tissés par nous... Il s'est arrêté
devant moi, m'a regardée fixement... Ses premiers
mots ont été un outrage ; j'ai pleuré... Il a ri de mes
larmes, et a dit à la gardienne qui surveille nos travaux :
« Tu amèneras cette esclave au palais. » La gardienne a
répondu qu'elle obéirait. Le noir a ajouté que si je re-

fusais de me rendre de bon gré chez ma maîtresse, on m'y traînerait de force....

— Il faudra pourtant qu'il se lève terrible... oh ! terrible ! le jour de la vengeance !...

— Sylvest, je ne suis pas, tu le sais, comme la plupart de nos malheureuses compagnes, fille d'esclave, et déjà forcément corrompue dès ma naissance... J'avais quinze ans lorsque, faite prisonnière par les Romains, lors du siége de Paris, défendu par le vieux Camulogène, bataille où ma famille a vaillamment péri, j'ai été vendue à un marchand d'esclaves. Amenée dans ce pays, j'ai été achetée par l'intendant des fabriques de Faustine... J'ai conservé ma fierté de race, sucée avec le lait de ma mère... S'il ne s'était agi que de toi, mon Sylvest, j'aurais, ce matin, en vrai Gauloise, comme nos aïeules, échappé par la mort à la honte d'un outrage inévitable, sûre de vivre honorée dans ta mémoire et d'être louée par ta digne mère Hénory, que je serais allée rejoindre *ailleurs*... où sont aussi les miens... Mais, je suis mère... je porte dans mon sein, depuis quelque temps, le fruit de notre amour... Faiblesse ou raison, je n'ai pas voulu mourir ; mais j'ai voulu détourner de moi l'outrage dont j'étais menacée... Alors, ce soir, avant de venir ici, et c'est cela qui m'a retardée, je me suis introduite dans l'officine où l'on teint les étoffes... je me suis armée de courage, mon Sylvest, en songeant à toi... à notre enfant... à l'outrage qu'il me faudrait subir... Alors j'ai versé dans un vase un liquide corrosif, et j'y ai plongé ma figure...

Et la Gauloise ajouta avec un geste superbe :

— Ta femme est-elle digne de ta mère ?...

— O Loyse ! s'écria Sylvest en tombant en adoration devant cette fière et courageuse créature, tu es maintenant plus que belle à mes yeux... tu es sainte !... sainte

comme notre aïeule Hêna, la vierge de l'île de Sên !...
sainte comme notre aïeule Siomara !...

— Sylvest, dit soudain Loyse à voix basse en se levant
brusquement, et prêtant l'oreille avec épouvante, tais
toi... j'entends des pas... le bruit des chaînes... Oh !
malheur à nous !... tu seras surpris ici... Nous avons
oublié qu'il est grand jour... Malheur à nous !...

— Ta maîtresse, peut-être ?...

— Non... elle a dû retourner au palais par le canal.

— Qui donc vient alors ?

— Les esclaves... on les conduit au travail des champs...
Tu es perdu...

La jeune femme achevait à peine ces mots, que les deux
époux furent découverts au milieu de ces touffes de rosiers et de citronniers, qui ne pouvaient les cacher, par
trois hommes armés, tenant à la main de longs fouets ; à
quelques pas derrière eux venait une troupe d'esclaves
enchaînés deux à deux, vêtus de haillons, la tête rasée ;
les uns portaient des instruments aratoires, d'autres
étaient attelés à des chariots.

A la vue de Sylvest et de sa femme, les trois gardiens
accoururent, la troupe d'esclaves s'arrêta, et les deux
époux furent entourés par les hommes armés.

— Que fais-tu là ? dit l'un d'eux en levant son fouet
sur Loyse, tandis que les deux autres se jetaient sur
Sylvest, qui, désarmé, ne pouvait et ne voulait d'ailleurs
opposer de résistance.

— Je suis esclave de la fabrique, répondit Loyse,
tandis que Sylvest tremblait pour sa femme.

— Tu mens, dit le gardien à Loyse en la regardant
avec dégoût, tant son pauvre visage était repoussant ; je
vais souvent à la fabrique, et s'il y avait parmi les esclaves qui travaillent un monstre tel que toi, je l'aurais
remarqué.

— Lis mon nom sur mon collier, répondit la femme de Sylvest en montrant du geste au gardien le carcan qu'elle portait au cou ; et il lut tout haut en langue romaine :

LOYSE EST L'ESCLAVE DE FAUSTINE, PATRICIENNE.

— Toi... Loyse! s'écria le gardien, toi, dont avant-hier encore j'avais remarqué la beauté en traversant la fabrique! Réponds, pendarde, qui t'a défigurée de la sorte? Est-ce sortilége ou maléfice? Aurais-tu imité ces gibiers de potence qui se mutilent pour faire pièce à leur maître en se détériorant? Achèveras-tu cette belle œuvre en allant, comme d'autres garnements plus malicieux encore, te précipiter au milieu des combats d'animaux féroces pour t'y faire dévorer, dans la méchante intention de détruire en ta personne une valeur appartenant à notre maîtresse? Ah! scélérate! voilà comme tu t'es arrangée! Ah! tu t'es méchamment retiré, au détriment de notre honorée maîtresse, les trois quarts de ton prix? Car maintenant personne ne voudrait un monstre pareil à toi, sinon comme épouvantail pour les enfants!... Ah! tu as eu l'audace de te défigurer! toi... une des plus belles esclaves de notre noble maîtresse!... toi que l'on pouvait vendre non-seulement comme bonne esclave de travail, mais comme esclave de beauté de premier choix! Ah! double scélérate! marche devant moi, tu vas être fouaillée comme il convient; et par Pollux, je vais recommander à l'exécuteur de mettre des lanières neuves à son fouet.

Loyse calma d'un regard angélique la rage désespérée que ces injures et ces menaces soulevaient chez Sylvest, et elle répondit tranquillement au gardien :

— Non!... tu ne me feras subir aucun mauvais traitement!

— Et qui m'en empêchera, *délice des houssines?*

— L'intérêt de ta maîtresse... Je suis mère... en battant la mère on tuerait l'enfant... Or c'est une valeur qu'un enfant... ça grandit... et ça se vend...

— Tu es mère? Chan      elles sont toujours mères, les effrontées coquines, lorsqu'il s'agit de leur marbrer la peau!!! Du reste, la matrone des esclaves en gésine dira bien si tu mens...

Et se retournant vers Sylvest, toujours maintenu par les deux autres veilleurs :

— Et toi, pilier de prison, que fais-tu ici? A qui appartiens-tu, *enfant chéri des étrivières?*

— Il se nomme Sylvest ; il appartient au seigneur Diavole, noble romain à Orange, répondit un des gardiens en lisant cette inscription gravée sur le collier que l'esclave portait au cou.

— Ah! tu appartiens au seigneur Diavole, reprit le gardien ; ta livrée annonce que tu es esclave d'intérieur ?

— Oui.

— Et comment t'es-tu introduit dans ce parc?

— En passant par-dessus le mur.

— Pour tenter quelque mauvais coup, pendard!

— Pour voir ma femme.

Et d'un regard il montra Loyse.

— Qui? ta femme? ta femme? Voilà, par Hercule, un plaisant et effronté coquin, avec sa femme! Est-ce que les esclaves ont des femmes? est-ce qu'il y a mariage entre eux? Ta femme! autant vaudrait entendre l'âne dire à l'ânesse : Mon épouse !... Il est heureux pour ton dos que le seigneur Diavole soit des amis de notre honorée maîtresse ; la politesse veut qu'entre nobles personnes on se réserve le châtiment des esclaves... Tu vas être reconduit chez ton maître, et j'espère qu'il te fera payer selon les mérites... Justement, nos esclaves vont travailler aux champs près les portes d'Orange ; on va t'enchaîner jusque-là entre deux d'entre eux, et l'on te reconduira ensuite chez le seigneur Diavole.

— Il est inutile de m'enchaîner, je ne veux pas m'échapper ; je retournerai librement chez mon maître, répondit Sylvest.

Et il disait vrai ; mais le gardien ne le crut pas, et le fit enchaîner au milieu de deux esclaves des champs, Espagnols de nation.

Au moment de se séparer de sa femme, Sylvest lui dit en langue gauloise, que les surveillants n'entendaient pas :

— A la prochaine lune, viens m'attendre près des murs du parc, à gauche du canal... Quoi qu'il arrive, et à moins que d'ici là je meure, je viendrai... Adieu, mon adorée femme, ma sainte ! songe à notre enfant !

— Songe à toi, répondit Loyse ; songe à nous, mon Sylvest !

— Assez ! assez de ce jargon barbare, bon à cacher de mauvais desseins ! dit brusquement le gardien en poussant Loyse devant lui pour la reconduire à la fabrique, tandis que Sylvest regagnait la ville d'Orange sous la conduite des gardiens.

Parmi les esclaves de Faustine, au milieu desquels marchait Sylvest, enchaîné aux deux Espagnols, se trouvaient plusieurs Gaulois ; il reconnut bientôt qu'il n'était pas le seul de la bande qui se fût rendu pendant cette nuit à la réunion secrète des *Enfants du Gui*, car au moment où les gardiens s'éloignèrent, il entendit deux robustes esclaves attelés à un chariot non loin de lui, fredonner, tout en tirant péniblement leur lourde charge :

— *Coule, coule, sang du captif ; — tombe, tombe, rosée sanglante !*

Sylvest répondit à mi-voix par les vers suivants, du chant du barde :

— *Germe, grandis, moisson vengeresse...*

Ce chant avait été improvisé cette nuit-là dans la caverne de la vallée déserte ; les deux esclaves reconnurent Sylvest pour un des *Enfants du Gui*, échangèrent avec lui un coup d'œil d'intelligence, puis tous trois murmurèrent les derniers vers du barde en agitant leurs chaînes avec une sorte de sinistre cadence :

— *A toi, à toi, faucheur, à toi ! — Aiguise ta faux gauloise, aiguise... aiguise ta faux !*

Les gardiens revenant sur leurs pas, les trois Gaulois se turent. On arriva bientôt près des portes de la ville d'Orange, et, tandis que les esclaves de labour furent conduits au lieu de leurs travaux par l'un des gardiens, l'autre fit marcher Sylvest devant lui, pour le conduire chez son maître, le seigneur Diavole.


## CHAPITRE III


Sylvest avait pour maître le seigneur Diavole, descendant d'une noble famille romaine établie dans la Gaule provençale, conquise par les Romains depuis près de deux siècles, et ainsi devenue une nouvelle Italie. Jeune, dissipateur, débauché, oisif, comme tous les gens de race noble, il se serait cru déshonoré par le travail, et il empruntait aux usuriers, en attendant impatiemment la mort de son père, le seigneur Claude, riche homme, dont le revenu considérable provenait du travail de deux ou trois mille esclaves, artisans de toute sorte de métiers, qu'il louait tant la journée à des entrepreneurs. Ceux-ci exploitaient à leur tour ces malheureux, de sorte que leur travail devait ainsi produire à la fois un gros revenu pour leur maître et un bénéfice pour l'entrepreneur, qui, chargé de la nourriture et de l'entretien des esclaves, les

laissait presque nus et leur donnait une nourriture in-
suffisante, qui eût répugné à des animaux. Écrasé de
travail, épuisé par la fatigue et la faim, l'esclave sentait-
il les forces lui manquer, l'entrepreneur les réveillait au
moyen du fouet, de l'aiguillon, et souvent lui sillonnait le
dos et les membres avec des lames ardentes rougies au feu;
menus supplices, car l'évasion, le refus de travail, la révolte étaient punis de peines aussi atroces que variées,
commençant à la torture et finissant à la mort.

Sylvest, reconduit chez le seigneur Diavole, son maître,
par les gens de Faustine, s'attendait à un rude châtiment.
Absent pendant toute la nuit sans permission, il rentrait
à une heure assez avancée de la matinée, manquant ainsi
à tous ses devoirs domestiques, puisque Sylvest était
valet. Cette servitude, moins dure peut-être, mais souvent plus cruelle que celle d'esclave artisan ou d'esclave de
labour, il l'avait subie à la suite de plusieurs événements
qui suivirent l'horrible mort de son père Guilhern, dont il
parlera plus tard. Oui, cette condition servile il l'avait
subie, lui de race fière et libre, lui petit-fils du *brenn de
la tribu de Karnak*, préférant même cet esclavage, parce
qu'il savait qu'au grand jour de la justice et de la délivrance les Gaulois de l'intérieur des villes et des maisons
devaient puissamment aider à la révolte contre les Romains.

Réduit à la ruse jusqu'au moment où il pourrait utile-
ment employer la force, Sylvest, comme tant d'autres de
ses compagnons, cachait sa haine de l'oppression, son
amour pour la liberté de son pays, sous un masque humble
et riant; car avec Diavole il avait toujours le mot pour
rire; oui, il faisait le plaisant, le bon valet, l'effronté coquin ; il se réjouissait des odieux penchants de son maître
cruel et pervers, voyant avec contentement cette dure et
méchante âme se perdre en ce monde-ci, pour aller re-

vivre de plus en plus malheureuse dans les autres mondes. Cela aidait Sylvest à attendre patiemment le grand jour de la vengeance.

Sylvest a donc été ramené dans la matinée chez son maître. Le seigneur Diavole habitait une belle maison de la ville d'Orange, maison située non loin du cirque où combattent les gladiateurs, et où les esclaves sont parfois livrés aux bêtes féroces.

Le portier, vêtu d'une livrée verte, couleur de la livrée du maître, était, comme d'habitude, enchaîné par le cou dans le vestibule, ainsi que l'est un chien de garde. Deux fois fugitif, il avait été puni par la perte des oreilles et du nez ; cela lui donnait une figure hideuse : à la place du nez on ne voyait que deux trous lui servant à respirer ; sur son front rasé, on voyait deux lettres marquées au fer chaud, dans la chair vive, une F romaine et un O grec. C'était un Gaulois d'Auvergne, toujours sombre et morne. Le seigneur Diavole l'avait d'abord surnommé *Cerbère*, en raison de ses fonctions de portier ; mais lorsqu'il lui eut fait couper le nez, il le nomma, par dérision, *Camus*. La longueur de sa chaîne lui permettait d'ouvrir la porte ; il l'ouvrit au gardien qui ramenait Sylvest, lorsque celui-ci eut frappé avec le marteau de bronze représentant une figure obscène.

L'esclave cuisinier, nommé *Quatre-Épices*, sortait d'un couloir et entrait dans le vestibule au même instant que Sylvest et le gardien. Quatre-Épices, s'étant une fois évadé de chez un de ses maîtres, avait eu le pied droit coupé ; il marchait au moyen d'une jambe de bois. Il était Suisse de nation et d'une inébranlable fermeté dans la douleur. Un jour, le seigneur Diavole ayant fait venir un *surmulet* d'Italie, au prix de deux cents sous d'or, convia ses amis à manger ce mets délicat et dispendieux. Le surmulet fut mal cuit ; Diavole, irrité, fit venir Quatre-Épices devant ses convives : on l'attacha sur un banc, et, au moyen de lardoires garnies de lard, l'aide cuisinier, sous la menace du même traitement, fut obligé de larder l'échine de Quatre-Épices. Celui-ci ne poussa pas une plainte : les jours suivants ses repas furent encore plus exquis que de coutume... Mais, deux mois après son supplice, il prévint en confidence Sylvest et les autres esclaves que ce jour-là, jour de grand festin, tous les mets seraient empoisonnés. Sylvest, malgré la cruauté du seigneur Diavole, trouvant cette vengeance lâche et atroce, dissuada difficilement Quatre-Épices de cette action, lui disant que peut-être l'heure de la révolte sonnerait bientôt : cela fit patienter Quatre-Épices.

— Ah! mon pauvre camarade! dit le cuisinier à Sylvest en l'apercevant, une lamproie écorchée vive est moins rouge et moins saignante que ton dos ne le sera tout à l'heure... Notre maître est furieux... je ne l'ai jamais vu dans une pareille colère. Si tu avais voulu... pourtant...

Et il fit à la dérobée le geste de prendre une pincée de poudre entre ses doigts, rappelant ainsi ses projets d'empoisonnement.

Sylvest, certain du sort qui l'attendait, dit au gardien :

— Suis-moi... je vais te conduire à l'appartement de mon maître.

Et tous deux sont entrés dans la chambre du seigneur Diavole. Il était en robe du matin... A la vue de son esclave, il devint pâle de rage, et le menaçant du poing, il s'écria avant que le surveillant eût dit un mot :

— Ah! te voilà enfin, scélérat!... Par Pollux! je ne te laisserai pas un pouce de peau sur les épaules et un ongle aux mains!... Je rentre cette nuit complétement ivre, et personne pour me porter à mon lit! Ce matin, personne pour me chausser, m'habiller, me peigner, me friser, me raser... D'où viens-tu, infâme, coquin?...

— Seigneur, dit le surveillant, nous avons surpris ce vagabond, dès l'aube, dans le parc de la villa de notre honorée maîtresse Faustine... Il se trouvait là avec une des esclaves du logis... Au lieu de châtier ce misérable, nous l'avons amené ici, instruits par notre honorée maîtresse des égards que l'on se doit entre nobles personnes.

— Tiens, voilà pour toi, reprit Diavole en donnant au surveillant une pièce d'argent. Tu salueras Faustine de la part de Diavole, et tu l'assureras que ce bandit sera puni selon ses mérites, pour avoir eu l'audace de s'introduire dans le parc de cette noble dame.

Le surveillant sortit : Sylvest resta seul avec son maître.

— Ainsi, gibier de potence ! s'écria Diavole, tu vas courir la nuit hors des portes de la ville pour t'accoupler avec une...

— C'est cela... risquez les étrivières, les aiguillons, la mort peut-être, pour le service de votre maître, répondit effrontément Sylvest à Diavole, en l'interrompant ; telle est la récompense qu'on reçoit ici !

— Comment, pendard ! tu oses...

— Privez-vous de sommeil, épuisez-vous de fatigue... et voilà comme on est accueilli !...

— Par Hercule ! est-ce que je veille ? est-ce que je rêve ?...

— Allez, seigneur, vous ne méritez pas un esclave tel que moi...

— Voilà du nouveau... il me réprimande...

— Mais désormais je ne serai point si sot que de me crever à votre service...

— Et je n'ai pas là un bâton ! reprit Diavole en regardant autour de lui, stupéfait du redoublement d'effronterie de son esclave. Comment, pendard ! c'est pour mon service que tu vas courtiser une de tes pareilles à une lieue d'ici ?... C'est pour moi, peut-être ? Quel impudent coquin !... Ainsi, c'est pour moi que...

— Tous les maîtres sont des ingrats, vous dis-je !...

— Décidément, ce misérable fait le fou pour échapper au châtiment qu'il mérite ?

— Fou ? moi !... jamais je n'ai eu plus de raison... Écoutez, seigneur : que m'avez-vous pas dit hier matin ?

— Hier matin ?...

— Oui, seigneur... Ne m'avez-vous pas dit : « Ah ! mon cher Sylvest ! » car, lorsque vous avez besoin de moi, je suis votre cher Sylvest...

— Par Jupiter ! est-ce assez d'insolence ? Y aura-t-il jamais assez de verges à te casser sur les épaules ?...

« — Ah ! mon cher Sylvest ! » me disiez-vous, seigneur, « nuit et jour je pense à l'admirable beauté de cette courtisane, que l'on appelle la *belle Gauloise*, tout nouvellement arrivée d'Italie à Orange. Je ne l'ai vue qu'une fois au cirque, au dernier combat des gladiateurs, et j'en raffole... Mais il faudrait un pont d'or pour arriver jusqu'à elle... et mon bourreau de père ! mon ladre, mon avaricieux, mon grippe-sou de père, ne veut pas mourir, le traître !... » Pardonnez-moi, mon maître, de parler ainsi du seigneur Claude ; mais ce sont vos propres paroles que je répète...

— Comment, impudent hâbleur ! tu veux me persuader que ta course de cette nuit, employée à aller courtiser une esclave de Faustine, a le moindre rapport avec mon amour pour la belle Gauloise ?

— Certes...

— Tu oses ?...

— Dire la vérité, seigneur.

— Par Hercule ! c'est aussi trop se jouer de moi !... Écoute ceci : Tu connais, n'est-ce pas ? certain banc garni de chevalets, de poulies et de poids...

— Oui, seigneur, je le connais parfaitement ; j'en ai tâté... On vous étend d'abord sur le banc, les mains liées au-dessus de la tête ; ensuite on vous attache aux pieds un poids fort lourd ; puis, au moyen d'un très-ingénieux tourniquet, on tend violemment la corde qui vous lie les mains : il en résulte nécessairement que le poids qui pend à vos pieds pesant de son côté, vous avez tous les membres disloqués ; de sorte qu'à la longue on finit par y gagner quelques lignes de taille.

— **Tu serais devenu géant, effronté drôle ! si tu avais seulement gagné une ligne chaque fois que tu as été attaché sur ce banc pour tes scélératesses... Mais je t'y fais étendre à l'instant si tu ne me prouves quel rapport il y a entre ta fuite de cette nuit et la belle Gauloise... Comprends-tu ?**

— Seigneur, rien n'est plus clair.

— **Prends garde à toi !...**

— N'avez-vous pas ajouté, seigneur, en parlant de la belle Gauloise : « Ah ! mon cher Sylvest ! si tu pouvais imaginer un moyen pour me rapprocher de cet astre de beauté !... »

— **Mais, misérable !... qu'a de commun avec cela l'esclave de Faustine ?...**

— Un peu de patience, seigneur... Or, moi, n'ayant plus qu'une pensée, celle de servir un maître... qui pourtant me récompense si mal de mon zèle...

— **Encore !...**

— Un heureux hasard me rappelle qu'une esclave de mon pays, filandière dans les fabriques de l'intendant de la noble Faustine, m'avait parlé, il y a peu de jours, ou plutôt peu de nuits ; car, seigneur, lorsque vous allez à ces festins qui doivent durer deux jours et trois nuits, vous me permettez parfois de disposer de quelques heures...

— Et j'en suis bien payé ! reprit Diavole singulièrement radouci au nom de la belle Gauloise. Continue, drôle.

— Je me souvins donc que cette esclave m'avait dit quelques mots de la belle Gauloise, notre compatriote ; ignorant alors que cela vous pouvait intéresser, seigneur, je n'avais pas prêté grande attention à ses paroles... Mais hier, après votre confidence de la matinée, elles me sont revenues à l'esprit... J'étais à peu près certain de rencontrer l'esclave à l'endroit où elle vient souvent m'attendre à tout hasard. Comptant être de retour ici avant vous, seigneur, je cours à la villa de la noble Faustine, je trouve l'esclave, je lui parle de la belle Gauloise... Ah ! seigneur !...

— Quoi ? Achève donc !...

— Si vous saviez ce que j'apprends !...

— Finiras-tu, pendard ?...

— La belle Gauloise... est ma sœur...

— Ta sœur !...

— Oui, seigneur...

— Ta sœur ? Mensonge !... Tu veux échapper au fouet en me faisant ce conte...

— Seigneur, je vous dis la vérité... La belle Gauloise doit avoir de vingt-cinq à vingt-six ans ; elle est, comme moi, de la Gaule bretonne ; elle a été achetée tout enfant, après la bataille de Vannes, par un vieux et riche seigneur romain, nommé Trimalcion.

— En effet, Trimalcion, mort depuis longtemps, a laissé en Italie un renom de magnificence et d'extrême originalité dans ses débauches. Comment ! il serait possible... la belle Gauloise est ta sœur ? reprit Diavole ayant tout à fait oublié sa colère. Ta sœur... elle ?...

Sylvest, quoiqu'il lui en eût coûté de parler de sa femme et de sa sœur avec cette apparence de légèreté, s'était résigné à cette feinte ; il avait ses projets... Mais

son entretien avec son maître fut interrompu par l'arrivé
d'un ami de Diavole, un jeune et riche Gaulois de Gas-
cogne, nommé Norbiac, fils d'un de ces traîtres ralliés à
la conquête romaine.

Diavole était célèbre par ses débauches, ses dettes et
ses maîtresses : le seigneur Norbiac le prenait pour modèle, s'efforçant d'imiter son insolence, sa corruption et
jusqu'à la façon de ses vêtements ; car ces Gaulois dégé-
nérés, reniant leurs costumes, leur langue, leurs dieux,
mettaient leur vanité à copier servilement les mœurs et
les vices des Romains.

Après avoir échangé quelques paroles amicales, le
maître de Sylvest dit au jeune Gaulois :

— Vous permettez, Norbiac, que l'on me rase devant
vous ? Je suis ce matin fort en retard pour ma toilette,
grâce à ce pendard, — et Diavole montra Sylvest, — que
j'allais rouer de coups quand vous êtes entré...

— J'ai, ce matin aussi, assommé un de mes esclaves...,
répondit Norbiac en gonflant ses joues. C'est la seule manière de traiter ces animaux-là...

Sylvest s'était mis en devoir de raser Diavole... Toutes
les fois que l'esclave tenait ainsi à sa portée la gorge de
son maître, sur laquelle il promenait le tranchant du
rasoir, il se demandait, avec un étonnement toujours
nouveau, si c'était par excès de confiance envers ses esclaves, ou par excès de mépris pour eux, qu'un maître,
souvent impitoyable, livrait ainsi chaque jour sa vie à
leur merci, mais Sylvest eût été incapable de se venger
par un meurtre si lâche !... Or, pendant qu'il rasait Diavole, l'entretien continua de la sorte entre lui et Norbiac :

— Je viens, dit le jeune Gaulois, vous apprendre une
mauvaise nouvelle et vous demander un service, mon
cher Diavole.

— Débarrassons-nous d'abord de la mauvaise nouvelle,

nous parlerons ensuite du service que vous attendez de moi... L'ennui avant le plaisir...

— Ah ! mon ami ! il n'y a que vous autres Romains pour donner aux choses ce tour agréable : *L'ennui avant le plaisir...*, répéta Norbiac d'un air charmé. Combien nous sommes barbares auprès de vous, nous autres de cette grossière et sauvage race gauloise !... Enfin, soit, débarrassons-nous donc d'abord de la mauvaise nouvelle.

— Quelle est-elle ?

— Je viens d'apprendre, par un de mes amis, qui arrive du centre de la Gaule, que notre brave armée romaine s'est mise, hélas !... en route pour retourner en Italie...

— Vous dites *notre* brave armée romaine, vous, Gaulois conquis ? reprit Diavole en riant. Voilà qui est d'un cœur pacifique ?

— Certes, *notre* brave armée romaine... et n'est-ce pas, en effet, notre brave armée, notre chère armée, notre armée bien-aimée, la protectrice de notre sécurité, de nos plaisirs... ? Qu'elle s'éloigne, ainsi qu'Octave-Auguste en a donné l'ordre funeste, qu'allons-nous voir peut-être ? Les troubles renaître... ces misérables populations du centre et de l'ouest de la Gaule, comprimées à grand'-peine, tenter de se soulever encore à la voix de leurs endiablés druides... ! Alors de nouveaux *chefs des cent vallées*, de nouveaux *Ambiorix*, de nouveaux *Drapès*, sortent de dessous terre... car plus on en tue, de ces bêtes enragées, plus il en renaît : la révolte gagne du terrain, arrive jusqu'ici, et je vous demande un peu ce que deviennent nos plaisirs, nos folles nuits d'orgie, nos festins qui durent d'un soleil à l'autre ?

— Rassurez-vous, Norbiac... Octave-Auguste sait ce qu'il fait ; s'il retire l'armée romaine de l'ouest et du centre de la Gaule, c'est qu'il est certain que toute pensée

de rébellion est éteinte chez vos sauvages compatriotes !...
Eh ! eh ! ils ont été si souvent et si rudement châtiés par
le grand César, qu'il leur a bien fallu renoncer à leurs
ridicules idées d'indépendance... Et puis, voyez-vous,
avec un bon joug ferré, un aiguillon pointu, une lourde
charrue derrière eux, peu de sommeil et très-peu de
nourriture, les plus farouches taureaux s'assouplissent à
la longue...

— Que les dieux vous entendent, cher Diavole ! mais
je ne suis pas rassuré... Ah ! si vous saviez où l'on peut
mener ces brutes, avec ces mots insipides : *Liberté de la
Gaule ! haine à l'étranger !...* Or, je vous demande un
peu en quoi vous nous gênez, vous autres Romains,
depuis que vous nous avez conquis ?... Rendez-vous
notre vin moins généreux ? nos maîtresses moins belles ?
nos repas moins délicieux ? nos chevaux moins ardents ?
nos vêtements moins riches ?... Voyons, parce que l'on
est *sujet romain* au lieu d'être *Gaulois indépendant*, comme
disent ces bêtes farouches !... en dîne-t-on moins bien ?...
On paye de lourds impôts, soit ; qu'est-ce que l'impôt
pour nous autres ? Une parcelle de notre superflu... Mais
*on est gouverné par l'étranger !* comme ils disent encore...
Eh bien , où est le mal ? Au moins l'on jouit en paix de
ce qui vous reste... Révoltez-vous, au contraire, qu'y
gagnez-vous ? De risquer votre peau et d'être traîné en
esclavage... Aussi, moi, quand je vois des Gaulois esclaves, je leur dis : « Tant mieux, maîtres sots ! voilà où
conduit l'amour de la liberté... » Mon père n'a pas cru
à cette chimère ; il a vendu ses biens, est venu s'établir
dans cette riante Provence, sous la protection des Romains, et il y a vécu, et j'y vis avec délices !...

— Et au lieu d'adorer vos sombres et barbares divinités, mon cher Norbiac, reprit en riant Diavole, vous
adorez le gai Bacchus aux pampres verts, le robuste

Priape, le gracieux Ganymède, ou Vénus Aphrodite, la mère des amours faciles !...

— Tenez, Diavole, j'ai doublement honte d'être Gaulois, quand je songe que pendant d'innombrables siècles nos pères ont été assez sauvages, assez stupides, pour courber le front devant ces divinités refrognées qui leur apprenaient à mourir ! à superbement mourir ! Par Bacchus et Vénus, vos aimables dieux, ce qu'il faut apprendre, c'est à vivre, à joyeusement vivre... et pour professer et pratiquer la joyeuse vie, je m'incline devant vous, seigneurs romains, humble écolier que je suis... Car, s'ils dominent le monde par les armes, ils l'asservissent par le plaisir, ajouta Norbiac semblant très-flatté de son esprit ; mais maintenant que je vous ai dit ma mauvaise nouvelle, et bien que je ne partage pas votre sécurité, j'arrive au service que je viens vous demander.

— Un mot, cher Norbiac ; vous êtes voisin de Junius... Savez-vous si sa fille, la belle Lydia...

— Morte... mon cher... morte ce matin au point du jour...

— Voilà ce que je craignais d'apprendre ; car hier soir, l'on conservait à peine l'espoir de la sauver.

— Pauvre jeune fille... Une vestale n'était pas plus chaste, dit-on...

— Aussi, excitait-elle autant d'admiration que de curiosité ; car les vestales sont rares à Orange, mon cher Norbiac. Ah ! les gardiens du tombeau de Lydia vont avoir fort affaire cette nuit...

— Pourquoi ?

— Et les magiciennes ?

— Comment ?

— Ignorez-vous donc qu'elles rôdent toujours autour des tombeaux afin d'emporter quelque bribe humaine pour leurs sortiléges... ?

— En effet, j'ai ouï dire...

— Et il paraît surtout que le corps d'une jeune vierge trépassée est précieux pour leurs maléfices ; aussi, vous le disais-je, comme peu de filles meurent vestales à Orange, les gardiens du tombeau de Lydia auront à repousser des assauts de sorcières... Junius est de mes amis... Il sera inconsolable de la mort de sa fille... Que Bacchus et Vénus lui viennent en aide !... Et maintenant, cher Norbiac, dites-moi quel service je peux vous rendre, et disposez de moi...

— Votre charmant poëte Ovide vient d'écrire *l'Art d'aimer*, c'est bien ; mais qu'est-ce que l'art d'aimer sans *l'art de plaire ?*

Et Norbiac se sourit encore à lui-même avec satisfaction.

— Or, je vous reconnais humblement passé maître en cet art de plaire, mon cher Diavole; aussi je viens, moi, Gaulois barbare, vous demander conseil.

— Vous êtes amoureux ?

— Passionnément, éperdument, follement.

— De qui ?

— Et vous allez rire de la bassesse de mes goûts : j'aime une courtisane...

— La belle Gauloise, peut-être ?...

— D'où vient votre étonnement, Diavole?... Est-ce que, vous aussi...?

— Moi?... Par Hercule ! je me soucie de la belle Gauloise comme de faire donner les étrivières à ce drôle que voilà, et qui n'a jamais été plus longtemps à me raser... Finiras-tu, pendard ?...

— Seigneur, vous remuez tellement en parlant, dit Sylvest à son maître, que je crains de vous couper.

— Commets une pareille maladresse, et la plus légère égratignure à mon menton se traduira, je t'en préviens, en lambeaux de chair enlevés sur ton dos... **Vous disiez donc, mon cher Norbiac**, que vous étiez amoureux fou de la belle Gauloise?... Sans partager votre goût, je l'approuve; car, par Vénus, sa patronne! on ne saurait être plus charmante. Mais qui vous arrête? Vous êtes riche, très-riche ; vous avez la clef d'or ; le bon Jupin s'en est servi pour entrer chez Danaé... imitez-le...

— Combien cet exemple prouve encore la supériorité de vos dieux sur les nôtres!... Ce n'est pas chez ces farouches que l'on trouverait ces divins enseignements... Mais, hélas! la clef d'or ne sert de rien pour entrer chez la belle Gauloise.

— Comment ! une courtisane ?

— Ignorez-vous donc que celle-ci, mon cher Diavole, n'est pas une courtisane comme une autre?

— Et quelle différence y a-t-il ?

— D'immenses et de toute sorte...

— Vraiment ?

— D'abord, vous savez que dès qu'une célèbre courtisane arrive dans une ville, ces honnêtes commères, dont votre obligeant Mercure est le patron... Encore un fort aimable dieu que celui-là...

— Ils sont tous ainsi, sauf le bonhomme Pluton... et encore s'amuse-t-il parfois à chiffonner les Parques.

— Je disais donc que, dès l'arrivée d'une nouvelle courtisane, ces honnêtes commères dont nous parlons, se rendaient aussitôt près d'elle pour lui offrir leurs services.

— Sans doute, de même que les courtiers vont faire leurs offres aux capitaines de tous les navires entrant dans le port ; c'est la règle du commerce.

— Eh bien , non-seulement ces honnêtes commères n'ont pas été reçues par la belle Gauloise, mais elles ont été brutalement accueillies, et non moins brutalement chassées par un vieil eunuque, méchant comme un cerbère.

— Hum! cela commence à devenir très-inquiétant pour vous, mon cher Norbiac.

— Ce n'est pas tout; car vous saurez que j'ai dix espions en campagne.

— Bonne précaution.

— La belle Gauloise habite une petite maison près du temple de Diane; mes espions n'ont pas quitté son logis de l'œil, depuis le jour où je l'ai vue au cirque et où elle a produit une si profonde sensation...

— C'est la vérité... j'y étais... Vous disiez, cher Norbiac, que vos espions...?

— Se sont relayés nuit et jour, et sauf deux servantes, ils n'ont vu sortir ni entrer personne chez la Gauloise... Je ne sais combien de litières, de chars, de cavaliers se sont arrêtés à sa porte; mais toujours le vieil eunuque, la figure farouche, les renvoyait sans vouloir entendre à rien...

— Alors que vient-elle faire à Orange, cette belle Gauloise?

— C'est ce que tout le monde se demande; enfin, avant-hier, plusieurs jeunes seigneurs romains, trouvant impertinente cette sauvagerie de la belle Gauloise... Mais vous savez sans doute l'aventure?

— Non, par Hercule!... Continuez.

— Ces jeunes seigneurs, accompagnés de plusieurs esclaves armés de haches et de leviers, ont ordonné à ces coquins d'enfoncer la porte de la belle Gauloise.

— Par la vaillance de Mars! un assaut en règle...

— L'assaut a été aussi vain que le reste; car, grâce à je ne sais quelle intelligence secrète, le préfet de la ville, presque aussitôt instruit du siége de la maison de la courtisane, a envoyé à son secours un centurion suivi de ses soldats... Et malgré la qualité des jeunes seigneurs, deux d'entre eux ont été conduits dans la prison du prétoire.

Sylvest, durant cet entretien qui l'intéressait profondément, avait prolongé autant que possible les soins de son service ; cependant, craignant d'éveiller les soupçons de son maître, il allait s'éloigner, lorsque Diavole lui dit :

— Reste !...

Et s'adressant à Norbiac :

— Je dis à ce drôle de rester, parce qu'il pourrra nous servir.

— Comment ! demanda le Gaulois, cet esclave pourra...?

— Je m'expliquerai tout à l'heure. Continuez...

Sylvest resta donc dans un coin de la chambre, à la fois satisfait et très-surpris de l'ordre de son maître.

Norbiac continua :

— Il ne me reste presque plus rien à vous apprendre, mon cher Diavole, sinon que je suis allé moi-même affronter le cerbère... le vieil eunuque, homme à figure blafarde et gros comme un muid ; je lui ai offert cinq cents sous d'or pour lui, s'il voulait seulement m'écouter...

— Par Plutus, voilà parler.... et surtout agir en homme sensé... Eh bien, l'eunuque a-t-il ouvert l'oreille?

— Il m'a répondu dans je ne sais quel barbare langage... moitié romain...

— Moitié gaulois peut-être ? dit en raillant Diavole.

— Probablement ; car, grâce aux dieux, j'ai presque oublié le peu que m'avait appris ma nourrice de cette langue sauvage ; mais enfin j'ai suffisamment compris l'eunuque pour être certain que toutes mes offres seraient vaines. Maintenant, mon cher Diavole, que me conseillez-vous ? Non-seulement je suis fou de la belle Gauloise, mais la résistance, la difficulté augmentent encore ma passion... Jugez donc... triompher là où tant d'autres ont échoué !...

— Cela ferait la réputation d'un homme... et huit jours durant, l'on ne parlerait que de vous dans Orange !

— Aussi me suis-je dit : « Le cher Diavole peut seul me conseiller en sa qualité de passé maître en fait de séductions et d'intrigues amoureuses. »

— Mon cher Norbiac, faites ce soir offrande à Vénus de deux couples de colombes en or ciselé... Les prêtres de la bonne déesse préfèrent l'or à la plume.

— Une offrande à Vénus? Pourquoi ?

— Parce qu'elle vous protége.

— Expliquez-vous.

Diavole, s'adressant alors à Sylvest, lui dit :

— Approche...

Sylvest approcha.

Son maître reprit :

— Cher Norbiac, regardez ce drôle.

— Cet esclave ! votre valet?

— Oui, examinez-le attentivement.

— Est-ce une plaisanterie?

— Non, par Hercule!... Voyons, ne trouvez-vous pas une certaine et vague ressemblance... environ comme celle d'une oie à un cygne?

— Une ressemblance... avec quel cygne ?

— Avec la belle Gauloise... vos amours.

— Lui?... Vous vous moquez!

— Je ne me moque point... Sur cette tête rasée, figurez-vous des cheveux blonds; au lieu de cette face brûlée par le soleil, imaginez un teint de lis et de roses.

— En effet, je ne l'avais pas attentivement regardé, cet esclave, dit Norbiac en examinant Sylvest; et s'il est blond, il a, comme la belle Gauloise, chose peu commune, les yeux noirs. Oui, plus je le considère, plus je trouve en effet une vague ressemblance...

— Cela vient sans doute de ce qu'il n'est pas tout à

fait du même père que sa sœur, reprit Diavole en éclatant de rire.

Sylvest sentit que, s'il avait tenu en ce moment son maître sous son rasoir, il l'eût peut-être égorgé.

— Mais enfin, reprit Diavole, le père a été suffisamment représenté pour que vous reconnaissiez dans ce drôle le frère de la belle Gauloise.

— Son frère?... Cet esclave?

— Lui et votre belle ont été vendus enfants, il y a environ dix-huit ans de cela, après la bataille de Vannes; il me contait justement tout à l'heure cette histoire... Est-ce vrai, pendard?

— C'est la vérité, seigneur, a répondu Sylvest, croyant rêver, car il ne pouvait concevoir le dessein de son maître.

— Tu es son frère! s'écria le Gaulois en s'adressant à Sylvest, alors tu dois savoir...

Diavole l'interrompit :

— Il a seulement appris hier sa parenté, se hâta-t-il de dire; jusqu'alors il n'avait pas vu la belle Gauloise, et il gnorait qu'elle fût sa sœur. Comprenez-vous, maintenant, cher Norbiac, que si les entremetteuses, les riches seigneurs ont vu la porte se fermer à leur nez, elle s'ouvrira devant un frère?

— Ah! Diavole... mon ami! mon généreux ami, vous me sauvez!

— Maintenant retenez bien ceci : il n'y a pas non-seulement de courtisane, mais de femme, mais de patricienne, mais d'impératrice, qui ne se puisse acheter; il faut seulement choisir l'heure et mettre le prix.

— Toute ma fortune s'il le faut!

— C'est déjà quelque chose.

— Mon oncle est très-riche, j'emprunterai sur son héritage.

— Cela suffira peut-être... Mais vous le savez, ou vous

devez le savoir, cher Norbiac, une femme aime toujours
voir la couleur des promesses qu'on lui fait ; il y a tant
de fripons, même parmi nous autres ! Je suis donc certain
que si ce drôle se présente d'abord de votre part, avec une
bonne cassette pleine d'or, comme simple échantillon de
votre magnificence...

— Diavole, vous êtes la perle des amis ; je cours chez
mon banquier prendre deux mille sous d'or... Mais de cet
esclave... vous répondez ?

— Il sait d'abord que je lui ferais couper les pieds et
les mains s'il refusait de vous servir ; puis, comme cette
race est naturellement pillarde, si vous lui confiez votre
or, je ne le quitterai pas que je ne l'aie vu entrer devant
moi chez la belle Gauloise.

—Ah ! mon ami, voilà de ces services... impossibles à
reconnaître, s'écria Norbiac. Je cours chercher l'or... ma
litière est en bas, et je reviens bientôt.

Et il sortit.

Sylvest, resté seul avec son maître, le regardait tout
ébahi.

— A nous deux maintenant, pendard... As-tu compris
mon dessein ?

— Non, seigneur.

— Quelle brute ! En vertu de ton titre de frère... tu
auras accès chez la belle Gauloise...

—Peut-être, seigneur... Je ne sais si je pourrais...

— Je te fais écorcher vif si aujourd'hui tu n'es pas reçu
chez elle... Est-ce clair ?

— Très-clair, seigneur. Je m'introduirai donc chez ma
sœur.

— Avec la cassette d'or du Gaulois.

— Cassette que je lui offrirai comme un échantillon de
la générosité du seigneur ?...

— Du seigneur Diavole... double butor !... Oui, tu

offriras cette cassette à la belle Gauloise comme une faible
preuve de la magnificence de ton maître, qui t'a accompagné, diras-tu, jusqu'à la porte de la maison ; et, pour
convaincre ta sœur, tu la feras venir à sa fenêtre, afin
qu'elle me voie attendant sur la place... Comprends-tu
enfin, pendard ?

— Seigneur, je comprends. Vous vous servirez de l'or
du seigneur Norbiac pour séduire la belle Gauloise à votre
profit... J'admire tant de génie !

Sylvest avait feint de vouloir servir l'amour de son
maître, pour trouver le moyen et la facilité de se rapprocher de Siomara et d'échapper, non aux tortures, il les
savait endurer, mais à la prison, dont aurait pu être pu-
nie sa dernière absence nocturne, captivité qui l'eût empêché de voir sa sœur aussi prochainement qu'il le dé-
sirait.

Le seigneur Norbiac, ayant apporté sa cassette remplie
d'or, combla Diavole de nouveaux remercîments, et se
retira en le suppliant de l'instruire le plus promptement
possible du bon ou mauvais succès de l'entrevue de Siomara et de l'esclave. Celui-ci, portant la cassette, et suivi
de près par son maître, se rendit à la tombée du jour
vers le temple de Diane, non loin duquel se trouvait la
maison de la belle Gauloise; il frappa. Bientôt, à travers
la porte entre-bâillée, il aperçut la figure de l'eunuque,
vieillard d'une grosseur démesurée. Au milieu de sa face
bouffie, imberbe, grasse et blafarde, l'on ne voyait que
deux petits yeux noirs, perçants et méchants comme ceux
d'un reptile ; quelques mèches de cheveux blancs sortaient de dessous son chaperon, noir comme sa robe. Il
portait des chausses rouges et de vieilles bottines jaunes.
Ce vieillard dit brusquement à Sylvest de sa voix claire et
perçante :

— Que veux-tu ?

— Voir ma sœur.

— Qui, ta sœur ?

— Siomara.

— Tu es le frère de Siomara ?

— Oui.

— Sauve-toi, imposteur ! sinon je te fais goûter d'un bâton de cormier que j'ai là derrière la porte... Hors d'ici, drôle !

— J'avais prévu votre incrédulité, j'apporte avec moi les preuves que Siomara est ma sœur ; si vous me refusez accès auprès d'elle, je saurai, par un moyen ou par un autre, lui apprendre qui je suis, et que j'habite Orange.

Ces mots parurent à la fois surprendre l'eunuque et le faire réfléchir ; il devint soucieux, inquiet, et tenant toujours la porte entre-bâillée, il dit à l'esclave en attachant sur lui ses yeux de vipère

— Ton nom ?

— Sylvest.

— Le nom de ton père ?

— Guilhern.

— De ton grand-père ?

— Joel, le brenn de la tribu de Karnak.

— Le nom de ta mère ? de ta grand'mère ?

— Ma mère s'appelait Hénory, ma grand'mère Margarid.

— Où as-tu été vendu ?

— A Vannes, avec mon père et ma sœur, après la bataille.

L'eunuque parut de plus en plus pensif et contrarié ; il garda le silence pendant quelques instants, laissant toujours Sylvest dehors, tandis que le seigneur Diavole, placé à peu de distance, ne quittait pas son esclave des yeux. Enfin l'eunuque dit à Sylvest :

— Viens…

Et la porte se referma sur lui.

L'eunuque, marchant le premier, suivit un étroit corridor, et entra bientôt dans une petite chambre dont il ferma soigneusement la porte; puis il s'assit à côté d'une table, sortit de sa robe un long poignard très-acéré, le plaça près de lui à sa portée, et s'adressant à Sylvest d'un ton bourru :

— Quelques vains mots ne me prouvent pas, à moi, que tu sois le frère de Siomara…

— J'ai d'autres preuves.

— Lesquelles?

— J'ai sur moi une petite faucille d'or, une clochette d'airain, legs de notre père, de plus quelques rouleaux où sont racontés divers événements de famille… Si ma sœur vous a parlé de son enfance et de nos parents, vous verrez par ces écrits que je ne mens pas, et que je suis son frère.

— A moins, chose fort possible, que tu ne sois un vagabond qui aura volé ces objets après avoir tué le vrai Sylvest.

— Il est beaucoup d'autres choses relatives à notre famille dont je suis instruit; moi seul je peux les savoir… Quand je les aurai dites à Siomara, elle reconnaîtra qui je suis…

— Approche-toi de cette fenêtre, dit l'eunuque, car le jour baissait de plus en plus; ou bien, attends, reprit-il.

Et prenant un briquet et de l'amadou, il alluma une lampe, et ayant, à sa clarté examiné longtemps et attentivement l'esclave, il dit :

— Ta figure sera peut-être pour moi une meilleure preuve de ce que tu avances que ces brimborions de *faucille* et de *clochette*.

Après avoir assez longtemps examiné les traits de Sylvest, l'eunuque hocha la tête et murmura, comme se parlant à lui-même :

— Une pareille ressemblance n'est pas due au hasard...
La Gauloise disait vrai... on devait, dans leur enfance, les
prendre l'un pour l'autre...

— Ma sœur vous a donc parlé de moi? reprit Sylvest à
l'eunuque les larmes aux yeux. Elle s'est peut-être souvent rappelé son frère!...

— Oh! très-souvent. C'est une créature qui n'oublie rien.

Et les traits du vieillard prirent une expression de raillerie sinistre.

— Et de mon père, de ma mère, ma sœur vous a-t-elle
aussi souvent parlé ?...

— Très-souvent, répondit le vieillard avec la même
expression, très-souvent... C'est la perle des filles et des
sœurs !... Il est dommage qu'elle ne soit pas mariée, elle
serait aussi la perle des épouses! Mais que lui veux-tu,
à ta sœur ?

— La voir... m'entretenir longuement avec elle.

— Vraiment !... Et qu'est-ce que cette cassette que tu
tiens là sous ton bras ?

— C'est de l'or...

— Pour la belle Gauloise?

— On m'a ordonné de lui offrir.

— Ton maître, sans doute? car ta tête rasée et ta
livrée annoncent que tu es esclave domestique... Un valet
pour frère!... il y a de quoi enorgueillir Siomara... De
plus, tu fais l'entremetteur auprès de ta sœur... c'est d'un
bon parent...

La fureur monta au front de Sylvest; mais il se
contint et reprit :

— Le hasard m'a offert ce soir le moyen de me rapprocher de ma sœur... je l'emploie...

— Soit... pose cette cassette sur la table... Et comment et quand as-tu su que la belle Gauloise était ta sœur ?

— Peu vous importe !...

— Ce maraud est tout abandon, toute confiance... Ainsi, tu veux voir ta sœur ? sans doute pour lui demander de te racheter des mains de ton maître, ou pour gueuser auprès d'elle quelque aumône ?

— En cherchant à voir la fille de mon père, je cède au besoin de mon cœur ! répondit fièrement Sylvest. Une parcelle de l'or infâme qu'elle gagne pourrait me racheter de la torture et de la mort... que je préférerais la torture et la mort !...

— Entendez-vous ce coquin, avec sa tête rasée et sa souquenille de valet, parler de son honneur ? dit l'eunuque.

Et regardant Sylvest avec un redoublement de défiance, il ajouta :

— Viendrais-tu, scélérat, faire honte à ta sœur de son métier ?...

— Plût aux dieux ! car j'aimerais mieux la voir tourner, pieds nus, la meule d'un moulin, sous le fouet d'un gardien, que vivre dans une honteuse opulence ! s'écria Sylvest.

Ces mots prononcés, il les regretta, pensant qu'ils pouvaient empêcher l'eunuque de le conduire auprès de Siomara, de peur qu'elle n'écoutât les bons conseils de son frère. Mais, à sa grande surprise, l'eunuque, après avoir longtemps et de nouveau réfléchi, se frappa le front, comme frappé d'une idée subite, prit la lampe d'une main, de l'autre son poignard, et dit à Sylvest :

— Suis-moi...

Le vieillard ouvrit la porte, précéda l'esclave dans un couloir tortueux, où ils marchèrent durant quelques instants ; puis, soufflant soudain la lampe, il dit à Sylvest, au milieu d'une obscurité profonde :

— Passe devant moi..

Sylvest obéit, quoique très-surpris, et se glissa, non sans peine, entre le gros eunuque et la muraille de l'étroit couloir.

— Maintenant, reprit le vieillard, va toujours devant toi jusqu'à ce que tu trouves un mur... L'as-tu rencontré ?

— Je viens de m'y heurter.

— Ne bouge pas et écoute bien.

L'eunuque cessa de parler, puis bientôt il ajouta :

— Qu'as-tu entendu ?

— J'ai entendu comme le bruit d'une coulisse glissant dans sa rainure.

— Tu devrais t'appeler *Fine-Oreille*... Adosse-toi au mur... Est-ce fait ?...

— Oui.

— Avance avec précaution un de tes pieds à un pas devant toi, comme pour tâter le terrain... Que sens-tu ?

— Le vide... reprit Sylvest effrayé en se retirant vivement en arrière et s'adossant à la muraille.

— Oui, c'est le vide ! reprit la voix de l'eunuque. Si tu fais un pas pour sortir de ce recoin... tu tombes au fond d'un abîme... citerne abandonnée où tu te briseras les os, et dont tu ne sortiras plus, car je refermerai sur toi la trappe... maintenant béante à tes pieds !

— Pourquoi cette menace ?... Quel est votre but ?...

— Mon but est d'être certain que tu ne bougeras pas de là pendant que je vais ailleurs... Attends-moi...

Et l'esclave, entendant les pas du vieillard qui se retirait, s'écria :

— Mais ma sœur ! ma sœur !

— Tu vas la voir...

— Où cela ?...

— Où tu es..., reprit la voix de l'eunuque, de plus en

plus lointaine. Tourne-toi du côté du mur... regarde de toutes tes forces... et...

Les derniers mots de l'eunuque ne parvinrent pas aux oreilles de Sylvest... Il se crut le jouet de ce méchant vieillard... Cependant il se retourna machinalement du côté de la muraille, et fut frappé d'une chose étrange... Peu à peu, et de même que la vue, s'habituant à l'obscurité, il finit par distinguer des objets d'abord inaperçus, il lui sembla que le mur devenait vaguement transparent à la hauteur de ses yeux... Ce fut d'abord une sorte de brouillard blanchâtre; puis il s'éclaircit lentement, et fit place à une faible lueur, semblable à l'aube du jour... L'esclave aurait pu couvrir de ses deux mains le point le plus lumineux de cette lueur circulaire, qui, se dégradant ensuite insensiblement, se fondait dans les ténèbres environnantes. Il tâta la muraille à cet endroit : il rencontra une surface polie, dure et froide comme le marbre ou l'acier.

La clarté allait toujours grandissant; l'on aurait dit l'orbe de la lune en son plein, se dégageant de moment en moment des légères vapeurs grises dont parfois elle est voilée... Enfin ce disque devint tout à fait transparent, et Sylvest vit à travers cette transparence une chambre voûtée dont son regard ne pouvait embrasser qu'une partie. Une lampe, semblable à celles qui brûlent incessamment dans l'intérieur des tombeaux romains, pendait à une chaîne de fer et éclairait ces lieux. Il remarqua, non sans horreur, sur des tablettes placées au long du mur, plusieurs têtes de mort aux os blanchis, mais qui conservaient encore leurs chevelures longues, soyeuses comme des chevelures de femmes... Sur une table couverte d'instruments bizarres en acier, il vit encore des vases de forme étrange, des mains de squelettes aux doigts osseux, couvertes de pierreries... Et, chose

effrayante !... une petite main d'enfant fraîchement coupée... encore saignante !...

Près de cette table un trépied de bronze, rempli de
braise, supportait un vase d'airain, d'où sortait une vapeur bleuâtre ; de l'autre côté de la table se trouvait un
grand coffre de bois précieux, et au-dessus un miroir
composé d'une plaque d'argent bruni. Sur ce coffre était
une ceinture rouge, couverte de caractères magiques,
pareille à la ceinture que portait la sorcière thessalienne
que l'esclave avait vue chez Faustine la nuit précédente.
Dans l'un des angles de cette chambre était un lit de repos
en bois de cèdre, incrusté d'ivoire et recouvert d'un tapis
richement brodé. A la tête de ce lit s'élevait une petite
colonne de porphyre au chapiteau d'argent, précieusement
ciselé, sur lequel on voyait placé, ainsi qu'une relique, le
sabot d'un âne à la corne luisante comme l'ébène, et
tourné de telle sorte que Sylvest s'aperçut que ce sabot
avait un fer d'or, et que cinq gros diamants remplaçaient
les clous de la ferrure. Il crut d'abord cette chambre inoc-
cupée, car son regard ne pouvait en embrasser qu'une partie.

Soudain apparut une femme, marchant à reculons et
lui tournant le dos. Elle envoyait de nombreux baisers
vers un endroit invisible. A demi vêtue d'une tunique de
lin, qui laissait nus ses épaules et ses bras aussi blancs
que l'albâtre, cette femme était d'une taille élevée, svelte
et aussi accomplie que celle de la Diane des Romains.
L'une des épaisses et longues tresses de ses cheveux
blonds, détachée de sa coiffure, pendait presque jusqu'à
ses pieds. A la vue de ces cheveux blonds... blonds
comme ceux de sa sœur, Sylvest tressaillit ; puis cette
femme, après avoir envoyé du bout de ses doigts délicats
un dernier baiser dans la même direction que les premiers, se jeta sur le lit de repos, et ainsi tourna la tête
du côté de Sylvest...

C'était elle... Siomara... oui, c'était bien elle. Grâce à la présence de ses doux souvenirs d'enfance, seule consolation de sa servitude... grâce à la ressemblance frappante de sa sœur avec leur mère Hénory, Sylvest ne pouvait méconnaître Siomara, et jamais il n'avait rencontré plus éblouissante beauté. Aussi, oubliant la perdition de cette infortunée, oubliant les objets étranges, hideux, horribles, dont elle était entourée, il n'eut pour elle que des regards humides de tendresse et d'admiration.

Siomara, la joue animée d'un rose vif, ses grands yeux noirs brillants comme des étoiles sous leurs longs cils, sa chevelure blonde et dorée, à demi dénouée, tombant sur ses blanches épaules, s'accouda sur le lit de repos, de son autre main essuya son front tiède... puis laissa tomber sa tête alanguie sur un des coussins en fermant à demi les yeux, cherchant sans doute le repos ou le sommeil.

Sylvest put ainsi contempler longuement sa sœur... Alors il versa des larmes cruelles... Cette figure enchanteresse, rose, fraîche, ingénue comme celle d'une jeune vierge, était celle d'une courtisane, vouée par l'esclavage, et dès son enfance, à un métier infâme!... La honte au front, la colère au cœur, il pensa que ces baisers, envoyés par sa sœur à un être invisible, s'adressaient peut-être au gladiateur Mont-Liban ; puis enfin les objets sinistres dont cette chambre était remplie frappèrent de nouveau les regards de Sylvest... ces têtes de mort aux longues chevelures, ces doigts de squelettes chargés de pierreries... cette main d'enfant fraîchement coupée... saignante encore... Et Siomara, étendue sur le lit de repos, sommeillait, paisible et riante, au milieu de ces débris humains... Il trouvait fatal ce hasard qui, durant deux nuits de suite, l'une chez Faustine, l'autre en ce dernier lieu, le rendait spectateur invisible de mystères étranges...

—

Bientôt Siomara sembla sortir en sursaut de son assoupissement ; elle tressaillit, se redressa comme si elle eût entendu quelque bruit ou quelque signal, abandonna le lit de repos, se leva et alla regarder un sablier à moitié vide, qui lui rappela sans doute une heure fixée par elle, car elle se hâta de rajuster les nattes de sa coiffure... Alors elle prit sur la table un flacon de forme bizarre, et en versa plusieurs gouttes dans le vase d'airain posé sur un trépied, d'où sortait une lueur bleuâtre ; cette lueur se changea en plusieurs jets de flamme d'un rouge vif ; tant qu'ils durèrent, Siomara exposa au-dessus d'eux une plaque de métal polie... Les jets de flamme rouge éteints, elle examina curieusement les traces noirâtres laissées par le feu sur le poli du métal... L'esclave ne put s'empêcher de se rappeler en frémissant les sortilèges de la hideuse sorcière thessalienne. Mais bientôt Siomara jeta la plaque loin d'elle, frappa dans ses mains en signe de contentement ; sa figure devint rayonnante, et elle courut au coffre de bois de cèdre, placé au-dessous du miroir d'argent bruni... Ainsi posée, elle tournait de nouveau le dos à Sylvest ; elle ouvrit le coffre, en tira une longue robe noire, s'en vêtit, et la serra à sa taille au moyen de la ceinture rouge accrochée près du miroir... A la vue de cette robe noire et de cette ceinture magique, une sueur froide inonda le front de Sylvest ; il voyait sa sœur absolument vêtue comme la sorcière thessalienne introduite chez Faustine... Siomara, le dos toujours tourné, s'étant baissée de nouveau vers le coffre, y prit une sorte de moule à capuchon, dont elle couvrit soigneusement sa tête, et se retourna pour se rapprocher de nouveau du trépied d'airain.

Dieux secourables ! la raison de Sylvest était ferme, car en ce moment il n'est pas devenu fou !... mais le vertige l'a saisi...Non, ce n'était plus Siomara qu'il voyait..

c'était la sorcière thessalienne qui, la nuit précédente,
avait demandé, chez la grande dame romaine, la mort
d'une esclave... Oui, c'était la magicienne... c'était elle-
même... son teint cuivré, son visage sillonné des rides de
la vieillesse, son nez en bec d'oiseau de nuit, ses épais
sourcils gris comme les mèches de cheveux sortant çà et
là de son capuce... Oui, c'était la Thessalienne... Avait-
elle, par un charme magique, pris jusqu'alors les traits
de Siomara? ou Siomara prenait-elle, par sortilège, les
traits de la hideuse vieille?... Sylvest l'ignorait; mais il
avait devant les yeux la Thessalienne... Cette transformation surhumaine, égarant presque sa raison, le frappa
d'épouvante; ne songeant qu'à fuir cette infernale demeure, il oublia l'abîme infranchissable ouvert devant
lui... Mais à peine eut-il, marchant à tâtons, avancé l'un
de ses pieds, qu'il rencontra le vide... Il voulut se jeter
en arrière... Ce brusque mouvement le fit trébucher,
tomber, glisser dans l'ouverture béante... Il n'eut que le
temps de se cramponner de ses deux mains au rebord du
plancher, et resta ainsi un instant le corps suspendu au-
dessus de cette profondeur inconnue.

Oh! sans le souvenir de Loyse et de l'enfant qu'elle
portait dans son sein, l'esclave n'eût pas tenté d'échapper
à la mort... il se serait laissé rouler dans le gouffre; mais
son amour pour sa femme lui donna des forces surhu-
maines : il roidit ses poignets, parvint à s'enlever assez
pour pouvoir appuyer l'un de ses genoux sur le bord de
l'ouverture de la trappe, et à sortir de ce danger... Alors,
épuisé par ses efforts, écrasé par son affreuse découverte,
il se laissa tomber sur le plancher.

Combien de temps resta-t-il dans cet anéantissement
du corps et de l'esprit? Il l'ignore... Lorsqu'il revint à
lui, il crut d'abord avoir été le jouet d'un songe; puis, la
réalité se retraçant à sa mémoire, il reconnut, hélas!

que ce n'était pas là un songe... Il supposa que l'eunuque
l'avait fait ainsi assister, invisible, à d'affreux mystères...
pour lui inspirer l'horreur de sa sœur, et rendre impossible un rapprochement entre eux : entrevue peut-être
redoutée par le vieillard. Sylvest, sans le gouffre ouvert
à ses pieds, aurait à jamais fui ce lieu maudit ! Ses sens
ranimés, il s'aperçut que la clarté transparente, quoique
obscurcie, régnait toujours dans l'épaisseur de la muraille... Cédant, malgré lui, à une terrible curiosité, il se
leva et regarda. La chambre était déserte, la lampe de
fer éteinte : la lueur bleuâtre du vase d'airain, placé sur
le trépied, éclairait seule ce lieu sinistre. Au bout de peu
de temps, la sorcière reparut, tenant à la main un paquet
enveloppé d'une étoffe noire ; elle le déroula précipitamment, et en retira une tête fraîchement coupée. Sylvest
reconnut, à la clarté bleuâtre du trépied, la tête de la
belle Lydia... cette jeune vierge morte depuis la veille,
qu'il avait souvent vue passer et admirée dans les rues
d'Orange... Il se souvint alors des paroles de son maître,
disant le matin au seigneur Norbiac que les gardiens du
tombeau de Lydia auraient grand'peine à préserver ses
restes des profanations des magiciennes... ajoutant avec
cynisme que les jeunes filles mortes vestales devenaient
rares à Orange, et que leurs corps étaient incomparables
pour les sortiléges.

L'horrible vieille, — car Sylvest commençait à se croire
le jouet d'une vision ou de l'erreur de ses yeux, et se refusait à croire que Siomara et la magicienne ne fussent
qu'une seule et même personne, — l'horrible vieille posa
la tête de Lydia sur la table, ainsi qu'un autre lambeau
de chair sanglant et informe, mit ce lambeau dans la
main d'enfant fraîchement coupée, la plaça sur la tête
de Lydia, et l'y fixa au moyen des longs cheveux de la
morte.

Sylvest sentit soudain une main s'appuyer sur son épaule; la voix claire et railleuse de l'eunuque lui dit dans les ténèbres :

— Le gouffre n'est plus ouvert sous tes pieds... tu peux me suivre sans danger... Es-tu content?... Tu as vu ta sœur Siomara, la belle Gauloise, la courtisane adorée?...

— Non! s'écria l'esclave en s'avançant éperdu dans l'ombre, non, je n'ai pas vu ma sœur... non, cette horrible magicienne n'est pas Siomara!... Tout ceci est magie et sortiléges... Laissez-moi fuir cette maison maudite!...

Mais l'eunuque, barrant avec son gros corps l'étroit passage du couloir, força l'esclave de rester à sa place, et lui dit :

— Quoi! maintenant, tu veux t'en aller sans parler à ta sœur? Qu'est donc devenue cette furieuse tendresse de tantôt pour la fille de ta mère?...

— Non, ce n'est pas là ma sœur... ou, si c'est elle... je n'ai plus de sœur... Laisse-moi fuir!...

— Ce n'est pas ta sœur? et pourquoi? reprit l'eunuque en éclatant de rire. Est-ce parce que, belle comme Vénus, elle s'est tout à coup changée en vieille hideuse comme l'une des trois Parques?... Et avant-hier donc, si tu l'avais vue... nue comme Cypris sortant des flots, se frotter d'une huile magique, et aussitôt ce beau corps se couvrir d'un léger duvet, ces bras charmants s'amoindrir et disparaître sous de longues ailes, ces jambes de Diane chasseresse et ces pieds délicats se changer en serres d'oiseau de nuit... son cou gracieux se gonfler, s'emplumer, et cette tête adorée prendre la figure d'une orfraie, qui, poussant trois cris funèbres, s'est envolée à travers la voûte de la salle...

— Laissez-moi fuir... vous me rendrez fou!...

— Qu'aurais-tu dit l'autre soir, où Siomara s'est changée en louve fauve, pour aller, au déclin de la lune, rôder autour des gibets et en rapporter ici entre ses dents le crâne d'un supplicié nécessaire à ses enchantements ?

— Dieux secourables, ayez pitié de moi !...

— Et l'autre nuit, où, prenant la forme d'une couleuvre noire, Siomara est allée se glisser dans le berceau d'un nouveau-né dormant près du lit de sa mère, et, s'enroulant doucement autour du cou de l'enfant, tandis qu'elle approchait sa tête de reptile des petites lèvres roses de l'enfant, afin d'aspirer son dernier souffle... Siomara l'a étranglé, ce nouveau-né, dont le dernier souffle était nécessaire à ses sortiléges !

— Je suis dans l'épouvante! a murmuré Sylvest. Est-ce que je rêve? est-ce que je veille !...

— Tu veilles, par Hercule! Oui, tu es bien éveillé... mais tu as peur... Comment, infâme poltron! tu as une sœur qui, par sa puissance magique, peut devenir tour à tour la belle Gauloise, orfraie, louve, couleuvre... qui peut enfin revêtir toutes les figures, et tu ne te réjouis pas... pour l'honneur de ta famille !...

Sylvest sentit sa raison un instant défaillir; il crut aux paroles de l'eunuque... Siomara, se métamorphosant en hideuse magicienne, ne pouvait-elle pas aussi se transformer en orfraie, en louve ou en couleuvre?

Le vieillard, barrant toujours le passage avec son gros corps, continua :

— Quoi, butor! tu ne me remercies pas, moi qui t'ai placé en ce bon endroit afin de t'initier aux secrets de la vie de Siomara... de sorte qu'en la voyant tout à l'heure tu puisses la serrer tendrement contre ton cœur de frère, et lui dire : « Tu es la digne fille de notre mère !... »

— O tout-puissant Hésus ! sois miséricordieux !... ôte-moi la vie, ou éteins tout à fait ma pensée; que je n'entende plus ce démon!... dit Sylvest tellement abattu, étourdi, qu'il ne se sentait ni la force ni le courage d'employer la violence pour fuir.

Alors Sylvest, dans sa terreur et sa rage, s'est précipité violemment sur l'eunuque, l'a renversé, foulé aux pieds, s'est ainsi ouvert un passage, a couru devant lui dans les ténèbres, se heurtant çà et là aux murailles, poursuivi par les rires affreux de l'eunuque.


## CHAPITRE VI


Sylvest, toujours fuyant la poursuite de l'eunuque, aperçut, à l'extrémité du couloir, une vive lumière, se précipita de ce côté, reconnut le vestibule, tira le verrou intérieur de la porte de la rue. Il se crut sauvé; mais, au moment où il mettait le pied dehors, il se trouva en face d'un homme d'une taille gigantesque, qui, d'une main de fer, le saisit à la gorge, le rejeta au loin dans le vestibule, puis verrouilla et ferma la porte en dedans, au moment où l'eunuque arrivait.

A la vue du géant, l'eunuque, reculant de deux pas, s'écria d'un air courroucé :

— Mont-Liban!... toi ici!...

— Mort et massacre!... s'écria le gladiateur d'un ton menaçant; la belle Gauloise ne se jouera pas plus longtemps de moi... Depuis la chute du jour, je suis embusqué dans une maison en face de celle-ci... J'ai vu venir ce misérable esclave, accompagné de son maître, le seigneur Diavole; ils se sont arrêtés à quelques pas de ce logis; le maître a parlé à l'esclave; celui-ci, tenant sous son bras une cassette, a frappé à cette porte; elle s'est ouverte et refermée sur lui... Cela se passait à la nuit

tombante... et voici bientôt l'aube... Ravage et furies !
me prend-on pour un oison, à la fin ?

— On te prend pour ce que tu vaux, pour ce que tu
es, boucher de chair humaine ! sac à vin ! désolation des
outres pleines ! s'écria l'eunuque de sa voix claire et
perçante. Hors d'ici, pilier de taverne ! effroi des cabaretiers ! hors de céans, taureau de combat !... Il n'y a personne à transpercer ici, et tes beuglements ne me font
pas peur !

— Veux-tu que je t'étouffe dans ta graisse, vieux cha-
pon bardé de lard ? Veux-tu que je te crève à coups de
bâton, molle et flasque panse ? s'écria le gladiateur en
levant sur le vieillard une grande canne d'ébène, ayant
pour pomme la tête arrondie d'un os humain. Sang
et entrailles ! si tu dis encore un mot, tu n'en diras
pas un second... Prends garde à toi, tonne de lard
rance !

Ainsi parlait Mont-Liban, ce gladiateur célèbre, que
les grandes dames romaines poursuivaient de leurs im-
pudiques désirs... Il paraissait jeune encore ; mais l'expression de ses traits rudes, grossiers, était insolente et
stupide... Un coup de sabre, commençant au front et
allant se perdre dans son épaisse barbe fauve, lui avait
crevé l'œil gauche. Des taches de vin et de graisse souil-
laient ses riches vêtements ; sa tunique, brodée d'argent,
mais en désordre et mal agrafée, laissait voir sa poitrine
d'Hercule, velue comme celle d'un ours. Ses chausses de
peau de daim et ses bottines militaires, bordées de galons
d'or, semblaient aussi sordides que le reste de son accou-
trement. Une large et longue épée pendait à son côté ;
sur sa tête il portait un chaperon de feutre, orné d'une
longue aigrette rouge, et tenait à la main sa grosse canne
d'ébène, ayant pour pomme la tête arrondie d'un os humain, souvenir d'un de ses combats, sans doute. Oui, tel

était ce Mont-Liban qui avait répondu par un dédaigneux
refus aux provocations de Faustine.

Au bruit croissant de la dispute du gladiateur et de
l'eunuque, une porte intérieure du vestibule s'ouvrit...
Sylvest vit paraître Siomara, non plus transfigurée en
hideuse sorcière, mais jeune, mais fière, mais belle ! oh !
mille fois plus belle encore que l'esclave ne l'avait vue
au commencement de cette nuit maudite... Mais ce n'était
pas elle... non, ce n'était pas elle qu'il avait vue... Il ne
pouvait le croire. Les épais cheveux blonds de Siomara
étaient retenus dans une résille à maille d'argent : elle
portait deux tuniques, l'une blanche et très-longue ;
l'autre, bleu céleste, courte et brodée d'or et de perles,
laissait son cou et ses bras nus... En revoyant sa sœur
d'une beauté si brillante, si pure, Sylvest crut plus
que jamais avoir fait un songe horrible pendant cette
nuit...

— Non, non, pensait-il, une courtisane monstrueuse-
ment débauchée, une sorcière maudite, n'auraient pas ce
front à la fois chaste et fier, ce doux et noble regard ;
non, l'infâme eunuque a menti ; les apparences mentent ;
mes yeux même, cette nuit, m'ont menti... Il y a là un
mystère impénétrable à ma raison... Mais la Siomara
que je vois là est bien ma sœur... Celle de cette nuit
m'était apparue sans doute par sortilège...

Ainsi pensait l'esclave caché dans l'ombre du vestibule
par l'épaisseur d'une colonne... Jusqu'alors inaperçu de
la courtisane, il attendait ce qui allait avenir entre elle,
l'eunuque et le gladiateur. Celui-ci avait paru perdre sa
grossière audace à la vue de Siomara, qui, le regard im-
périeux, menaçant, la tête haute, fit un pas vers le géant.

— Quel est ce bruit dans ma maison ? lui dit-elle durement. Mont-Liban se croit-il ici dans une de ces tavernes où il va s'enivrer chaque nuit ?...

— Cette brute sauvage ne sait que rugir, reprit l'eunuque. Et, par Jupiter ! je...

— Tais-toi..., dit Siomara au vieillard en l'interrompant.

Puis, s'adressant au gladiateur, elle ajouta d'un ton d'impératrice :

— A genoux !... et demande pardon de ton insolence...

— Siomara, écoute, balbutia Mont-Liban, dont le trouble et la confusion augmentaient ; je veux t'expliquer...

— A genoux d'abord... Repens-toi de ton insolence... tu parleras ensuite, si je le veux...

— Siomara ! reprit le gladiateur en joignant les mains d'un air suppliant, un mot... un seul...

— A genoux ! reprit-elle impatiemment, à genoux donc !...

L'Hercule, avec la docilité craintive de l'ours à la chaîne, qui obéit à son maître, s'agenouilla en disant :

— Me voilà donc à genoux... moi Mont-Liban..... moi qui vois à mes pieds les plus grandes dames d'Orange...

— Et c'est sur elles que je marche en marchant sur toi..., dit Siomara avec un geste de dédain superbe. Baisse la tête... plus bas... plus bas encore !...

Le géant obéit, se prosterna la face presque sur la dalle... Alors Siomara, appuyant le bout de sa petite sandale brodée sur la nuque de ce taureau, lui dit :

— Te repens-tu de ton insolence ?

— Je m'en repens...

— Maintenant, hors d'ici ! ajouta Siomara en le repoussant du pied, hors d'ici au plus vite, et n'y rentre jamais !

— Siomara... tu méprises mon amour ! reprit le gladiateur en se redressant sur ses genoux, où il resta un moment l'air implorant et désolé, et pourtant je ne donne pas un coup d'épée sans prononcer ton nom ; je n'égorge pas un vaincu sans t'en faire honneur ! Je me ris de toutes les femmes qui me poursuivent de leur amour... Et quand je me trouve trop malheureux de tes dédains, je vais m'enivrer dans les tavernes...

— Oui, ajouta l'eunuque, et il casse ensuite les pots sur la tête des cabaretiers.

— C'est ta faute, Siomara, reprit le géant d'une voix lamentable. Pour t'oublier, je m'enivre... Je me résignerais à tes mépris sans me plaindre, si chacun était rebuté comme moi... Mais enfin, ce vil esclave, — et le gladiateur désigna Sylvest en se relevant, — ce vil esclave est resté presque toute la nuit chez toi, Siomara... pour son compte ou pour celui de son maître... Aussi, je n'ai pu vaincre mon courroux...

La sœur de Sylvest, ayant suivi du regard le geste de Mont-Liban, remarqua pour la première fois l'esclave, jusqu'alors toujours caché dans l'ombre et par l'épaisseur d'une des colonnes du vestibule.

— Quel est cet homme? dit-elle en s'avançant rapidement vers Sylvest.

Puis, le prenant vivement par le bras, elle lui fit faire un pas, de sorte qu'il eut la figure entièrement éclairée par la lumière de la lampe.

— Qui es-tu? à qui appartiens-tu? ajouta-t-elle en le regardant fixement. Que fais-tu là?...

L'eunuque paraissait attendre avec crainte la réponse de Sylvest, tandis que lui ne trouvait pas une parole, s'efforçant d'oublier les mystères de cette nuit fatale; il sentait sa tendresse fraternelle lutter contre l'épouvante que lui avait inspirée Siomara... Mais celle-ci, après avoir un instant contemplé l'esclave en silence, tressaillit, l'attira encore plus près de la lampe, et alors, l'examinant avec un redoublement d'attention et de curiosité, ses deux

mains placées sur ses épaules... et ces mains, Sylvest les
sentit légèrement trembler... Siomara lui dit :

— De quel pays es-tu ?

Sylvest hésita un moment encore ; il fut sur le point de
répondre de manière à tromper sa sœur... Mais en voyant
si près de lui ce beau visage, qui lui rappelait tant celui
de sa mère... mais en sentant sur ses épaules ces mains
si souvent enlacées dans les siennes, au temps heureux de
son enfance, il ne vit plus que sa sœur, qui reprit avec
impatience :

— N'entends-tu donc pas la langue romaine?... Je te
demande de quel pays tu es?...

— Je suis Gaulois.

— De quelle province?... lui dit alors Siomara en langue gauloise.

— De Bretagne.

— De quelle tribu?

— De la tribu de Karnak.

— Depuis quand es-tu esclave?

— J'ai été vendu tout enfant après la bataille de Vannes.

— Avais-tu une sœur?

— Oui... elle était moins âgée que moi d'une année.

— Et elle a été vendue comme toi, tout enfant?

— Oui.

— Tu ne l'as jamais revue depuis ce temps-là?

— Non...

— Viens, suis-moi..., dit à l'esclave Siomara, pendant
que le gladiateur et l'eunuque semblaient, l'un soucieux,
l'autre courroucé de cet entretien en langue gauloise, que
sans doute ils ne comprenaient pas.

La courtisane fit un pas vers l'appartement intérieur,
paraissant avoir complétement oublié Mont-Liban ; mais,
se ravisant, elle se tourna vers lui... et lui adressant
cette fois le plus doux sourire :

— Tu as humilié ton front sous mon pied... toi, le vaillant des vaillants! lui dit-elle. Baise cette main...

Et elle la lui tendit.

— Continue de désespérer les grandes dames romaines, comme je désespère les nobles seigneurs... Mais ne te désespère pas... entends-tu, cœur de lion?...

Le gladiateur s'était jeté à genoux pour presser contre ses grosses lèvres la main de Siomara, la courtisane... Il fallait que cet homme féroce, brutal, débauché, fût profondément épris, malgré la grossièreté de sa nature ; car pendant qu'il baisait la main de Siomara avec une sorte de respect mêlé d'ardeur, une larme tomba de son œil attendri, puis, se relevant, pendant que Siomara faisait signe à son frère de la suivre, Mont-Liban s'écria d'un air exalté :

— Par toutes les gorges que j'ai coupées! par toutes celles que je couperai encore! Siomara... tu peux dire à l'univers que le sang, le cœur et l'épée de Mont-Liban sont à toi!...

La courtisane, laissant le gladiateur exclamer sa passion et l'eunuque dévorer sans doute la colère que lui causait le rapprochement du frère et de la sœur, quitta le vestibule, fit signe à Sylvest de la suivre, et le conduisit dans une chambre meublée avec magnificence, où tous deux restèrent seuls... Alors Siomara se jeta au cou de son frère, et lui dit avec une expression d'inexprimable tendresse, et le serrant passionnément contre sa poitrine :

— Sylvest... tu ne me reconnais pas, moi qui t'ai eu sitôt reconnu? Je suis ta sœur... vendue comme toi, il y a dix-huit ans, après la bataille de Vannes!...

— Je t'avais reconnue...

— Tu dis cela froidement, frère... tu détournes les yeux... ton visage est sombre... Est-ce ainsi que l'on accueille la compagne de son enfance... après une si longue séparation?... Ingrat... moi qui ne passais pas un jour sans penser à toi... Oh ! c'est à en pleurer!...

Et, en effet, ses yeux se remplirent de larmes.

— Écoute, Siomara... d'un mot tu peux me rendre le plus misérable des hommes ou le plus heureux des frères!...

— Oh! parle!...

— D'un mot tu peux appeler de mon cœur à mes lèvres tout ce que j'ai thésaurisé d'affection pour toi depuis tant d'années!...

— Parle... parle vite!...

— Un mot de toi enfin, et nous continuerons cet entretien, qu'hier j'aurais acheté au prix de mon sang ; sinon je quitte cette maison à l'instant pour ne jamais te revoir.

— Ne jamais me revoir!... Et pourquoi? que t'ai-je fait?

— Siomara, les dieux de nos pères m'en sont témoins... lorsque j'ai appris que la belle Gauloise... la célèbre courtisane, c'était toi... grandes ont été ma douleur et ma honte, ma sœur... Mais j'ai songé à la corruption forcée que presque toujours l'esclavage impose... lorsqu'il vous prend tout enfant... et surtout j'ai songé que ton maître, qui t'avait achetée à l'âge de neuf ans, se nommait Trimalcion... C'est donc une profonde pitié que j'ai ressentie pour toi... c'est ce sentiment qui m'a conduit ici dans ta maison... hier soir, à la tombée du jour...

— Tu es ici depuis hier au soir?... dit Siomara en regardant son frère avec stupeur. Cette nuit... tu l'as passée ici?...

— Oui...

— C'est impossible!...

— Je te l'ai dit, Siomara, d'un mot tu vas décider si je dois te chérir en te plaignant, ou m'éloigner de toi avec horreur !

— Moi... t'inspirer de l'horreur !... reprit-elle d'un air si ingénument surpris, d'un ton de si doux reproche, que Sylvest en fut saisi. Pourquoi, frère, aurais-tu horreur de moi ?

Et elle attacha tranquillement ses beaux grands yeux sur ceux de l'esclave... Il se sentit de plus en plus ébranlé; ses doutes renaissant pourtant, il reprit :

— Écoute encore : hier soir j'ai frappé à ta porte, l'eunuque m'a ouvert... je lui ai dit que j'étais ton frère...

— Tu lui as confié cela ?... s'écria-t-elle.

Puis elle sembla réfléchir.

— Il a paru inquiet et courroucé de ma révélation; puis il m'a dit : « Tu veux voir ta sœur, tu vas la voir, viens. » Et il m'a précédé dans un étroit couloir... Au bout d'un instant, il a éteint sa lampe, me disant d'avancer toujours... J'ai obéi, j'en rencontré un mur... En même temps un gouffre s'est ouvert à mes pieds... L'eunuque m'a dit alors de ne pas bouger de là au péril de ma vie, et de regarder la muraille...

— Comment! reprit-elle avec autant d'étonnement que de candeur, tandis qu'un léger sourire d'incrédulité effleurait ses lèvres, pour me voir, il t'a dit de regarder la muraille... Parles-tu sérieusement, bon et cher frère?...

— Je parle si sérieusement, Siomara, qu'en cet instant je ressens une terrible angoisse... car ce mot fatal que j'attends de toi, tu vas le prononcer... Écoute encore... J'ai donc suivi le conseil de l'eunuque, j'ai regardé la muraille, et alors...

— Et alors?...

— Par je ne sais quel prodige, ce mur est devenu transparent... et j'ai vu, dans une chambre voûtée, une femme... Elle avait ta ressemblance... cette femme... Était-ce toi, Siomara ? était-ce toi ou ton spectre?... était-ce toi... oui ou non?...

Et pendant que Sylvest tremblait de tous ses membres, attendant la réponse de sa sœur :

— Moi... dans une chambre voûtée ? répéta-t-elle comme si son frère lui eût dit quelque chose d'impossible, d'insensé. Moi... vue à travers la transparence d'une muraille !...

Puis, portant ses deux petites mains à son front, comme frappée d'un brusque souvenir, elle se prit à rire aux éclats ; mais d'un rire tellement naïf et franc que son visage enchanteur devint d'un rouge vif, et ses yeux se noyèrent de ces larmes que provoquent souvent l'excès du rire. L'esclave la regardait bien étonné, mais aussi bien heureux... oh! de plus en plus heureux de sentir ses soupçons se dissiper. Alors, elle, se rapprochant encore de son frère assis à ses côtés, appuya l'un de ses bras sur son épaule, et lui dit de sa voix douce :

— Te rappelles-tu, dans notre rustique maison de Karnac... à gauche de la bergerie, et donnant sur le pâtis des jeunes génisses... te rappelles-tu, au pied d'un grand chêne, une petite logette couverte d'ajoncs marins et...

— Certes... répondit Sylvest surpris de cette question, mais se laissant aller malgré lui à ces chères souvenances. Cette logette, je l'avais construite pour toi...

— Oui, et quand le soleil d'été brûlait, ou que les pluies de printemps tombaient, nous nous mettions, tu sais, à l'ombre ou à l'abri dans ce réduit...

— On y était si bien !... Au-dessus de soi, ce grand chêne ; devant soi, le beau pâturage des jeunes génisses... et plus loin, le joli ruisseau bordé de cette belle saulée, où l'on étendait les toiles nouvellement tissées...

— Frère, te rappelles-tu qu'une fois retirés là, nous aimions beaucoup à jouer à des *jeux parlés*, comme nous disions ?

— Oui, oui... je m'en souviens...

— Te rappelles-tu qu'un de ces jeux s'appelait celui *des conditions ?*

— Sans doute...

— Eh bien, frère, jouons-y encore... à cette heure comme autrefois.

— Que veux-tu dire?

Elle reprit avec une grâce charmante :

— Première condition : Le petit Sylvest, qui voit des Siomaras à travers les murailles, n'interrogera plus sa sœur sur ce sujet... car celle-ci, malgré le profond respect qu'elle a pour son aîné, ne pourrait s'empêcher de rire de lui... Seconde condition : Le petit Sylvest répondra aux questions que lui adressera sa sœur ; et, ces conditions remplies, il apprendra tout ce qu'il veut savoir même au sujet de la muraille transparente, ajouta Siomara en paraissant contenir à peine une nouvelle envie de rire. Et il n'aura plus qu'un embarras... celui d'exprimer assez vivement sa tendresse à cette pauvre sœur... qu'il menaçait pourtant, tout à l'heure, de ne revoir jamais, le méchant frère !...

Bien des années se sont passées depuis cet entretien jusqu'au jour où Sylvest écrit ceci ; mais il lui semble encore entendre la voix de Siomara , son accent plein de gaieté naïve, en rappelant à son frère ces souvenirs de leur enfance... Il lui semble voir encore cette adorable figure d'une expression à la fois si ingénue, si sincère... Il crut donc aux paroles de sa sœur... il se confirma dans cette pensée, qu'il s'agissait de mystères impénétrables à sa raison... Ces mystères, Siomara devait, selon sa promesse, les éclaircir, et prouver à son frère qu'elle ne déméritait en rien de sa tendresse... Il s'abandonna donc de nouveau à ce doux besoin de remémorance des seules années de bonheur qu'il eût jamais connues et partagées avec sa sœur, au sein de sa famille, alors heureuse et libre!... se rapprochant de Siomara, il prit ses deux mains entre les siennes, et tâchant de sourire comme elle au ressouvenir de leurs jeux enfantins, il lui dit :

— Sylvest accepte les conditions de la petite Siomara... Il ne fera plus de questions... Que sa sœur l'interroge, il répondra...

Siomara, serrant non moins tendrement entre ses mains les mains de son frère, lui dit d'une voix touchante et attristée, comme si elle eût attendu d'avance une sinistre réponse :

— Sylvest... et notre père...?

— Mort... mort par un affreux supplice...

De grosses larmes coulèrent des yeux de la courtisane, et après un sombre silence elle reprit :

— Et il y a longtemps que notre père a été ainsi supplicié?

— Trois ans après avoir été fait esclave comme nous, après la bataille de Vannes...

— Je me rappelle notre douleur lorsque nous avons été séparés l'un de l'autre, à la vue de mon père chargé de chaînes, faisant un effort surhumain pour accourir à notre secours... Mais toi, frère, qu'es-tu devenu? Tu n'as donc pas été séparé de lui?

— Non... Son maître m'a aussi acheté, pour peu de chose, je crois... Notre père s'étant montré de race indomptable... on a craint que le louveteau ne devînt loup.

— Et dans quelle contrée avez-vous été emmenés tous deux?

— Dans notre tribu... pour cultiver sous le fouet et à la chaîne... les champs de nos pères...

— Que dis-tu?

— César, après la bataille de Vannes, avait distribué

des terres à ses officiers invalides ; l'un d'eux a eu pour lot notre maison et une partie de nos guérets...

— Pauvre père !... pauvre frère !... quelle douleur pour vous, de revoir notre maison, nos campagnes, au pouvoir de l'étranger ! Mais du moins tu n'étais pas séparé de notre père ?

— Il habitait la nuit, comme les autres esclaves, un souterrain creusé pour eux [1], tandis que l'officier romain, ses femmes esclaves et nos gardiens demeuraient dans notre maison, où je logeais aussi, renfermé dans une sorte de cage...

— Dans une cage ?... Et pourquoi cette barbarie ?

— Le lendemain de notre arrivée chez nous, notre maître a dit à mon père en me montrant à lui :

« — Chaque journée où ton travail ne m'aura pas satisfait, on arrachera une dent à ton fils... Si tu essayes de te révolter, on lui arrachera un ongle ; si tu tentes de t'évader, à chaque tentative on lui coupera soit un pied, soit une main, soit le nez, les oreilles ou la langue... Si tu parviens à t'échapper, on lui arrachera les yeux ; puis il sera mis au four ou enduit de miel, et ainsi exposé aux guêpes, ou bien encore brûlé à petit feu dans une robe enduite de poix. Libre à toi, maintenant, de faire que ton fils compte ses jours par les tortures. »

Siomara frémit et cacha son visage entre ses mains.

« — Tu n'auras pas d'esclave plus docile, plus laborieux que moi, a répondu mon père à notre maître ; seulement, promets-moi que si tu es satisfait de ma conduite et de mon travail, je verrai quelquefois mon fils. — Conduis-toi bien, j'aviserai, » a répondu le Romain. Notre père tint sa promesse, ne pensant qu'à m'épargner des

---

1. L'*ergastule*, ou prison des esclaves, était toujours souterraine.

tortures... Il s'est montré le plus laborieux, le plus docile des esclaves...

— Lui... le plus docile des esclaves! dit Siomara les yeux humides de larmes; lui, notre père... lui si fier de l'indépendance de notre race... lui, Guilhern, fils de Joel!... Ah! jamais père n'a donné à son enfant plus grande preuve de tendresse.

— Une mère... un père ont seuls un pareil courage... Cependant, malgré sa soumission, notre maître fut long-temps sans lui permettre de se rapprocher de moi; de temps à autre je l'apercevais de loin, le soir ou le matin, lorsqu'il rentrait à l'ergastule ou qu'il en sortait; car à ces heures, notre maître, pour me faire prendre un peu d'exercice, me sortait de ma cage, après m'avoir accou-plé avec un grand chien très-méchant, qui ne le quittait jamais.

— Toi, frère... ainsi traité?...

— Oui, j'avais au cou un petit collier de fer; et une chaînette assez longue, s'ajustant au collier du chien, m'accouplait avec lui; enfin notre père puisa un tel cou-rage dans l'espoir qu'on lui donnait de le laisser un jour se rapprocher de moi, qu'il accomplit parfois des travaux presque au-dessus des forces humaines. Ainsi, la première fois qu'il lui fut permis de me parler de-puis notre commun esclavage, il dut cette faveur à l'a-l'achèvement d'un labour de sept mesures de terre, à la houe, commencé au lever du soleil et terminé à son dé-clin... tandis qu'en pleine force et santé, libre, heureux, il n'eût peut-être pas mené à fin une pareille tâche en deux jours, en travaillant rudement. Ce soir-là notre père, brûlé par le soleil, inondé de sueur, encore haletant de fatigue, fut amené par un gardien auprès de ma cage. Pour plus de sûreté, en outre de la chaîne qu'il portait aux jambes, on lui avait mis les menottes. Le gardien ne

nous quittait pas des yeux... Oh ! ma sœur... je fondis
en larmes à l'aspect de notre père ; jusqu'alors je l'avais
seulement aperçu de loin ; mais de près... sa tête rasée,
son visage amaigri, creusé, les haillons dont il était couvert... il était méconnaissable.

— Lui si beau ! si fier ! si joyeux ! t'en souviens-tu,
Sylvest ? lorsque les jours de fêtes... et d'exercices militaires, monté sur son vaillant étalon gris de fer, à housse
et à bride rouges, il courait à toutes brides dans nos
prairies, tandis que notre oncle Mikaël, l'armurier,
le suivait à pied, comme suspendu à la crinière du
cheval ?

— Et pourtant, ma sœur, la première fois où il lui fut
permis de s'approcher de moi, de me parler, la figure de
mon père devint aussi rayonnante que lors de nos plus
heureux jours d'autrefois. A peine fut-il à portée de ma
cage, qu'il me dit d'une voix entrecoupée par des larmes
de bonheur :

« Ta joue... mon pauvre enfant, ta joue. »

— Alors j'appuyai ma joue sur le grillage, et il tâcha
de la baiser à travers les barreaux ; puis, malgré notre
contentement de nous revoir, nous avons beaucoup pleuré.
Il a le premier séché ses larmes pour me consoler, pour
m'encourager, pour me rappeler les mâles exemples de
notre famille, les préceptes de nos dieux. Nous avons aussi
longtemps parlé de toi, ma sœur. Enfin, après bien des
tendresses échangées, le gardien l'a reconduit au souterrain. Rares étaient ces entrevues; mais, chaque fois, elles
donnaient à notre père un nouveau courage.

— Et toi, pauvre frère, toujours prisonnier ?

— Toujours... C'était pour notre maître la seule garantie de la docilité de mon père... Trois ans se sont
ainsi passés. Le Romain, ayant eu à correspondre dans
notre langue pour des ventes de blés avec les Gaulois

d'Angleterre, chargea mon père de ce soin... Ce fut ainsi qu'il put, obéissant aux dernières volontés de notre aïeul Joel, écrire à la dérobée, çà et là, pour moi quelques récits de sa vie... Il avait caché dans le creux d'un tronc d'arbre, dont je savais la place, les récits de Joel et d'Albinik, ainsi que la petite faucille d'or venant de notre tante Hêna, et une des clochettes d'airain que portaient nos taureaux de guerre à la bataille de Vannes; il déposait aussi dans sa cachette ce qu'il pouvait écrire. Ces pieuses reliques de notre famille, je les ai là, ma sœur; je les apportais pour te prouver au besoin que j'étais ton frère... Hélas ! les dernières lignes écrites par notre père n'ont précédé sa mort que de peu de jours...

— Et cette mort... si horrible... sais-tu quelle en a été la cause ?

— Mon père, rendant de nombreux services à notre maître, finit par jouir d'un peu plus de liberté que les autres esclaves; il en profita pour nous préparer à tout deux les moyens de fuir. Lors de notre dernière entrevue, il me dit : « Si la nuit l'incendie envahit l'endroit où tu loges, ne crains rien, ne cherche pas à fuir... attends-moi. » Tu te rappelles, ma sœur, le bâtiment où l'on mettait sécher le chanvre?

— Oui, le *toit au chanvre;* il communiquait à l'étable des taureaux... Ah! Sylvest, que de fois nous et notre famille nous avons passé là joyeusement les longues veillées d'hiver à mettre le chanvre en écheveaux ! Quelle joyeuseté présidait à ces travaux... Et notre pauvre père donnait le premier le signal de la gaieté.

— Oui... il avait alors, comme Joel, notre aïeul, la gaieté des bons et vaillants cœurs... J'étais donc renfermé d'habitude dans le toit au chanvre ; ma cage, construite d'épaisses planches de chêne, avait un côté à jour, garni de barreaux de fer; j'entrais là-dedans par une porte dont le Romain fermait chaque fois les verrous extérieurs... Une nuit, je suis éveillé par une épaisse fumée, puis j'aperçois une vive lueur sous la porte qui communiquait aux étables; soudain elle s'ouvre, et à travers un nuage de feu et de fumée, mon père entre, une hache à la main, et délivré de ses chaînes. Comment? Je ne l'ai jamais su... Il accourt, tire les verrous de ma cage, me dit de le suivre, s'élance au fond du toit au chanvre, déjà envahi par l'incendie; à coups de hache il perce une trouée à travers les claies enduites de terre servant de murailles, me fait passer par cette ouverture et me suit...

— Et vous vous trouvez dans l'étroit chemin de ronde environné d'une palissade, et où, pendant la nuit, on lâchait les dogues de guerre?

— Oui... mais cette palissade, trop élevée pour être franchie, mon père l'attaque avec sa hache. La lueur de l'incendie nous éclairait comme en plein jour; enfin la palissade cède; derrière elle se trouvait, tu le sais, un profond et large fossé...

— Et comment le franchir?... Impossible !

— Il y avait, du bord au fond de ce fossé, deux fois la hauteur de mon père... Il y saute, me tend les bras, me dit de l'imiter : je me trouble ; je prends trop d'élan... Mon père peut à peine amortir ma chute; et en tombant au fond du fossé, je me démets le pied... La douleur m'arrache un cri perçant... Mon père l'étouffe en me mettant la main sur la bouche, et je perds connaissance... Revenu à moi, longtemps après sans doute, voici ce que j'ai vu... Tu te souviens que, non loin de la source du lavoir, il y avait deux vieux saules, dont l'un était creux?...

— Oui... et nous tendions, de l'un à l'autre, une corde pour nous balancer...

— Dans le creux de l'un d'eux étaient cachées nos reliques de famille... et ces arbres, autrefois témoins de nos jeux enfantins, devaient voir mon supplice et celui de notre père... Après m'être évanoui au fond du fossé, j'ai été rappelé à moi par une douleur extraordinaire : c'était comme le fourmillement d'une infinité de petites morsures aiguës que je sentais par tout mon corps... J'ai ouvert les yeux ; mais un soleil brûlant, dardant en plein sur ma tête rasée, m'a d'abord obligé de baisser mes paupières... Je me suis senti nu, debout et garrotté à l'un des deux saules... J'ai de nouveau ouvert les yeux ; et en face de moi, nu et garrotté, à l'autre arbre, j'ai aperçu mon père... Son corps, sa figure, d'abord enduits de miel, ainsi que j'en avais été enduit moi-même, disparaissaient presque entièrement sous une nuée de grosses fourmis rouges, dont les nids étaient placés dans les racines des deux saules... Je me suis alors expliqué ces milliers de petites morsures qui me rongeaient... Ces fourmis ne m'avaient pas encore envahi le visage, mais je les sentais déjà monter autour de mon cou... Mon premier cri fut d'appeler mon père ; seulement alors je me suis aperçu que, tour à tour, il riait d'un rire affreux, prononçait des paroles sans suite ou poussait des cris de douleur horrible ; les fourmis commençaient sans doute à lui pénétrer dans la tête par les oreilles, et à lui dévorer les yeux ; car ses paupières fermées disparaissaient sous les insectes. Cette souffrance atroce, et surtout le soleil ardent, frappant depuis longtemps sur sa tête nue et rasée, l'avait rendu fou... Je lui criais : « Mon père, au secours !... » Il ne m'entendait plus... Mes cris ont attiré un autre colon romain, voisin de notre maître, et que l'on disait humain envers ses esclaves... Se promenant, par hasard, de ce côté, il est accouru à moi... Ému de pitié, il a coupé mes liens, m'a traîné jusqu'à la source du la-

voir, et m'a plongé dans ses eaux, afin de me délivrer des
fourmis... Mes premières souffrances apaisées, je suppliai
ce Romain d'aller au secours de mon père... A ce moment est arrivé un de nos gardiens ; et bientôt après lui
notre maître... Il a consenti, par cupidité, à me vendre à
l'autre colon; mais il a déclaré, dans sa fureur, que mon
père, ayant incendié, la nuit précédente, une partie des
bâtiments de la métairie, afin de profiter du tumulte pour
s'échapper avec moi, subirait son supplice jusqu'à la
fin... et il l'a subi... Entraîné loin de là par mon nouveau
maître, j'ai été ensuite longtemps malade et traité avec
humanité; car quelques Romains ne sont pas les bourreaux de leurs esclaves... La première fois que j'ai pu
sortir seul, je me suis rendu près des deux saules... j'y ai
trouvé les os blanchis de notre père..

— Mourir ainsi ! ô dieux ! s'est écriée Siomara en es-
suyant ses larmes ; mourir esclave, et d'une mort
affreuse... dans ces mêmes lieux où soi-même et les siens
l'on a si longtemps vécu heureux et libres!

— Comme toi, Siomara, j'ai eu le cœur déchiré à cette
pensée ; quoique jeune encore, j'ai fait un serment de
vengeance sur ces restes sacrés de notre père... Puis j'ai
pris dans le creux du saule, où ils étaient cachés, nos
récits de famille... Je suis resté quelques années chez
mon nouveau maître comme esclave domestique... A cette
époque j'ai appris à parler la langue romaine. Malheureusement mon maître est mort : mis à l'encan, ainsi que
ses autres esclaves, un procurateur romain, en tournée
dans notre pays, m'a acheté ; il était violent et cruel, ma
vie a recommencé plus misérable que jamais; puis il s'est
défait de moi ; d'esclavage en esclavage, j'ai été revendu
au seigneur Diavole, l'un des plus méchants maîtres que
j'aie servis et que je sers... Un dernier mot, ma sœur :
il y a bientôt deux ans, ayant accompagné Diavole

dans une villa voisine de celle d'une grande dame romaine, dont l'intendant fait travailler beaucoup d'esclaves
de fabriques, j'ai rencontré là une jeune Gauloise de
Paris, vendue après le siége de cette ville ; nous nous
sommes aimés, et, une nuit, devant l'astre sacré des
Gaules, nous nous sommes donné notre foi... seul mariage permis aux esclaves malgré leurs misères... Les
dieux ont béni notre amour ; car Loyse, ma femme, a
l'espoir d'être mère... Enfin, hier, apprenant, par hasard,
que la belle Gauloise arrivée récemment à Orange, c'était
toi, ma sœur, j'ai feint de flatter la corruption de mon
maître pour trouver le moyen de m'introduire chez toi...
Durant la nuit que je viens d'y passer, j'ai été témoin de
mystères effrayants... Ils ont un moment ébranlé ma raison... Oui... un moment j'ai été le jouet de visions et de
sortiléges... Ton spectre m'est apparu pour me glacer
d'horreur... Ma folle épouvante t'a fait sourire et tu m'as
dit : « Frère, réponds d'abord à mes questions ; puis ce
qui te semble inexplicable te paraîtra naturel, et tu re-
connaîtras que jamais ta sœur Siomara n'a démérité de ta
tendresse... » Ma sœur, au nom de nos souvenirs d'enfance dont tu as été si attendrie... au nom de notre père,
que tu viens de pleurer, accomplis ta promesse... Crois
enfin que j'ai pardon et pitié pour la honte où tu vis et
où tu es tombée malgré toi... Hélas ! que pouvais-tu devenir, achetée tout enfant par Trimalcion... ce monstre
de débauche et de cruauté ?...

— Lui ? reprit Siomara avec son doux sourire ; non
vraiment, ce Trimalcion n'était pas un monstre...

— Que dis-tu ?... Cet horrible vieillard...

— Oh ! laid jusqu'à l'horrible, c'est vrai... il m'a même
inspiré, d'abord, un grand effroi... Cela a duré quelques
jours... Et puis, ajouta-t-elle ingénument, mes sentiments
pour lui sont devenus tout différents...

— Qu'entends-je ?... Toi ! ma sœur... toi ! parler
ainsi !...

— Voudrais-tu me voir ingrate ?

— Dieux justes !... que dit-elle ?...

— Toi, pauvre frère, reprit Siomara en redoublant de
tendresse caressante, toi... soumis tout enfant à un dur
esclavage, ayant toujours sous les yeux le spectacle des
misères, des maux de notre père, tu devais voir la servitude avec haine, avec horreur ; rien de plus naturel... et
puis tu comparais à ta vie présente les paisibles jours de
notre enfance dans notre humble maison... Mais moi,
Sylvest, quelle différence !...

— Quoi ! c'est ainsi que tu parles de l'esclavage ?

— Esclave... moi ?

Et elle se prit à rire d'un rire si sincère, qu'il effraya
Sylvest.

— Dis donc, au contraire, qu'au bout de huit jours,
moi, enfant de neuf ans, j'avais pour premier esclave le
vieux seigneur Trimalcion ; tous ses esclaves, à lui, étaient
aussi les miens, car je ne sais quel philtre avait rendu ce
vieillard, si redouté. de tous, un véritable agneau pour
moi. Et puis, tu ne peux t'imaginer les merveilles de sa
galère, qui m'a conduite de Vannes en Italie... La galère
de la reine Cléopâtre n'était rien auprès de cela... Figure-
toi que ma chambre, la plus belle de toutes, car Trimalcion l'habitait avant de me la donner, avait pour lambris
des plaques d'ivoire incrustées d'or ; de charmantes peintures, qui d'abord me surprirent beaucoup, couvraient le
plafond... Le tapis, composé des dépouilles des petits oiseaux les plus rares par la variété et l'éclat de leur plu-
mage, semblait aussi brillamment nuancé que l'arc-en-
ciel. Mon lit et tous les meubles de ma chambre, ciselés
par des Grecs, étaient de l'or le plus pur ; le duvet des
jeunes cygnes gonflait mes matelas, recouverts de soie ty-

rienne; et telles étaient la blancheur et la finesse de mes
draps de lin, qu'auprès d'eux la toile d'araignée eût semblé grossière et la neige grise. Dix femmes esclaves, destinées à me servir, travaillant jour et nuit, m'avaient
taillé, dans des étoffes d'Orient d'un prix inestimable, les
plus riches, les plus charmants habits... et, chaque jour,
offraient une parure nouvelle à mes yeux enchantés. Des
colliers, des bracelets, des bijoux de toutes sortes, étincelants de pierreries, remplissaient mes coffrets; des mets
exquis, des vins précieux couvraient ma table, et le vieux
seigneur Trimalcion se divertissait à me servir d'échanson.
Voulais-je jouer, on m'apportait des chiens de Perse gros
comme le poing, des singes vêtus d'habits grotesques, de
petites filles moresques de mon âge, pour me servir de
poupées, ou, dans leur cage d'argent à grillage d'or, des
perroquets rouges et bleus sachant déjà dire *Siomara*...
Ces amusements m'ennuyaient-ils, le vieux seigneur me
donnait des boîtes d'onyx, remplies de perles et de pierres précieuses, que j'aimais beaucoup à jeter dans la mer;
ces seuls jeux ont peut-être coûté dix mille sous d'or à
Trimalcion... A notre arrivée en Italie, les magnificences
qui m'attendaient m'ont fait presque prendre en pitié mes
naïfs éblouissements de la galère.

Sylvest n'eut pas le courage d'interrompre sa sœur.
Jamais jusqu'alors il n'avait songé à ce côté monstrueux
de l'esclavage, à ces séductions infâmes, plus effroyables
encore (pour une âme fière et juste) que les plus rudes labeurs et les supplices, car ceux-ci ne brisent et ne tuent
que le corps...

— Quoi! dit-il à Siomara, les yeux pleins de larmes de
pitié; quoi! malheureuse enfant, à cet âge si tendre, pas un
regret pour ton père... pour ta mère... pour les tiens? Pas
un regret pour l'innocente vie de tes premières années?

— Oh! si... J'ai d'abord pleuré, toi, ma mère, mon

13

père; mais à force de pleurer, les larmes se tarissent...
et puis l'enfance est si mobile! Et puis enfin, frère, je ne
pouvais sincèrement regretter longtemps mes grosses
robes de laine brune, mes épais souliers de cuir, mes
coiffes de toile, nos jeux aux cailloux sur la grève,
lorsque, régnant en souveraine sur la galère du vieux
seigneur Trimalcion, je me voyais vêtue comme la fille
d'une impératrice, et m'amusais à jeter perles et rubis dans
la mer...

— Dieux miséricordieux ! s'écria Sylvest, soyez bénis
de m'avoir fait l'esclavage si cruel ! de m'avoir mis au cou
un carcan de fer, au lieu d'un collier d'or ! J'aurais sans
doute, comme cette infortunée, porté joyeusement ce
collier d'infamie. Ainsi l'opulence, la mollesse, les plaisirs,
te tenaient lieu de tout ! Famille, pudeur, pays, liberté,
dieux ! il n'existait plus rien pour toi!...

— Que veux-tu, Sylvest? reprit Siomara en étendant à
demi ses bras, comme si un inexprimable souvenir d'ennui et de satiété eût à ce moment encore pesé sur son
âme ; que veux-tu? A quatorze ans à peine, j'étais depuis
longtemps la reine de ces gigantesques bacchanales que
le vieux Trimalcion donnait, de mois en mois, pour me
divertir, dans son immense villa souterraine de l'île de
Caprée, où, par un goût bizarre de ce noble seigneur, dix
mille flambeaux de cire parfumée remplaçaient la lumière
du jour. On eût acheté des provinces avec l'or que coûtait
chacune de ces saturnales. Ah! Sylvest, on parle à
Orange des orgies de Faustine... ce sont des jeux d'inno-
centes vestales auprès des orgies nocturnes et souterraines
de ce vieux seigneur, qui a prolongé ses jours jusqu'à
quatre-vingt-dix-huit ans en prenant chaque matin un
bain magique... Ce vieillard est mort à temps pour lui et
pour les autres... Il était à bout d'inventions pour combattre le dégoût, la satiété, qui, de jour en jour, me mi-

naient... Heureusement (et je peux te dire ceci, maintenant
que ton récit, ta tendresse pour moi, me prouvent que j'ai
retrouvé un frère dont je ne veux plus me séparer), heureusement, de cet ennui, de cette satiété, de ce dégoût de
toutes choses, j'ai, depuis deux ans, trouvé la guérison...
Oh ! frère, ajouta Siorama avec une exclamation dont tout
son visage sembla rayonner, si tu savais quel âpre et terrible volupté l'on trouve dans certains mystères !... Si tu
savais!... Mais qu'as-tu? Ta figure pâlit et peint l'épouvante.. Sylvest, qu'as-tu? réponds-moi !...

Siomara disait vrai; son frère pâlissait ; ses traits ex-
primaient l'horreur, l'épouvante... car, en lui faisant ces
abominables révélations, la figure de sa sœur était restée
indifférente, presque souriante... Sa voix calme et douce
venait seulement de s'animer en parlant de ces âpres et
terribles voluptés que trouvait Siomara dans certains mystères. Ces paroles réveillant ses doutes plus poignants que
jamais en lui rappelant la vision de la nuit, Sylvest frémit
de tout son corps et s'éloigna brusquement de sa sœur,
dont le bras s'était jusqu'alors appuyé sur son épaule;
puis, levant au ciel ses mains jointes, il s'écria comme s'il
ne pouvait croire à ce qu'il voyait, à ce qu'il entendait :

— O dieux tout-puissants! cette malheureuse s'atten-
drissait pourtant il y a un instant aux souvenirs de notre
enfance! elle pleurait au récit des tortures de mon père et
des miennes! Dieux secourables! est-ce encore une vision ?
est-ce encore un fantôme qui prend la ressemblance de
ma sœur ?...

Siomara, regardant à son tour Sylvest avec surprise, fit
un mouvement pour se rapprocher de lui ; mais il l'arrêta
d'un geste plein d'effroi.

Alors, elle, attachant sur lui ses grands yeux étonnés,
lui dit de sa voix toujours douce et tendre :

— Pauvre frère! qu'as-tu donc ? D'où vient ton inquiétude? Tu m'as vue, dis-tu, m'attendrir et pleurer aux souvenirs de notre enfance... au récit des misères, des tortures de notre père et des tiennes...

— Oui... et en voyant couler tes larmes, mes derniers soupçons s'étaient évanouis.

— Quels soupçons ?

— Ne t'avais-je pas raconté mon horrible vision de cette nuit ?...

Siomara resta un moment silencieuse, pensive; puis, s'adressant à l'esclave, sans rougeur, sans effroi, elle lui dit à demi-voix, et de même qu'on fait une confidence amicale :

— Frère, je puis maintenant te l'avouer, ce n'était pas une vision; c'est moi que tu as vue cette nuit...

A cette révélation, Sylvest s'est élancé vers la porte, et s'est seulement aperçu alors qu'elle était fermée. Il ne put parvenir à l'ouvrir, quoiqu'il redoublât d'efforts en entendant Siomara répéter encore :

— Non, ce n'était pas une vision... La Siomara de cette nuit... la Siomara la magicienne... c'était moi, ta sœur !

Et elle ajouta d'un ton de doux reproche :

— Ne sois donc pas ainsi un cœur faible...

— Dieux secourables! s'écria-t-il avec joie, frappé d'une idée subite, vous l'avez rendue insensée... Oh! ce n'est plus de l'horreur que tu m'inspires, infortunée! ajouta-t-il, ne pouvant contenir ses sanglots et se rapprochant de sa sœur; c'est de la pitié que je ressens... Oh! mon cœur se brise de douleur en te voyant si jeune, si belle, et ta raison perdue... Oui, mon cœur se brise, mais il ne se soulève plus à la vue d'un monstre; car tu n'es qu'une pauvre folle...

— Folle!... moi! parce que mes larmes ont coulé à tes récits? Est-ce cela qui te surprend? Cela m'a surprise moi-même, je l'avoue... Mais ces larmes étaient sincères;

dans quel but les aurais-je feintes? A quoi bon, puisque
je devais te faire cette révélation et te dire : «-La magicienne de cette nuit, c'était moi?... »

— Oui, c'était toi, pauvre créature, répondit Sylvest
avec cette complaisance que l'on emploie à l'égard des insensés afin de ne point les irriter; oui, c'était toi... oui...

— Frère... tu parles de faiblesse d'esprit? C'est le tien
qui est faible ; tu veux nier ce que tu ne comprends pas...
Cette nuit, par la trahison de l'eunuque, tu m'as vue
jeune et belle; je me suis transformée à tes yeux en une
hideuse vieille... Comprends-tu cela davantage que mes
larmes de tout à l'heure ? Et pourtant cette transfigura-
tion était vraie comme les pleurs que j'ai versés devant
toi et qui te semblent inexplicables.

Au souvenir de ce sortilége, dont il avait été témoin,
l'esprit de Sylvest se troubla de nouveau. Folle ou non,
sa sœur était sorcière, un de ces monstres, l'horreur de la
nature, des hommes et des dieux. Il voulut tenter une
dernière et redoutable épreuve. Se contraignant, il
reprit :

— Pauvre insensée! si tu és véritablement magicienne,
dis, qu'as-tu fait la nuit précédente ? Où as-tu été ?

— Chez Faustine... dans le temple sur le canal.

— Comment étais-tu vêtue ?

— Ainsi que je l'étais cette nuit à l'heure où je suis
sortie pour mes enchantements.

— Non, non! s'est écrié Sylvest éperdu, voyant sa
dernière espérance lui échapper ; non, ce n'était pas toi,
car la magicienne a prédit à Faustine que Siomara serait
sa victime. Aurais-tu fait cette prédiction contre toi-
même ?

— Qui t'a instruit de cela ?

— Oh ! prédiction horrible !... déchiffrée par toi ou
par ton spectre à travers les traces blanches que laissaient

sur le tapis rouge les doigts crispés de l'esclave empoi-
sonnée...

— Encore une fois, qui t'a dit... ?

— Dieux secourables ! ayez pitié de moi !

— Puisque tu sais tout, frère, apprends donc que,
pour tromper Faustine, que je hais, oh ! que je hais depuis longtemps... car cette haine remonte à trois ans...
nous étions alors toutes deux à Naples... j'ai voulu, la
nuit dernière, donner à Faustine un vain espoir, dont la
perte lui portera un coup affreux. Alors, par sortilége,
j'ai pris les traits de la magicienne de Thessalie, qu'elle
avait demandée ; et ces traits, je les ai de nouveau pris
cette nuit devant toi, en sortant pour accomplir d'autres
charmes magiques...

— Tu l'avoues ! c'était toi qui as fait périr cette enfant
de seize ans par une mort affreuse, afin de tromper
Faustine ?...

— Oui, reprit Siomara d'un air inspiré, oui, cette
esclave est morte pour mes sortiléges... car ce que m'a
révélé son agonie, Faustine, abusée par mes trompeuses
paroles, l'ignore... et moi, dans ces traces laissées par
une main agonisante, j'ai lu des choses mystérieuses qui
m'ouvrent l'avenir... Oui, cette esclave est morte comme
d'autres sont mortes et mourront encore !... L'agonie
nous livre des secrets certains et redoutables. Le trépas
renferme des trésors pour qui les sait découvrir. Aussi
je cherche... je cherche, je cherche, ajouta-t-elle d'un air
de plus en plus pensif et inspiré, je cherche, j'interroge
tout, car tout possède une puissance magique ! La fleur
croissant dans les fentes du tombeau, le sang figé dans
les veines d'une jeune vierge, la direction que l'air im-
prime à la flamme d'un flambeau funèbre, le bouillonne-
ment des métaux en fusion, le rire de l'enfant qui joue
avec le couteau dont il va être frappé, le rire sardonique

du supplicié sur la croix, j'interroge tout... je cherche,
je cherche... j'ai trouvé... je trouverai plus encore !

— Que cherches-tu ? s'écria Sylvest éperdu ; que trou-
veras-tu ?

— L'inconnu ! le pouvoir magique de vivre à la fois
dans le passé... dans l'avenir... et de soumettre le présent à nos volontés... le pouvoir de franchir l'air comme
l'oiseau... l'onde comme le poisson ; de changer les feuilles
sèches en pierreries... le sable en or pur ; le pouvoir de
prolonger éternellement ma beauté, ma jeunesse, le pouvoir de revêtir toutes les formes... Oh ! devenir à mon
gré fleur des bois pour sentir mon calice inondé de la
rosée des nuits, devenir lionne au désert pour attirer les
grands lions par mes rugissements... couleuvre argentée,
pour m'enlacer aux noirs serpents et nous abriter sous
les grandes feuilles du lotus à fleurs bleues qui borde les
eaux dormantes... tourterelle au cou d'iris et au bec
rose, pour nicher dans la mousse avec les oiseaux chéris
de Vénus !... Oh ! égaler les dieux par la toute-puissance...
pouvoir dire : *Je veux ! et cela est !*... Aussi je cherche...
je cherche... je trouverai !... Rien ne me coûtera... rien...
Oh ! frère, je te l'ai dit... si tu savais les angoisses, les
terreurs de ces recherches... par l'emploi des sortiléges...
Tiens... cette nuit... depuis le moment où, transfigurée
en magicienne de Thessalie, je suis parvenue, par mille
enchantements, à tromper et à endormir les gardiens du
tombeau de Lydia... jusqu'à l'heure où, enfin seule, dans
le silence et la nuit de ce sépulcre... j'ai pu m'emparer
du corps de la jeune vierge pour accomplir mes charmes
magiques... j'ai éprouvé, vois-tu, frère... de ces épou-
vantes... de ces frémissements... de ces extases... dont
aucune langue humaine ne sait... ne saura jamais le
nom !...

— Courroux du ciel !... s'écria Sylvest. Horreur à toi,

Siomara !... mais exécration à l'esclavage qui t'a faite ce que tu es ! Toi, l'innocente enfant de ma mère !... un démon t'a emportée toute petite, t'a égarée, dépravée, perdue... et de débauche en débauche... tu en es venue à chercher l'inconnu, l'impossible, dans le meurtre... la profanation des tombeaux... et les effroyables mystères d'une magie sacrilége !... Oh !· par mon père mort dans les tortures !... par ma sœur, devenue l'épouvante de la nature et des dieux !... exécration à l'esclavage ! haine implacable !... vengeance féroce contre ceux qui font des esclaves !...

— Oui... haine ! exécration ! vengeance ! frère... Elles tuent ! elles tuent... et les morts servent aux sortiléges ! Écoute... il est de puisssants enchantements, infaillibles, disent les Égyptiennes, s'ils sont évoqués par le fils et la fille d'un même sang, ayant tous deux sacrifié aux secrètes cérémonies de la déesse Isis... Sois ce frère... je te ferai affilier, et saurai bien te racheter à ton aître...

Sylvest allait repousser cette offre avec indignation, lorsque l'entretien fut interrompu par la voix de l'eunuque. Il criait en frappant à la porte :

— Ouvrez, Siomara... ouvrez... le soleil est levé... Un magistrat vient d'entrer au logis avec des soldats pour chercher un esclave caché ici, et qui a fui la maison du seigneur Diavole en s'emparant d'une cassette pleine d'or... Ouvrez, ouvrez...

— Je m'informerai de la demeure de ton maître, dit Siomara à Sylvest. Je ne veux plus me séparer de toi, bon et tendre frère ! Je te rachèterai à quelque prix que ce soit... Et d'ailleurs Diavole est épris de la belle Gauloise... que pourra-t-il lui refuser ?...

Jamais Sylvest n'avait songé à une pareille honte... être racheté par l'infamie de sa sœur ! Aussi, pour échapper à ce dernier coup, il dit à Siomara, tandis que l'eunuque heurtait toujours à la porte :

— Élevé dans la foi de nos pères, la magie me semble redoutable. Cependant je te servirais peut-être dans tes sortiléges si tu me promettais, par ton art magique, de me donner le moyen de tirer de mon maître et de ses pareils une vengeance terrible !...

— Frère... ne nous quittons plus... et, grâce à mes sortiléges, parmi les plus atroces vengeances, tu n'auras que le choix...

— Afin de satisfaire ma haine... il me faut rester quelques jours encore au service de Diavole... J'ai mes projets... Jure-moi, par notre affection , de ne tenter aucune démarche auprès de mon maître pour racheter ma liberté, avant que je t'aie revue... et bientôt j'en trouverai facilement le moyen... Me promets-tu cela ?...

— Je te le jure ! répondit Siomara radieuse.

Et elle enlaça son frère d'une dernière et tendre étreinte, sans qu'il osât s'en défendre, de peur d'éveiller les soupçons de la magicienne. Celle-ci, s'approchant alors de la porte, toucha sans doute un ressort caché, car elle s'ouvrit aussitôt, et avant que Sylvest eût eu le temps de se retourner, Siomara avait disparu , ou par une invisible issue, ou par un nouvel enchantement.

— Voici ce misérable esclave ! s'écria l'eunuque entrant avec le magistrat , et paraissant triompher d'une joie cruelle en expulsant Sylvest de la maison.

Il le désigna au magistrat et ajouta :

— La belle Gauloise, ignorant que ce pendard eût volé une cassette, car personne ici n'a vu de cassette, avait été assez faible pour croire aux lamentations de ce coquin, se disant son compatriote, afin de gueuser quelque aumône... Allons, hors d'ici, gibier de potence ! Heureusement le seigneur Diavole va régler tes comptes...

Sylvest quitta la maison de Siomara, emmené par le magistrat et par les soldats. Au dehors, il trouva son maître; celui-ci l'attendait; il pria le magistrat de faire à l'instant lier les mains de l'esclave, que deux soldats escorteraient jusqu'à la maison, de peur qu'il n'essayât de fuir...

Le secret désir de Sylvest commençait de s'accomplir; il fut reconduit chez le seigneur Diavole, qui, sans prononcer un mot, marchait à côté des soldats. Ses colères froides étaient plus redoutées par ses esclaves que ses colères bruyantes. Arrivé à son logis, il dit aux deux soldats d'attendre dans le vestibule; puis il fit entrer Sylvest dans une chambre basse, et s'y enferma seul avec lui.

Les traits de Diavole étaient pâles : de temps à autre, ses mains semblaient, malgré lui, se crisper de rage, tandis que, les sourcils froncés, l'œil féroce, les dents serrées, il regardait son esclave dans un farouche silence. Enfin, après avoir suffisamment savouré, sans doute, ses projets de vengeance, il dit à Sylvest, dont les mains étaient toujours garrottées :

— Je t'ai attendu toute la nuit à la porte de la belle Gauloise... oui, à sa porte... moi... j'ai attendu... Que faisais-tu chez elle pendant que ton maître se morfondait dehors ?...

— Je lui parlais de vous, seigneur.

— Vraiment... honnête serviteur!... Et que lui disais-tu ?...

— Je lui disais, seigneur, que, couvert de dettes, ne reculant devant aucune basse friponnerie, aucune honte... vous lui envoyiez, comme présent, une cassette d'or que vous aviez à peu près volée à un de vos amis, jeune imbécile fort riche... « Or, m'est avis, disais-je à la belle Gauloise, que tu ne peux faire un choix plus lucratif qu'en prenant ce jeune imbécile et son or... Quant à mon

maître, le seigneur Diavole, crois-moi, ferme-lui ta porte :
ce noble fripon te grugerait ; témoin Fulvie, la noble dame,
Bassa, la joueuse de flûte, et tant d'autres pauvres sottes
qu'il a mises sur la paille...» La belle Gauloise a écouté
mes conseils fraternels ; vous en aurez la certitude si vous
allez frapper à son logis... Ne pensez pas que je plaisante,
seigneur ; non , cette fois, ainsi que tant d'autres, je ne
m'amuse pas de votre stupide crédulité... J'ai dit... et je
dis sincèrement ce que je pense de vous, ô mon méprisable seigneur ! ô maître plus infâme que le dernier
des misérables!...

Diavole, quoique habitué aux reparties effrontées de
son esclave, ne l'interrompit pas d'abord, croyant sans
doute qu'après ces insolences, dites en manière de contre-
vérité, Sylvest chercherait à excuser sa faute... Mais,
Diavole, détrompé par les dernières paroles de son valet,
ne put contenir sa fureur, saisit un escabeau orné de
sculptures de bronze, s'élança, et levant ce meuble des
deux mains, il allait briser d'un coup la tête de l'esclave,
qui, impassible et plein d'espoir, attendait la mort...
Cependant, se ravisant, et tenant toujours l'escabeau
suspendu, Diavole s'écria :

— Oh ! non... je ne veux pas te tuer là... non... tu ne
souffrirais pas assez...

Sylvest vit avec chagrin sa dernière espérance déçue ;
il ne se rebuta point encore. Ses mains étaient garrottées,
mais il avait les jambes libres ; aussi profita-t-il de cette
liberté pour donner au seigneur Diavole un si furieux
coup de pied dans le ventre, qu'il alla rouler à quelques
pas de là en criant à l'aide et au meurtre.

— A cette heure, pensa Sylvest, il ne peut manquer
de me tuer ; je ne devrai pas la liberté à l'infamie de
Siomara, et je serai à l'abri de ses sortiléges ; ils me pour-
suivraient sans cesse... je finirais par en être victime...

Aux cris du seigneur Diavole, les deux soldats et quelques esclaves, entre autres le cuisinier Quatre-Épices, se précipitèrent dans la chambre, tandis que leur maître se relevait péniblement, la figure bouleversée par la douleur et par la rage... Il se laissa tomber tout essoufflé sur un siége, en disant aux soldats :

— Saisissez ce scélérat... il a voulu me tuer!...

Les soldats s'emparèrent de Sylvest, tandis que ses compagnons d'esclavage, silencieux et consternés, car ils l'aimaient, échangeaient de mornes regards.

Diavole, sentant alors sans doute sa douleur un peu calmée, se leva, et, s'appuyant sur une table, dit aux soldats d'une voix calme, après avoir assez longtemps réfléchi :

— Conduisez ce meurtrier aux souterrains du cirque... Dans trois jours, il y a spectacle; dans trois jours, il sera livré aux bêtes féroces...

« Enfin, pensa Sylvest, mon heure va donc bientôt venir! »

Un frémissement d'épouvante agita ses compagnons, pendant que les deux soldats l'entraînaient; mais Quatre-Épices, le cuisinier, fit en cachette, à Sylvest, un signe mystérieux, en rapprochant deux des doigts de sa main, comme s'il prenait une pincée de quelque poudre. Sylvest comprit que Quatre-Épices revenait à ses projets d'empoisonnement.


## CHAPITRE V


Sylvest, conduit au cirque par les soldats, fut chargé de chaînes et enfermé seul dans une cellule souterraine; les esclaves destinés aux bêtes féroces étaient emprisonnés séparément, de peur qu'ils ne s'étranglassent les uns les autres, afin d'échapper à une mort horrible par sa longue agonie.

De son cachot, il entendait les rugissements des animaux auxquels il devait être livré, le soir du troisième jour après son emprisonnement, les combats de gladiateurs et de bêtes féroces se donnant aux flambeaux.

Tel avait été le trouble de l'esprit de Sylvest à la fin de cette nuit passée dans la maison de Siomara, surtout lorsque celle-ci lui eut offert de l'associer à ses sortiléges, qu'oubliant Loyse, il avait, en outrageant et frappant son maître, cherché une mort qu'il ne pouvait pas se donner, ayant eu les mains liées au moment de son arrestation chez la courtisane. Son esprit se raffermissant dans la solitude du cachot, l'esclave se souvint de sa femme, et par la pensée lui adressa ses adieux, songeant, non sans regrets, — il avoue cette faiblesse, — que le soir même où il serait livré aux bêtes, Loyse devait, ainsi qu'ils en étaient tous deux convenus lors de leur dernière entrevue, tenter de venir l'attendre à tout hasard dans le parc de Faustine. Il regrettait aussi de n'avoir pas, un mois auparavant, accepté l'offre de Loyse, qui lui proposait de fuir.

Pour certains esclaves domestiques, de fabrique ou de labour, la fuite était parfois possible; mais il fallait se réfugier dans des solitudes profondes, loin de tous les lieux habités; alors souvent l'on mourait par la faim. C'est à une pareille mort qu'il n'avait pas voulu exposer sa femme, déjà mère; mais, ce moment venu, où le seul espoir de Sylvest était d'être étranglé du premier coup de dent par un lion ou par un tigre de l'amphithéâtre, et d'échapper ainsi à une lente agonie, il regrettait de n'avoir pas voulu braver avec Loyse les redoutables chances d'une évasion. Sans le souvenir de sa femme, l'esclave

aurait d'ailleurs attendu le jour de son supplice avec in-
différence : la Gaule asservie ne devait peut-être pas de
sitôt briser ses fers par la révolte des *Enfants du Gui*;
et il serait allé rejoindre ses aïeux dans les mondes inconnus...

Cependant une seule crainte faisait parfois frémir Sylvest, et alors il regardait avec angoisse la voûte épaisse
et les dalles de pierre de son cachot : Siomara était magicienne, il redoutait à chaque instant de la voir lui apparaître et d'être emporté par elle, grâce à la puissance de
ses sortilèges. Enfin un chagrin pesait sur le cœur de
Sylvest : il avait, selon son usage, replacé dans la forte
et épaisse ceinture de ses braies la petite *faucille d'or* et
la *clochette d'airain*, provenant d'Héna et de son père
Guilhern, ainsi que les minces rouleaux de peau tannée
contenant les récits de sa famille. Se voyant inévitable-
ment destiné à mourir, il pensait avec tristesse que ces
pieuses reliques seraient bientôt dispersées sur le sable
ensanglanté de l'arène, au lieu d'être transmises à sa
descendance, selon l'espoir de son aïeul Joel, le brenn de
la tribu de Karnak...

Le guichetier, qui, une fois par jour, apportait à Sylvest sa pitance, était un soldat invalide, ancien archer
crétois, *aussi bavard qu'un Gaulois*, eût dit le bon Joel.
Ce guichetier, vieil habitué des combats du cirque et en-
durci à ce spectacle, entretenait toujours Sylvest durant
son repas, et cela sans méchante intention, du nombre et
de la férocité des animaux dont son ami et compagnon
le *bestiaire* en chef avait la surveillance. La veille de la
fête sanglante, il dit à l'esclave d'un ton paternel :

— Ah! mon fils, il vient de nous arriver juste à point
pour demain un superbe couple de lions d'Afrique; j'ai
songé à toi, car mon bon ami le bestiaire en chef n'a
jamais vu de bêtes plus farouches. A quatre lieues d'ici,

dans un repos, et après s'être pourtant bien repus de
viande, ces lions ont, par pure malice, mis en morceaux
leur gardien arabe, auquel ils étaient depuis longtemps
accoutumés, et qui ne se défiait aucunement d'eux. Que
sera-ce demain soir, lorsqu'ils auront été privés de nourriture pendant tout un jour? Aussi, mon fils, je te souhaite de tomber sous la griffe d'un de ces compères, il ne
te fera pas languir... Et surtout, je t'en conjure, car ta
jeunesse m'intéresse, surtout rappelle-toi ceci... N'imite
pas ces malavisés qui, une fois les bêtes féroces lâchées
dans l'amphithéâtre, se jettent maladroitement la face
contre terre, et présentent le dos au lieu du ventre...
Maladroits! leur agonie, leur supplice durent cent fois
davantage; tu vas comprendre pourquoi : aucune des
parties nobles du corps n'étant tout de suite attaquée, la
mort est beaucoup plus lente... tandis qu'au contraire,
on en finit vite en se mettant, n'oublie pas ceci, mon fils,
en se mettant à genoux face à face avec le lion ou le
tigre, la gorge et la poitrine franchement à portée de
leurs dents; l'on a du moins la bonne chance d'être étranglé ou éventré du premier coup...

— Le conseil est bon, je m'en souviendrai.

— Mais rappelle-toi, mon fils, que s'agenouiller ainsi,
face à face de la bête, ne convient qu'à l'encontre des
tigres ou des lions... A-t-on affaire à un éléphant, c'est
une manœuvre contraire.

— Il y aura donc des éléphants à cette fête romaine?
Je ne croyais pas qu'il y eût à Orange de ces animaux?

— Les édiles, voulant rendre le spectacle de demain
nonpareil dans la Gaule romaine, se sont mis en grands
frais : ils ont acheté l'éléphant de combat du cirque de
Nîmes ; on le dit féroce ; il est arrivé depuis plusieurs
jours. Et ce n'est pas tout, car, par Jupiter! nos véné-
rables édiles font impérialement les choses : il y aura

encore un combat extraordinaire, que je n'ai vu, moi, que deux fois en ma vie, une fois à Rome, l'autre à Alexandrie en Égypte.

— Et ce combat extraordinaire, quel est-il?

— Avant de t'en parler, mon fils, laisse-moi te donner un précepte excellent. Quant à l'éléphant, tu le vois venir à toi furieux, n'est-ce pas? .

— Oui...

— Tâche de ne pas te laisser enlacer dans les replis de sa trompe; jette-toi à plat ventre, glisse-toi sous lui, et cramponne-toi à l'une de ses jambes de derrière... Aussitôt il te piétinera pour se débarrasser de ton étreinte; or, en un instant, il t'aura brisé es os, et aplati aussi facilement que tu aplatirais sous on soulier un escargot dans sa coquille...

— Je tâcherai donc de m'adresser de préférence aux éléphants; avec eux, il y a plus de chance de mourir vite...

— Certes! mais il te faudra être preste et leste pour arriver l'un des premiers à la portée de l'éléphant; il sera très-couru, et dès son apparition dans l'arène tu verras tous les esclaves condamnés aux bêtes se précipiter vers lui.

— Et ce combat extraordinaire dont vous parlez, offrirait-il une chance de mort plus prompte?

— Non, non! aussi, par Hercule! je ne te souhaite pas d'avoir à' affronter ces monstrueux animaux. J'ai vu à Rome trois esclaves avoir en un instant les cuisses et les bras aussi nettement tranchés par les dents de scie du crocodile que par une hache...

— Je le vois... cette fête romaine sera complète... Ours, tigres, lions, éléphants, monstres marins... Y aura-t-il seulement assez d'esclaves pour le régal de tant d'hôtes?

— Sans compter ceux que leurs maîtres offriront sans doute encore généreusement d'ici à demain pour le spectacle, vous êtes déjà près de quatre-vingts... c'est fort suffisant.

— Oui, il y a là de quoi divertir les ennuyés... Mais ce crododile ne pourra combattre sur le sable de l'amphithéâtre?

— Non; aussi lui a-t-on creusé un bassin au milieu du cirque, à fleur de terre; de sorte que les esclaves en fuyant de ci de là les bêtes féroces, ne pourront manquer d'y tomber. Ce bassin aura cent pas de tour et deux coudées de profondeur. Le crocodile vient de Rome par mer, dans une galère disposée exprès pour lui...

— Ainsi qu'un proconsul, ou un riche et noble seigneur?

— Oui, mon fils. Et, tiens, ce qui m'intéresse encore à toi, c'est le ferme courage que tu montres... De quel pays es-tu donc?

— Je suis né dans la Gaule bretonne!

— Par le vaillant dieu Mars! c'étaient de rudes épées que ces Bretons!... Je les connais: le bras qui me manque, je l'ai perdu d'un coup de hache sous les yeux de César, du grand César! à la bataille de Vannes... Terrible combat, où César a failli être prisonnier.

— Oui, mon père l'emportait tout armé sur son cheval...

— Tu dis vrai; j'étais là lorsque les cavaliers numides sont accourus au secours de César, qu'une espèce de géant gaulois emportait sur son cheval... Comment! ce Breton, c'était ton père?

— Le seul de ma famille qui ait survécu à la bataille de Vannes... Mais, reprit Sylvest, de crainte que ce Romain ne crût qu'il le voulait apitoyer en lui parlant de la bravoure gauloise, mais nous voici loin du crododile venu de Rome dans sa galère, ainsi qu'un proconsul ou un riche et noble seigneur! Où a-t-il débarqué?

— A Narbonne, et de Narbonne ici il est venu dans une immense cuve remplie d'eau et traînée par vingt couples de bœufs. Ce matin on a donné à ce monstre une génisse vivante... Ah! mon fils, il lui a broyé les os aussi facilement qu'un chat croque une souris.

— Les esclaves qui lui seront livrés pourront, il me semble, se noyer avant d'être dévorés... C'est une bonne chance...

— Non, ils ne pourront pas se noyer... l'on a prévu ceci... Le bassin du cirque sera rempli d'une coudée de limon, puis d'un peu d'eau par-dessus, de sorte que les esclaves auront les épaules et la tête hors de la vase... Quant à la manière d'aller à l'encontre du crocodile, mon fils, je ne peux rien te conseiller, n'ayant pas d'expérience à leur sujet... Du reste, comme les esclaves ne sont livrés aux bêtes qu'à la fin... tu attendras ton heure, en assistant à l'un des plus fameux combats de gladiateurs qu'on ait vus; il y en aura huit couples à cheval et vingt-cinq couples à pied... Et l'on dit même, cela n'est pas encore certain, mais la fête serait complète, qu'à l'instar de la nouvelle mode de Rome, plusieurs de nos grandes dames combattront entre elles.

— Des femmes? de nobles dames?

— Certes, et des plus nobles; le gardien qui a amené le crocodile d'Italie nous disait tantôt avoir vu, dans le cirque de Rome, cinq couples de femmes, épouses de sénateurs et de chevaliers, se battre soit entre elles, soit contre des femmes esclaves, avec une furie incroyable; de même que souvent des seigneurs et des chevaliers combattent en gladiateurs contre des esclaves, désarmés, bien entendu... On n'arme les esclaves que pour qu'ils combattent entre eux jusqu'à la mort, ainsi que les gla-

diateurs de profession, tels que le célèbre Mont-Liban de
ce pays et autres batteurs d'épée, luttent entre eux... Oh!
la soirée sera bonne... Aussi, ajouta le guichetier en
riant, grâce à la nouvelle méthode des médecins, les servants du cirque, et je suis du nombre, auront demain
d'excellents profits, les compères.

— Quels profits?

— Ignores-tu les merveilleux effets que, pour la guérison de certaines maladies, l'on retire maintenant du foie
de gladiateur fraîchement tué?... Les médecins sont là,
tout prêts à s'abattre, comme une nuée de vautours, sur
les corps des gladiateurs encore chauds... Car il faut que
le foie soit retiré chaud des entrailles pour conserver
toute sa vertu... et cette vente de foies, sans compter les
générosités des vieillards et des épileptiques qui viennent
aussi là chercher la vie dans la mort... (tu verras comment) constitue nos petits profits. Mais, par Pluton! tout
n'est pas plaisir pour nous; car, une fois la fête terminée,
les flambeaux éteints, l'amphithéâtre désert et noir comme
la nuit... Ah! mon fils!...

— Qu'avez-vous à frissonner ainsi? Que se passe-t-il
lorsque l'amphithéâtre est désert et noir comme la nuit?

— Alors... vient l'heure des sorcières!...

— Des sorcières! dit Sylvest en tressaillant à son tour.
Et que viennent-elles faire au cirque... à cette heure de
la nuit?

— Oh! c'est l'heure où, prenant la forme d'hyènes, de
louves, de couleuvres, d'oiseaux de proie ou d'animaux
inconnus, plus effrayants encore, les magiciennes, se glissant dans les ténèbres, viennent se disputer, pour leurs
sortilèges, les débris humains dont est jonché le sable
ensanglanté de l'arène... Ah! que de fois, frémissant dans
ma logette, moi, vieux soldat pourtant, j'ai entendu au
loin les cris, les grondements effrayants des sorcières

s'arrachant les lambeaux de chair à demi dévorés, ces
têtes arrachées du tronc, labourées et trouées par l'ongle
et la dent des bêtes féroces !... Ah ! mon fils ! la sueur
me vient au front en songeant aux bruits mystérieux,
formidables, que j'entendrai encore dans la nuit de demain
après la fête...

Et le guichetier laissa Sylvest dans de nouvelles angoisses... Peut-être Siomara, sous la forme d'une louve,
viendrait-elle, dans la nuit du lendemain, disputer les
débris du corps dé son frère aux autres magiciennes.

Sylvest passa la dernière nuit dans sa prison presque
sans sommeil, craignant toujours de voir apparaître Siomara... Grâce aux dieux, elle ne lui apparut pas... Sans
doute aussi, fidèle à sa promesse de ne pas s'adresser
au seigneur Diavole, afin d'acheter, à un prix infâme, la
liberté de Sylvest avant de l'avoir revu, elle l'attendait,
ignorant qu'il était condamné à mourir dans l'arène.

La soirée consacrée à la fête romaine arriva ; deux
heures auparavant, le vieil invalide crétois, le guichetier,
au lieu d'apporter à Sylvest sa pitance habituelle, lui dit :

— Mon fils... tu as aujourd'hui le *repas libre.*

— Qu'est-ce qu'un repas libre ?

— Tu peux demander à manger tout ce que tu voudras,
jusqu'à la valeur d'un demi-sou d'or... Les quatre-vingts
esclaves, destinés, comme toi, aux bêtes, ont la même
liberté... pour leur dernier repas... C'est un ancien et
généreux usage...

— Oui... les édiles tiennent sans doute à ce que lions,
tigres et crocodiles aient pour festin des esclaves délicate-
ment nourris pendant leur dernier jour... Quant à moi,
je n'offrirai pas ce régal à ces nobles animaux ; je ne
mangerai rien aujourd'hui ; ils me prendront tel que m'a
fait le régime de la prison.

— Voilà qui est singulier, reprit le guichetier en réflé-

chissant et regardant Sylvest. Vous êtes ici à peu près
une trentaine d'esclaves gaulois condamnés aux bêtes, et
vous êtes fermes comme des rocs ; tandis que les autres
esclaves romains, espagnols, allemands, arabes, hébreux,
tous... non, pas tous... les esclaves hébreux se montrent
aussi d'un grand courage... ils se soucient assez peu de
mourir, disant que leur véritable messie viendra un
jour.

— Qu'est-ce que leur messie ?...

— Je n'en sais rien, mon fils... Un homme, disent-ils,
qui, plus heureux que les nombreux messies qui se sont
produits naguère, affranchira leur peuple du joug des Romains, car Rome domine le pays des Hébreux comme le
reste du monde... Mais enfin ces Hébreux aussi sont très-
fermes devant la mort, tandis que les autres, sauf vous,
Gaulois, ont vu arriver le soir de ce jour-ci avec une
terreur croissante ou un désespoir farouche ; vous autres,
au contraire, vous ne sourcillez point; plusieurs même
font, comme toi, les plaisants. Mon fils, d'où vient cela ,
par Hercule ?

— C'est que nos dieux et nos druides nous ont appris
que l'on ne meurt jamais.

— Toujours plaisant, mon fils !... Comment, lorsque
dans quelques heures tes os craqueront sous la dent des
bêtes féroces... lorsque ton corps sera déchiré en lambeaux, tu ne mourras pas ?

— Le corps meurt-il parce que les vêtements dont on
le couvre s'usent et se remplacent ? Non : les vêtements
passent, le corps reste... Il en est ainsi de notre vie... elle
est éternelle... et change d'enveloppe comme nous chan-
geons de vêtements... A peine, ce soir, le dernier lambeau de mon vêtement de chair sera-t-il déchiré par les
bêtes féroces, que, prenant un corps nouveau, comme
l'on prend un vêtement nouveau, j'irai continuer de vivre

dans des mondes inconnus, où je retrouverai ceux que j'ai aimés ici.

L'invalide regarda Sylvest d'un air surpris, hocha la tête et dit :

— Si vous croyez cela, vous autres Gaulois, le courage vous est facile ; je ne m'étonne plus que vous soyez des enragés à la bataille... Ainsi tu ne veux pas faire honneur au *repas libre ?*

— Non...

— Tu as tort... J'ai toujours ouï dire que l'agonie d'un homme à ventre vide dure plus longtemps que celle d'un homme à ventre plein... Mais fais à ta guise... Au soleil couché, je te viendrai chercher ; tu pourras, du moins, te vanter d'avoir assisté à l'un des plus beaux spectacles du monde ; d'abord, combat de huit couples de gladiateurs à cheval, gladiateurs de métier, ceux-là ; puis vingt-cinq couples de gladiateurs esclaves, forcés de combattre jusqu'à la mort ; ensuite, le jeune et riche seigneur Norbiac paraîtra dans le cirque.

— Pour se battre... le seigneur Norbiac ?... Et contre qui ?

— Pure comédie ; mais c'est la mode... Il se battra, lui, armé jusqu'aux dents, contre un esclave *armé à blanc,* comme on dit au cirque, c'est-à-dire nu et armé d'un sabre de fer-blanc, sans pointe ni tranchant ; nos jeunes seigneurs se donnent ces divertissements... Ensuite viendra le combat de femmes, dont je t'ai parlé ; car décidément il aura lieu.

— Entre qui ?

— Entre deux des plus belles femmes d'Orange... une célèbre courtisane affranchie...

— Leur nom ? demanda Sylvest avec anxiété ; oh ! leur nom... le sais-tu ?

— La grande dame est Faustine, patricienne de cette

ville... La courtisane affranchie est depuis peu à Orange ;
elle se nomme la belle Gauloise... Ensuite nous aurons
un combat à mort entre le fameux Mont-Liban et Bibrix,
le plus célèbre gladiateur de Nîmes. Enfin, pour terminer
la fête, les esclaves seront livrés aux bêtes... et à ce propos, mon fils, n'oublie pas mes conseils selon l'encontre
d'un lion, d'un tigre ou d'un éléphant ; quant au crocodile, je ne peux te donner avis.

Sylvest resta seul ; il venait d'apprendre, avec surprise, l'annonce du combat de Siomara et de Faustine.
Pour quelle cause ces deux femmes devaient-elles se
battre ? Mont-Liban était-il l'objet de cette rivalité ? Sylvest hésitait à le croire : il se rappelait avec quel dédain
Siomara avait traité le gladiateur, quoiqu'elle l'eût con-
gédié en lui adressant quelques douces paroles... Mais,
depuis cette nuit-là, trois jours s'étaient passés : Siomara
avait peut-être pris Mont-Liban pour amant, par haine
contre Faustine, plutôt que par amour pour ce gladiateur
stupide et brutal ; car Sylvest se souvenait des aveux de
Siomara se jetant dans les sortiléges par satiété de débauche... D'ailleurs il ne s'étonnait pas de voir la noble
Faustine franchir, pour ce combat, la distance qui la séparait de la courtisane affranchie... A Rome, les plus
grandes dames combattaient, soit entre elles, soit contre
des femmes esclaves, et une courtisane affranchie rentrait
à peu près dans la condition d'une esclave. Ce dont il
était surpris, c'est que Siomara eût accepté cette lutte
meurtrière : peut-être pour en sortir victorieuse, elle
comptait sur la puissance de ses sortiléges...

Ces pensées occupèrent Sylvest jusqu'à la fin du
jour...

Au soleil couché, le guichetier vint chercher l'esclave
pour la fête romaine.

— Serai-je donc livré aux bêtes les menottes aux mains

et la chaîne aux pieds ? demanda-t-il à l'invalide. N'allez-vous donc pas me déferrer ?

— Non, mon fils. Vous allez être conduits tous ensemble sous une voûte grillée, communiquant de plain-pied avec l'arène, et vous resterez enfermés là jusqu'au moment où vous serez livrés aux bêtes : on craindrait qu'en attendant vous ne vous tuiez tous les uns les autres. Quelques instants avant votre entrée dans le cirque, vous serez déferrés... Allons, mon fils, suis-moi : bonne et surtout prompte chance je te souhaite.

En sortant de son cachot Sylvest se trouva dans une longue galerie souterraine, de chaque côté de laquelle s'ouvraient les portes des cellules, d'où étaient sans doute sortis avant lui un grand nombre de ses pareils, aussi condamnés. A l'extrémité de ce souterrain, vers laquelle se dirigeaient les esclaves, poussés par les guichetiers et les gardiens armés, on apercevait, à travers d'épais barreaux de fer, une éclatante lumière, produite par l'éclairage de l'amphithéâtre. Sylvest, plein d'angoisses en songeant au combat de sa sœur et de Faustine, voulut arriver l'un des premiers à la grille de cet immense soupirail, d'où il pouvait voir le spectacle, et fendit la foule de ses compagnons, moins hâtés que lui. Il arriva l'un des premiers près des barreaux de fer, entendant de plus en plus distinctement le murmure et le tumulte d'une foule immense, car l'amphithéâtre d'Orange, comme ceux d'Arles, de Nîmes, et autres villes de la Gaule romaine, contenait vingt-cinq mille spectateurs...

. . . . . . . . . . . . .

(O mon pauvre enfant ! le fils de ma Loyse ! toi pour qui j'écris ce récit, tu sauras, par la description que je veux te faire d'un des amphithéâtres construits par les Romains dans notre vieille Gaule, à quels excès de prodigalité insensée nos oppresseurs, enrichis par le travail de leurs esclaves, en étaient venus pour se donner le divertissement de massacres humains.)

. . . . . . . . . . . . . . . . . . . . .

L'arène du cirque d'Orange, destinée aux combats et aux supplices, était de forme ovale, longue de cent cinquante pas, large de cent, et entourée d'une muraille assez massive pour que l'on ait pu prendre dans son épaisseur la voûte sous laquelle se tenaient les victimes destinées aux bêtes. Cette construction, d'une telle hauteur que les éléphants ne pouvaient du bout de leur trompe atteindre le rebord de la plate-forme qui la surmontait, était intérieurement décorée de pilastres, séparant des niches ornées de grandes statues de marbre, entourant l'arène de tous côtés, et offrait ainsi, à sa partie supérieure, une sorte de terrasse où se trouvaient les places de *première galerie*. De crainte des bonds des bêtes féroces, et malgré son élévation au-dessus du lieu des combats, l'on avait encore défendu cette galerie par une forte balustrade de bronze doré. Ces places, régnant autour de l'amphithéâtre, étaient réservées aux femmes et aux hommes les plus riches, les plus nobles ou les plus considérables de la ville. On y voyait aussi, se faisant face l'un à l'autre, le trône d'Auguste, empereur de Rome et des Gaules, et la tribune des édiles, magistrats ordonnateurs de la fête.

Derrière cette galerie, et suivant comme elle la forme ovale de l'arène, s'élevaient une innombrable quantité de gradins de marbre superposés les uns aux autres ; l'on y arrivait du dehors par plusieurs étages de galeries extérieures, contournant le cirque, et communiquant entre elles par de nombreux escaliers. En temps de pluie ou de soleil trop ardent, l'on abritait les spectateurs sous un *velarium* ; mais ces toiles immenses n'avaient pas été tendues ce soir-là ; la nuit était si sereine, l'air si calme, que pas un souffle de vent n'agitait la flamme des milliers de gros flambeaux de cire placés dans des torchères de bronze doré fixées autour de l'arène, où l'on avait accès par quatre passages voûtés, pratiqués sous les gradins et dans l'épaisseur de la muraille d'enceinte. Les deux entrées du nord et du midi étaient réservées aux gladiateurs à pied et à cheval. A l'orient et à l'occident, se faisant face, se voyaient deux voûtes grillées : l'une destinée aux bêtes féroces, l'autre aux esclaves condamnés à être dévorés. Sous cette voûte avaient été conduits Sylvest et ses compagnons : debout, le long des barreaux de fer, il examinait, avec une curiosité triste, tout ce qu'il pouvait apercevoir au dehors.

Le sol de l'arène, couvert d'une épaisse couche de sable, coloré en rouge, afin que les traces du sang parussent moins, était semé d'une foule de petites parcelles brillantes, qui, à la lueur des flambeaux, étincelaient comme des millions de paillettes d'argent. Un certain espace n'avait pas été sablé, mais recouvert d'un épais plancher à claire-voie ; au-dessous se trouvait le bassin où le crocodile attendait ses victimes. Ce plancher mobile devait être enlevé au moment où les animaux seraient lâchés dans le cirque. De loin en loin, montés sur des estrades appuyées au mur d'enceinte de l'arène, Sylvest remarqua des hommes vêtus comme le *Mercure* des païens, coiffés d'un casque d'acier arrondi et orné de deux ailes dorées ; ces hommes portaient pour tout vêtement un caleçon rouge, et au talon de leurs sandales étaient attachées de petites ailes. Chacun de ces Mercures avait devant lui un réchaud de bronze, rempli de braise, où chauffaient de longues tiges d'airain ; ainsi rougies au feu, elles servaient à s'assurer si les gladiateurs esclaves, qui, gravement blessés, feignaient parfois d'être morts pour ne plus combattre, avaient réellement cessé de vivre : le Mercure acquérait cette certitude en sillonnant les plaies des blessés avec sa tige brûlante; car, sous cette affreuse douleur, il était impossible de simuler l'insensibilité de la mort. Ces tiges d'airain servaient encore à ramener au combat les esclaves qui lâchaient pied devant leur adversaire.

Sylvest remarqua aussi, autour du mur d'enceinte de l'arène, immobiles comme les statues des niches qui le décoraient, des hommes à longue barbe, d'une taille gigantesque, vêtus comme Pluton, le dieu de l'enfer des païens; coiffés d'une couronne de cuivre à dents aiguës, drapés dans leurs toges noires, semées d'étoiles d'argent, ils s'appuyaient sur le long manche de leurs gros marteaux de forgeron : on les nommait les *Plutons;* ils avaient pour office de traîner les cadavres hors du cirque, et d'achever à coups de marteau les victimes qui respiraient encore.

Enfin, près des deux entrées des gladiateurs se tenaient les *hérauts d'armes,* la tête ceinte d'une bandelette écarlate, ayant à la main une verge d'ivoire et vêtus de chlamydes blanches. A côté de ces hérauts étaient les *buccinateurs,* portant des justaucorps verts brodés d'argent; leurs chausses, de même couleur, disparaissaient sous la tige de leurs grandes bottes de cuir, qui leur montaient jusqu'au milieu des cuisses; ils avaient à la main, prêts à les emboucher, leurs énormes buccins, recourbés à la manière des trompes de chasse.

On attendait l'arrivée des édiles pour commencer la fête, bien que l'amphithéâtre regorgeât de monde. Les cris, les sifflets témoignaient de l'impatience de la multitude. L'éclairage du cirque donnait à ce spectacle une apparence étrange, sinistre; les innombrables flambeaux placés autour de l'arène l'inondaient de clarté, ainsi que les spectateurs de la première galerie et des gradins rapprochés de ce foyer de lumière, qui, ensuite, allait tou-

jours décroissant d'intensité vers les gradins supérieurs,
de sorte qu'à ces lueurs rougeâtres, presque crépuscu-
laires, les milliers de figures humaines placées aux rangs
les plus élevés de l'amphithéâtre ressemblaient à de pâles
fantômes, à peine distincts des ténèbres, au-dessus desquelles brillaient les étoiles du firmament.

Soudain il se fit un grand tapage à la première galerie,
où plusieurs places avaient été réservées jusqu'alors. Sylvest les vit bientôt occupées par son maître Diavole et par
plusieurs jeunes seigneurs de ses amis, vêtus, comme lui,
avec magnificence, et, comme lui, sortant d'un festin prolongé, car ils portaient des couronnes de pampres verts,
et tenaient à la main de gros bouquets de roses. L'entrée
bruyante de ces jeunes gens, leurs éclats de voix, leurs
rires prolongés, l'animation de leurs traits, annonçaient
leur demi-ivresse. Le seigneur Diavole, penché sur la
balustrade, examina longtemps l'aspect de l'amphithéâtre, saluant de côté et d'autre ; puis, comme il se
trouvait placé juste en face de l'endroit où se tenaient les
condamnés aux bêtes, et que Sylvest était debout derrière
les barreaux de la voûte, Diavole ayant par hasard jeté
les yeux de ce côté, reconnut son esclave, le désigna du
geste à ses amis, et redoubla d'éclats de rire en lui montrant le poing.

Il est au ciel des dieux vengeurs ! Au moment où
Diavole insultait ainsi au sort de son esclave, celui-ci entendit prononcer son nom derrière lui parmi ses compagnons ; il prêta l'oreille ; une voix disait en langue gauloise :

— Il doit y avoir parmi nous un camarade du nom
de Sylvest... comment ne répond-il pas ? Voici plusieurs
fois que je l'appelle... Est-il donc sourd ?... Sylvest !...
Sylvest !...

— Je suis là, reprit l'esclave ; je suis auprès de la

grille ; je ne veux pas quitter ma place ; viens à moi si tu
veux me parler...

Il vit, au bout de quelques instants, s'approcher de lui
un des condamnés, marqué au front comme fugitif, et
jeune encore, qui lui dit à voix basse en langue gauloise :

— Tu te nommes Sylvest?

— Oui.

— Esclave chez Diavole, tu avais pour compagnon un
cuisinier nommé Quatre-Épices?

— Oui.

— Quatre-Épices m'a chargé pour toi d'une bonne nouvelle ; je l'ai rencontré avant-hier au marché ; je le connais depuis longtemps ; c'est un compagnon ferme et sûr ;
je lui ai dit : « Dans deux jours, je serai libre au fond
« des bois ou condamné aux bêtes lors du prochain spec-
« tacle ; car cette nuit j'essaye de me sauver, et mon
« maître m'a menacé, si je tentais encore de fuir et qu'il
« pût me rattraper, de m'envoyer au cirque... Veux-tu
« tenter de fuir avec moi cette nuit... Une évasion à deux
« offre plus de ressource. — Non, m'a répondu Quatre-
« Épices ; je ne peux t'accompagner cette nuit. Mais, si
« tu es rattrapé, ramené à ton maître et conduit au
« cirque, tu trouveras parmi les condamnés un Gaulois
« nommé Sylvest, esclave de Diavole : tu lui diras ceci,
« afin de lui rendre la mort douce : « Notre maître a convié
« bon nombre de jeunes seigneurs de ses amis à un splen-
« dide festin, qui doit avoir lieu demain, et précéder le
« spectacle du cirque, où ils se rendront après le repas.
« J'attends depuis longtemps l'heure de me venger ; Syl-
« vest m'avait fait ajourner mon projet en m'assurant
« qu'au prochain départ de l'armée romaine les esclaves
« se soulèveraient en armes... Vain espoir ! hier, on affir-
« mait chez mon maître que l'armée romaine restait en
« Gaule. »

14.

— Que dis-tu? s'écria Sylvest plein d'anxiété. Cette nouvelle serait vraie?...

— Oui; car les logements préparés dans les faubourgs d'Orange pour l'avant-garde, qui devait y arriver demain, ont été décommandés hier... je le sais.

— Malheur! malheur! dit Sylvest désolé. Quand viendra maintenant le jour de la délivrance?

« — La révolte devenue impossible, a ajouté Quatre-
« Épices, j'ai hâte de venger moi et Sylvest du même
« coup. J'ai acheté d'une sorcière un poison sûr et d'un
« effet lent; je l'ai essayé sur un chien : le poison n'a
« agi qu'au bout de quelques heures, mais avec une vio-
« lence terrible. Au festin de demain, les plats d'honneur
« les plus exquis, que l'on ne sert qu'à la fin du repas,
« seront empoisonnés par moi, ainsi que les dernières
« amphores que l'on videra. D'après mon expérience sur
« le chien, Diavole et ses amis doivent expirer vers le
« milieu de la fête... Dis ceci à Sylvest si tu vas le re-
« joindre au cirque. S'il doit mourir avant d'avoir vu
« expirer Diavole et sa bande, il s'en ira du moins
« certain d'être bientôt suivi par notre maître et ses dignes
« amis. Le coup fait, je tâcherai de fuir. Si je suis repris,
« j'ai fait d'avance le sacrifice de ma vie. » Et, là-dessus,
Quatre-Épices m'a quitté. Moi, j'ai tenté mon évasion;
mon maître m'épiait, il m'a surpris au moment où j'esca-
ladais un mur... Trois heures après j'étais amené au
cirque... et depuis que nous sommes rassemblés ici, je
t'appelle afin de remplir ma promesse faite à Quatre-
Épices... A cette heure, il a sans doute abandonné la
maison de son maître... Fasse que le poison soit sûr, et
que ces Romains maudits crèvent comme des rats empoisonnés!

— Vois-tu, dit Sylvest à l'autre condamné, vois-tu à la
galerie, au-dessus de la voûte aux bêtes féroces, ce jeune

seigneur couronné de pampres, vêtu d'une chlamyde de soie bleue brodée d'argent, et aspirant le parfum de ce bouquet de roses qu'il tient à la main ?

— Oui, je le vois.

— C'est le seigneur Diavole.

— Ah ! par tout le sang qui va couler ! s'est écrié l'esclave avec une joie farouche, nous aurons donc aussi notre fête, nous ?... Riez, riez, jeunes seigneurs avinés ! lancez des œillades amoureuses aux courtisanes... ce soir le marbre de la brillante galerie aura ses morts, comme l'arène aura les siens !... Regardons-nous donc un peu en face, mes joyeux et beaux seigneurs ! mes fiers conquérants romains ! vous, du haut de votre balcon doré... tout parfumé de fleurs... éblouissant de lumière... nous, Gaulois conquis, nous vos esclaves, du fond de notre soupirail funèbre... Oui, regardons-nous donc en face ! et saluons-nous, condamnés que nous sommes, vous et nous, à mourir ce soir !... nous, sous l'ongle et la dent des bêtes féroces... vous, tordus par le poison...

L'esclave ayant, dans son exaltation croissante, assez élevé la voix pour être entendu des autres Gaulois, il leur raconta, afin de leur rendre aussi la mort plus douce, la vengeance de Quatre-Épices. A ces mots, presque tous les esclaves, qui, jusqu'alors sombres et taciturnes, mais résignés à leur sort, s'étaient tenus assis ou couchés sur les dalles, dans l'ombre de la voûte, se précipitèrent aux barreaux pour contempler avec une joie farouche ces jeunes seigneurs romains si gaiement avinés, et portant dans leur sein une mort terrible et prochaine.

Cette joie farouche, Sylvest la partagea d'abord, puis il se la reprocha, se souvenant que son oncle Albinik, le marin, pilotant les galères romaines, la veille de la bataille de Vannes, avait regardé comme une lâcheté indigne de la valeur et de la loyauté gauloises de traîtreusement engloutir au fond de la mer des milliers de soldats romains, confiants dans sa manœuvre. Si excusable qu'elle fût par la férocité de Diavole, la vengeance de Quatre-Épices fit horreur à Sylvest... tandis qu'il eût donné des premiers le signal d'une révolte armée pour briser les fers de l'esclavage, exterminer les Romains et reconquérir la liberté de la Gaule ; mais l'heure de cette révolte, quand sonnerait-elle?... S'il n'eût pas été ferme devant la mort, la nouvelle qu'il venait d'apprendre, au sujet du maintien de l'armée romaine en Gaule, lui eût ôté tout regret de quitter la vie.

— Heureusement, pensa Sylvest, si les hommes rent, les réunions nocturnes des *Enfants du Gui* se succederont d'âge en âge, grâce aux druides, jusqu'au jour de la justice et de la délivrance...

Le bruit éclatant des fanfares tira Sylvest de sa rêverie ; les buccinateurs, soufflant dans leurs buccins, annonçaient l'arrivée des édiles. Ces magistrats prirent place dans leur tribune ; les hérauts d'armes donnèrent le signal du combat. Les buccinateurs firent de nouveau résonner leurs instruments de cuivre. Un profond silence se fit dans cette foule immense, et quatre couples de gladiateurs à cheval (gladiateurs de profession) se présentèrent dans l'arène par l'entrée du nord, quatre couples par l'entrée du midi. Les premiers montaient des chevaux blancs, harnachés de vert ; les seconds, des chevaux noirs, harnachés de rouge. Chaque gladiateur à cheval était armé d'une lance légère, d'un bouclier peint et doré ; leur casque de bronze, à visière baissée, seulement ouverte à la hauteur des deux yeux par deux trous ronds, leur cachait le visage ; un brassard et un gantelet de fer couvraient leur bras droit ; le reste de leur corps était nu, car ils ne portaient que leur tablier de gladiateur, attaché aux hanches par une ceinture d'airain, à laquelle pendait leur longue épée ; des sandales ferrées chaussaient leurs pieds. Ces cavaliers, gladiateurs de profession, étaient libres ; du moins ils se combattaient volontairement, en hommes braves, ainsi que s'étaient souvent battus les aïeux de Sylvest, par seule outre-vaillance, mais non comme de malheureux esclaves forcés de s'entr'égorger sans raison, pour le divertissement de leurs maîtres. Glorieuse et digne est la lutte quand elle est volontaire ! Grâce au faible du Gaulois pour la bravoure, Sylvest et plusieurs de ses compagnons, collés aux barreaux du souterrain, oublièrent leur mort prochaine, intéressés malgré eux à ce valeureux combat, applaudissant de la voix et du geste l'adresse et l'audace. Un grand nombre de ces cavaliers furent tués, ainsi que leurs chevaux ; et pas un gladiateur ne quitta l'arène sans blessure. Le combat des gladiateurs à cheval terminé, les cadavres emportés hors de l'arène par les Plutons, et les chevaux morts entraînés par des mules richement caparaçonnées que l'on attelait après eux, il y eut un moment de repos.

Alors de longs rugissements retentirent au fond de la voûte faisant face à celle où se trouvaient les esclaves condamnés, grillée comme la leur, et divisée en trois loges ; bientôt ils virent arriver lentement, et avec de sourds grondements, quatre lions dans l'une des loges, trois tigres dans l'autre, et dans celle du milieu, un éléphant si énorme, que son dos touchait presque au cintre. Ces animaux, un moment éblouis par la vive lumière du cirque, n'approchèrent pas d'abord jusqu'aux barreaux du souterrain ; ils restèrent à demi dans l'ombre, où l'on voyait luire leurs prunelles. Un gémissement d'effroi courut parmi les esclaves : les plus faibles, poussant des gémissements lamentables, défaillirent et se laissèrent tomber à terre en se cachant la figure ; d'autres éclatèrent en imprécations contre les Romains ; d'autres enfin, mornes, mais résolus, paraissaient insensibles au péril.

Les buccinateurs firent retentir leurs clairons ; les hérauts ouvrirent les barrières de l'arène, et l'on vit entrer
un grand nombre de couples de gladiateurs esclaves,
offerts ou vendus par leurs maîtres pour cette fête sanglante, et forcés de combattre jusqu'à la mort... Tous
étaient coiffés de casques de différentes formes : les uns
à visière grillée, d'autres à visière pleine seulement d'un
côté ou trouée de deux ouvertures ; leur tablier de gladiateur, d'étoffe rouge ou blanche, attaché autour des
reins par un ceinturon de cuir, laissant leurs corps, leurs
cuisses et leurs jambes nus. Plusieurs portaient un brassard de fer au bras droit et un jambard de fer à la jambe
gauche ; tous avaient l'épée à la main, et presque tous le
bouclier au bras gauche ; quelques-uns remplaçaient cette
arme défensive par un filet frangé de plomb, roulé autour
de leur bras, et destiné à être lancé sur leur adversaire,
afin d'empêcher ses mouvements et de le frapper plus facilement.

L'esclavage énerve souvent les courageux et double la
lâcheté des lâches : la plupart de ces gladiateurs forcés,
loin de ressentir aucune haine les uns contre les autres,
étaient plutôt liés entre eux par la confraternité du malheur : les valeureux se révoltaient à la pensée d'employer
leur vaillance au divertissement de maîtres abhorrés, et
d'être réduits à la condition de chiens de combat. Aussi,
dès leur entrée dans l'arène, trois esclaves se tuèrent en
s'enfonçant leur épée dans la gorge avant que les couples
fussent placés face à face par les hérauts ; d'autres, éper-
dus d'effroi, jetant sabre et bouclier, pleurant à sanglots,
se mirent à genoux, les mains étendues vers les spectateurs
pour demander grâce du combat ; mais ils furent couverts
de huées... Parmi eux, un vieillard courut embrasser les
pieds d'une des grandes statues de marbre placées dans

les niches de la muraille d'enceinte, et représentant des
divinités païennes ; il semblait se mettre sous sa protection... Mais à un des signes des édiles, les Mercures, retirant du brasier leurs longues tiges d'airain ardentes, en
menacèrent le vieillard et les esclaves agenouillés... Ainsi
placés entre la crainte de ces horribles brûlures et la
crainte d'un combat à mort, ils se résignèrent à la lutte...
Elle commença ; les uns combattirent avec la furie du
désespoir, heureux de trouver dans la mort la fin de leurs
misères ; d'autres, à la première blessure, s'agenouillèrent,
et, hâtés d'en finir, tendirent la gorge à leur adversaire,
forcés de les tuer (en attendant qu'il fût tué lui-même),
aux grands applaudissements du public... Ceux-ci, couverts de blessures, se traînant à peine, levaient, selon
l'usage, la paume de la main gauche vers les spectateurs,
pour demander grâce de la vie, oubliant que les seuls
gladiateurs de profession avaient ce droit, et que tout
esclave entrant dans l'arène n'en sortait que mort, tué
par l'épée, ou la tête broyée sous les marteaux des Plutons. Plusieurs enfin, grièvement blessés, feignirent d'être
morts. L'un de ceux-ci, jeune et vigoureux esclave, avait
vaillamment combattu : son corps était criblé de blessures ; au dernier choc, il tomba non loin des barreaux
de la voûte où se trouvait Sylvest. Lui-même crut cet esclave mort : les membres roidis, la tête couverte de son
casque à visière baissée, renversée sur le sable, il restait
immobile... Un des Mercures l'aperçut, s'approcha de lui,
armé de sa longue tige d'airain, rouge comme un charbon
ardent, et en sillonna une de plaies de l'esclave... La chair
vive grésilla, fuma... le corps resta sans mouvement
malgré cette torture... Le Mercure le crut mort ; il s'éloigna... mais, se ravisant, il revint, plongea sa tige d'airain à travers l'un des deux trous de la visière du casque
du gladiateur... Sans doute le fer brûlant et aigu pénétra

dans l'œil, car l'esclave, vaincu cette fois par la douleur,
se releva d'un bond, en poussant des hurlements qui
n'avaient rien d'humain, fit quelques pas et retomba ;
aussitôt deux Plutons accoururent vers lui, et frappant
de leurs lourds marteaux sur ce casque, comme sur une
enclume, ils broyèrent tellement cette tête, que Sylvest
vit jaillir, à travers les cassures de la visière, un mélange
sans nom de chair, de sang, de cervelle et de petits morceaux d'ossements.

A cet horrible spectacle, qui couronnait cette boucherie,
Sylvest ne put se contenir : d'une voix éclatante, il chanta
ce refrain des bardes gaulois à la réunion nocturne des
*Enfants du Gui :*

« Oh ! coule... coule... *sang du captif ! — Tombe, tombe,
rosée sanglante !... — Germe, grandis, moisson vengeresse !... »*

Parmi les condamnés, Sylvest n'était pas le seul *enfant
du Gui ;* bientôt d'autres voix que la sienne répétèrent
avec lui, à la sinistre cadence des chaînes secouées avec
fureur :

« *Coule... coule... sang du captif ! — Tombe, tombe, rosée sanglante !...— Germe, grandis, moisson vengeresse !... »*

Ces chants de mort furent couverts par un grand tumulte : l'arène était jonchée de cadavres et de mourants ;
pas un des combattants n'était debout. Soudain on entendit crier par les hérauts :

— Les *malades !*... les *médecins !...*

Et aussitôt se précipitèrent dans le cirque un grand
nombre de vieillards débiles, richement vêtus, les uns
soutenus par des esclaves, d'autres s'appuyant sur des
cannes. Il y avait aussi parmi ces malades des hommes
mûrs et des jeunes gens ; tous s'agenouillèrent ou s'ac-
croupirent auprès de ces mourants, et chaque malade,
appliquant sa bouche avide aux blessures, pompa le sang

encore tiède qui s'en échappait : les uns cherchant dans
ce sang le ravivement de leurs forces épuisées, les autres
la guérison de l'épilepsie. Çà et là des médecins, armés
d'instruments tranchants, éventraient les morts encore
chauds et en retiraient les *foies* [1], dont ils se servaient
comme remède. Les médecins pourvus, les riches malades
rassasiés de sang, les Plutons achevèrent, à coups de
marteau, les esclaves encore survivants, et, aidés des
Mercures, ils emportèrent les cadavres, pendant que les
servants de l'amphithéâtre, au moyen de longs râteaux,
mêlaient au sable le sang de l'arène...

A ce moment, les bêtes féroces, de plus en plus ani-
mées par la vue de ce long carnage, ainsi que par la
chaude et forte odeur de sang, ont redoublé de rugissements, bondissant avec furie dans leurs cages, dont elles
ébranlaient les barreaux avec leurs pattes énormes. A
ces rugissements des animaux, dont ils allaient être la
proie, Sylvest et les esclaves gaulois ont répondu par ce
refrain des bardes en secouant leurs chaînes :

« *Coule... coule... sang du captif! — Tombe, tombe,
rosée sanglante!... — Germe, grandis, moisson vengeresse!...*

Il y eut alors un entr'acte à la fête romaine.

Pendant cette interruption, Sylvest et les esclaves jetèrent les yeux sur le seigneur Diavole et sur ses amis; tous
continuaient de se montrer joyeux et animés. Diavole avait
été l'un des plus obstinés à refuser la vie, même aux gladiateurs libres, qui, blessés, demandaient grâce aux spectateurs d'un geste suppliant.

« 1. On voit (dit Pline, 28, 2) des hommes à l'amphithéâtre
boire du sang de gladiateur, pour chercher dans ce breuvage,
où fermente encore la vie, un remède aux atteintes du *haut mal*;
ils pensent que rien n'est plus efficace que de boire le *sang chaud*
et respirant encore à la source de l'homme et de le recueillir
comme le souffle de l'âme aux lèvres de la blessure.

Cependant, Sylvest remarqua que, sans doute grâce aux lents et sûrs effets du poison de Quatre-Épices, la vive rougeur du visage de son maître, excité par le vin et par la vue de cette fête sanglante, commençait à s'effacer, surtout au front, au nez, au menton, qui devenaient d'un blanc de cire. La même altération s'observait sur les traits des autres jeunes seigneurs ; ceux-ci, d'ailleurs, ne se montraient ni moins bruyants ni moins gais que Diavole ; car, la comédie ayant pour quelques instants succédé à la tragédie, tous accueillirent avec de grands éclats de rire l'apparition de leur ami Norbiac, qu'un faux pas avait fait trébucher à son entrée dans l'arène.

Ce Gaulois ridicule et lâche, objet des railleries de tous par sa suffisance et sa sottise, ayant ouï dire qu'à Rome les seigneurs à la mode combattaient parfois en gladiateurs, voulait, par vanité, les imiter. Coiffé d'un casque d'acier, ayant pour cimier une chimère dorée d'une hauteur démesurée, sa visière baissée ne laissait pas voir son visage ; il s'était prudemment bardé de fer, hausse-col, cuirasse, brassards, gantelets, cuissards, jambards, bottines à écailles de fer ; on aurait dit une tortue dans sa carapace ; ployé sous le poids de cette lourde armure, il marchait difficilement, et portait de plus un complet arsenal, sans parler de son bouclier doré, ayant pour emblème un lion peint de vives couleurs, tenant dans sa patte droite une devise où l'on voyait écrit en grosses lettres le nom de Siomara. N'ayant pas renoncé à son amour pour la belle Gauloise, il espérait sans doute la toucher en faisant montre de courage dans ce spectacle où elle devait aussi combattre.

Norbiac tenait à la main une longue épée, et avait à sa ceinture d'un côté un poignard, de l'autre une hache d'armes et une masse à pointes aiguës. A peine se fut-il remis de l'ébranlement causé par son faux pas, que l'on s'aperçut, à l'embarras et à l'hésitation de sa marche, que les trous de sa visière, percés trop bas sans doute, pouvaient à peine lui servir pour le conduire, car il essaya deux ou trois fois, mais en vain, de rehausser cette visière au bruit des rires de la foule.

L'esclave destiné à combattre Norbiac était entré par l'autre porte de l'arène : sauf son tablier de gladiateur, aucun vêtement, aucune armure ne le couvrait; pour seule défense il tenait à la main un large sabre de fer-blanc, véritable jouet d'enfant, et paraissait d'ailleurs jeune, agile et vigoureux. Le héraut d'armes et les buccinateurs donnèrent le signal de l'attaque... Norbiac, couvrant de son bouclier son corps déjà défendu par son épaisse cuirasse, fit tournoyer sa longue épée autour de lui, se tenant sur la défensive. L'esclave, armé d'un glaive inutile, restait hors de portée des coups de son adversaire, attendant, pour l'étreindre corps à corps, que Norbiac, peu familier au maniement d'une pesante épée, eût le bras lassé. En effet, déjà le tournoiement du glaive se ralentissait, et de toutes parts, surtout des gradins supérieurs, on entendait des huées, des quolibets :

— Ce moulin à bras va s'arrêter ! criaient les uns.

— Il faut que la mécanique qui fait mouvoir ce mannequin de fer soit détraquée, disaient les autres.

Et les esclaves gaulois, du fond de leur souterrain, applaudissaient aux mépris et aux injures dont on poursuivait ce lâche parjure... ce stupide imitateur des Romains... Mais les édiles, ne pouvant souffrir qu'un riche seigneur servît plus longtemps de risée à la foule, firent signe à l'un des Mercures de l'arène. Aussitôt celui-ci, retirant de la fournaise une des tiges d'airain brûlant, en piqua le dos de l'esclave, jusqu'alors toujours hors de portée de l'épée de Norbiac. La surprise et la douleur de la brûlure firent faire à l'esclave un bond en avant; il se jeta malgré lui sur l'épée de son adversaire, et reçut ainsi à la figure et à la poitrine deux larges blessures. Abandonnant alors son sabre de fer-blanc, il se jeta sur son adversaire couvert d'acier, le renversa sous lui, arracha de sa ceinture sa masse de fer, et commença de marteler le casque de Norbiac, qui poussait des cris perçants, et appelait à l'aide, au grand contentement de la foule. Mais les forces de l'esclave, se perdant avec le sang de ses deux larges blessures, il ralentit bientôt ses coups, laissa échapper la masse de fer, éleva sa main défaillante pour demander grâce de la vie, et tomba près de Norbiac, dont les cris aigus s'étaient changés en gémissements lamentables, et qui essayait de se relever.

Les spectateurs des gradins supérieurs, quoique l'esclave fût d'avance destiné à périr, selon la coutume, crièrent :

— La vie à l'esclave! grâce! grâce!...

Mais les spectateurs de la galerie et des gradins voisins, ainsi que Diavole et ses amis, trouvant d'un fâcheux exemple, quoique les premiers ils eussent ri de Norbiac, d'accorder la vie à un esclave qui venait de si rudement marteler son maître, demandèrent la mort, et, sur un signe de l'édile, un des Plutons brisa la tête du blessé. A ce moment, Norbiac, parvenant enfin à se relever, et trouvant des forces dans son effroi, se mit à courir çà et là devant lui, malgré le poids de son armure, étendant les mains au hasard, comme quelqu'un dont les yeux sont bandés. Il tomba ainsi entre les bras d'un des hérauts, qui le conduisit hors de l'arène au milieu des huées universelles...

L'arène restant vide un moment, l'esclave ami de Quatre-Épices dit à Sylvest et à ses compagnons :

— Voyez donc le Diavole et ses amis... comme leur pâleur augmente et devient verdâtre; on dirait que leurs yeux se renfoncent dans l'ombre de leur orbite, qui va

toujours se creusant!... Courroux du ciel!... le poison de
Quatre-Épices est d'un effet certain; mais ces joyeux seigneurs n'éprouvent encore sans doute aucune douleur!
Cependant voici l'un d'eux qui porte la main à son front;
sa tête alourdie semble lui peser...

— Et cet autre... qui vient de se rasseoir en cachant ses
yeux comme s'il était ébloui ou étourdi?...

Un grand frémissement se fit alors dans la foule; les
noms de Faustine et de Siomara, circulant dans toutes les
bouches, arrivèrent jusqu'aux oreilles de Sylvest, comme
s'ils eussent été prononcés par une seule et grande voix
composée de ces milliers de voix!

Hélas! Siomara lui inspirait autant d'horreur que d'é-
pouvante; mais en ce moment suprême... où il allait entrevoir sa sœur pour la dernière fois:.. il oublia la courtisane, la magicienne, il ne se souvint plus que de
l'innocente enfant d'autrefois, la douce compagne de sa
première jeunesse!

Les buccinateurs sonnèrent une fanfare; tous les spectateurs se levèrent, et se penchèrent avidement vers l'a-
rène, s'écriant d'une voix palpitante d'impatience et de
curiosité :

— Les voilà!... les voilà!...

Un instant cette attente fut trompée... cette fanfare n'an-
nonça pas encore l'entrée de Siomara et celle de Faustine,
mais Mont-Liban, qui les précédait, non pour se battre
à mort avec le célèbre Bibrix, car il était seul, et le combat
des deux gladiateurs ne devait avoir lieu qu'après celui
de la courtisane et de la grande dame... Que venait faire
Mont-Liban dans le cirque, lui peut-être la cause de cette
rivalité qui allait se dénouer par la mort de l'une de ces
deux femmes? Le géant se présenta d'un air fanfaron dans
l'arène, au milieu d'applaudissements et de cris d'enthou-
siasme. Sauf son tablier de gladiateur, un jambard de fer

à sa jambe gauche et un brassard de fer à son bras droit,
son corps, velu comme celui d'un ours, athlétique comme
celui de l'Hercule païen, était nu et frotté d'huile; par un
raffinement d'orgueil, ses nombreuses cicatrices étaient
peintes de vermillon, comme pour rehausser leur éclat aux
yeux des spectateurs. Un casque d'acier poli, sans visière,
— il dédaignait cette défense, — recouvrait sa tête énorme.
Son poing gauche sur la hanche, et tenant de sa main
droite deux épées courtes et légères, il fit le tour de l'a-
rène, jetant des regards effrontés sur les nobles dames de
la galerie.

Mais les fanfares des buccinateurs résonnèrent de nouveau... et la foule cria cette fois avec vérité :

— Les voilà! les voilà!...

C'étaient elles...

C'étaient Faustine et Siomara se présentant dans l'a-
rène, l'une par la porte du nord, l'autre par la porte du
midi...

Hommes, femmes, tous, jusqu'aux édiles, se levèrent de
nouveau, et bientôt un profond silence régna dans cette
foule immense...

La noble dame et la courtisane s'avancèrent, calmes,
résolues, le front haut, le regard assuré, bravant tous les
yeux; depuis longtemps elles ne connaissaient plus la re-
tenue, la pudeur ou la honte!

Faustine portait le léger casque de la Minerve païenne,
orné d'une touffe de légères plumes écarlates; sa courte
visière découvrait son hardi et pâle visage, aux yeux noirs,
aux lèvres rouges, encadré de deux grosses tresses de
cheveux d'ébène, tressés de perles, qui se perdaient sous
les oreillères du casque... Elle avait pour cuirasse une
simple résille d'or, à larges mailles, laissant voir le blanc
mat de la peau, et emprisonnant ce corps souple et nerveux depuis la naissance des bras et du sein jusqu'aux

hanches, serrées dans un étroit ceinturon d'or enrichi de pierreries, et où se rattachait sa tunique de soie écarlate, coupée bien au-dessus du genou, nu comme la jambe. Des bottines, formées de petites écailles d'or flexibles, montaient jusqu'à sa cheville, emboîtaient le cou-de-pied et ne laissaient voir que l'extrémité de sa petite sandale de maroquin, aussi brodée de pierreries.

Si d'horribles débauches et l'expression habituelle des plus féroces passions n'eussent pas empreint les traits de ce monstre d'un caractère révoltant de sanguinaire et lubrique audace, elle eût paru belle d'une beauté sinistre; car ardent était son regard... et fier était son front au moment de ce combat à mort !

Siomara, par son armure, par sa beauté resplendissante, car ses traits, à la stupeur profonde de Sylvest, conservaient en ce moment, comme toujours, leur sérénité candide, Siomara offrait un contraste frappant avec Faustine.

Son casque grec, d'argent ciselé, orné d'une touffe de légères plumes bleues, découvrait entièrement son visage enchanteur... Ses cheveux blonds, à demi coupés depuis peu, tombaient en nombreuses boucles flottantes autour de ses joues et de son cou d'ivoire... Son corps de nymphe était, comme celui de Faustine, emprisonné dans une résille à mailles d'argent, laissant voir le rose animé de l'épiderme; son étroite ceinture d'argent, sa courte tunique, d'un bleu céleste, brodée de perles, ses bottines à écailles d'argent, étaient pareilles pour la forme à celles de Faustine.

L'expression du visage de Siomara n'était pas fière, impudique et sombre comme la physionomie de sa rivale... Non... ses grands yeux, doux comme son sourire, semblaient annoncer une confiance tranquille; aussi, voyant sa sœur d'une beauté si radieuse sous son casque de guerrière, Sylvest se demandait encore par quel continuel prodige l'enfant élevée par Trimalcion, la célèbre courtisane, la magicienne empoisonneuse, la hideuse et sacrilége profanatrice des tombeaux, conservait ces dehors ingénus et charmants?

Les deux femmes avaient lentement traversé l'arène pour se joindre à l'endroit où les attendait Mont-Liban, tenant les courtes épées. Le plancher à claire-voie recouvrant le bassin du crocodile, et occupant le milieu du cirque, n'ayant sans doute pas paru une place propice au combat, le gladiateur avait choisi un endroit si voisin de la voûte grillée où les esclaves attendaient la mort, que, Faustine et Siomara s'étant rapprochées de Mont-Liban, Sylvest était à peine éloigné de sa sœur de quelques pas. Cédant à un mouvement involontaire, il se rejeta dans l'ombre de la voûte, afin d'échapper aux regards de Siomara; mais un mélange de tendresse, d'épouvante et de curiosité terrible le ramena bientôt vers la grille. Une puissance au-dessus de sa volonté le retenait là; il put ainsi observer plus attentivement la figure de Mont-Liban. A ses airs de brutalité fanfaronne et effrontée avait succédé une émotion visible. Pâle, troublé, une épée dans chaque main, de la gauche il offrait une arme à Faustine, et de la droite une arme à Siomara; mais ses mains tremblèrent si fort au moment où les deux femmes s'apprêtaient à prendre les épées qu'il leur tendait, que ce tremblement et l'angoisse croissante du gladiateur n'échappèrent pas à Faustine; elle jeta sur lui un de ses profonds et noirs regards, réfléchit un instant; puis, écartant du geste l'épée qui lui était offerte, elle voulut prendre l'autre.

— Non ! dit Mont-Liban en reculant presque effaré d'un pas en arrière, non... pas celle-ci.

— Pourquoi non? demanda Faustine d'un air de sombre défiance.

— Parce que, juge du combat, balbutia le géant, il m'appartient de donner les armes...

Tout à coup Siomara, inattentive à ce débat, car, avant qu'il eût commencé, les yeux tournés vers le souterrain des esclaves, elle y attachait ses regards avec une anxiété croissante, tout à coup Siomara reconnut Sylvest, s'élança vers la grille, et, saisissant de ses deux mains les mains de l'esclave attachées aux barreaux, elle s'écria en gaulois d'une voix très-émue et de grosses larmes dans les yeux :

— Toi, frère !... toi condamné !... toi ici !...

— Oui... je vais mourir... Fassent les dieux que tu meures aussi ! et avant ce soir nous aurons rejoint ceux des nôtres qui nous ont précédés dans les mondes inconnus... Puissent Hésus et nos parents te pardonner comme je te pardonne !...

— Confiante en ta promesse, je t'attendais... Ah ! malheur à moi d'avoir cru à ta parole !... tu serais libre à cette heure !...

— C'est pour fuir cette liberté honteuse que j'ai voulu mourir.

Siomara, d'abord émue et effrayée, redevint souriante, presque joyeuse, et dit à son frère :

— Écoute... approche ton oreille...

Il obéit machinalement, et elle lui dit tout bas :

— Frère, tu ne mourras pas... Faustine, par un sortilége, va tomber sous mes coups... Diavole est là... il peut d'un mot t'arracher au supplice... Ce mot, il va le dire... après la mort de Faustine... Courage, frère... ce soir nous souperons ensemble, et tu seras libre !

Puis Siomara, de plus en plus souriante, fit un signe d'intelligence à son frère, lui envoya du bout des doigts un baiser d'adieu, et courut rejoindre Faustine et Mont-Liban, au bruit d'un murmure de surprise causé dans l'amphithéâtre par ce court entretien de la belle Gauloise avec un esclave condamné.

Lorsque Siomara revint près de Mont-Liban, celui-ci, de plus en plus pâle et troublé, ne tenait plus qu'une épée à la main ; sa figure stupide peignait à la fois l'embarras, la douleur et l'effroi.

— Mon épée... lui dit Siomara.

Le gladiateur parut faire un violent effort sur lui-même, et, malgré un geste de Faustine, bref et menaçant, il repoussa du geste la main de la Gauloise étendue vers l'épée, et lui dit d'une voix altérée :

— Pas cette épée... Non... non... pas cette épée.

Et de son œil unique il tâcha de se faire comprendre de la courtisane ; mais celle-ci, préoccupée d'une autre pensée, ne remarqua pas les signes du gladiateur, et se tourna du côté de la galerie où se trouvait Diavole. Alors, le saluant du geste et du regard, elle arracha une des légères plumes bleues de son casque d'argent, la prit entre ses deux doigts, approcha de cette plume ses lèvres roses, puis d'un souffle gracieux la lança dans la direction de la galerie, en disant à haute voix :

— A toi, beau Diavole !

Ensuite elle jeta à la dérobée un regard vers son frère.

Sylvest comprit alors, en frémissant, que sa sœur donnait à Diavole les arrhes d'un marché infâme, dont sa liberté, à lui, serait le prix ; car, ainsi que l'avait dit Siomara, tout maître, jusqu'au dernier moment, pouvait arracher son esclave au supplice... Faustine tuée, la belle courtisane irait, pendant le combat de Mont-Liban et de Bibrix, demander à Diavole la liberté de Sylvest... Elle obtiendrait cette grâce par une promesse honteuse, et l'on viendrait retirer du souterrain le condamné.

Pendant que l'esclave se désespérait à cette pensée, — il préférait la mort à une telle délivrance, — tous les regards se tournaient vers Diavole; un murmure d'envie avait circulé parmi les jeunes seigneurs, à l'appel provo-

quant de la belle Gauloise, jusqu'alors dédaigneuse de
tous les hommages. Diavole était devenu, ainsi que la
plupart de ses compagnons de table, d'une pâleur verdâtre... Mais, soit qu'il n'éprouvât pas encore les atteintes
du poison, soit qu'enivré d'orgueil par la flatteuse provo-
cation de la célèbre courtisane, il oubliât les premiers ressentiments de la douleur, il se pencha radieux au-dessus
de la balustrade, jeta dans l'arène le bouquet de roses qu'il
tenait à la main, après l'avoir passionnément pressé de
ses lèvres, et s'écria :

— Victoire et amour à la belle Gauloise !

La courtisane ramassa le bouquet, l'approcha de ses
lèvres à son tour, puis, le plaçant au pied d'une des gigantesques statues de marbre qui décoraient les niches
profondes du mur d'enceinte de l'arène, elle jeta un dernier regard à son frère, revint auprès de Mont-Liban, et
lui dit impatiemment :

— Mon épée... mon épée !

Le gladiateur, cette fois, ne refusa pas l'arme à la courtisane. Il lui mit, au contraire, l'épée dans la main avec un
affreux sourire.

Sylvest devina tout... il avait été témoin des protesta-
tions d'amour de Mont-Liban pour Siomara ; mais du moment où, dans l'espoir d'obtenir la liberté de l'esclave, elle
eut si impudiquement provoqué Diavole, les traits de
Mont-Liban, d'abord aussi troublés qu'attendris, devinrent
soudain effrayants de jalousie et de férocité ; tandis que
Faustine, immobile comme un spectre, son poing gauche
sur la hanche, la pointe de son épée appuyée sur le
bout de sa sandale, souriait d'un air de triomphe sinistre...
Plus de doute pour Sylvest, un des deux glaives offerts
par le gladiateur était enchanté, grâce aux maléfices de
Siomara... D'accord avec elle, Mont-Liban connaissait
l'arme magique... Mais son trouble éclairant Faustine, elle

avait refusé l'épée qu'il lui offrait pour prendre l'autre presque malgré lui. Autant ce choix avait d'abord épouvanté le gladiateur pour Siomara, autant il devait s'en réjouir, à cette heure que son amour pour la courtisane se changeait en haine par jalousie de Diavole.

A peine Siomara eut-elle pris l'épée, qu'à demi-voix elle dit à Faustine :

— Es-tu prête?

— Je suis prête, répondit la grande dame, qui ajouta aussi à demi-voix, mais assez haut pour que Sylvest l'entendît : — Tu te rappelles nos conditions ?

— Oui.

— A moi Mont-Liban si je te tue... A toi si tu me tues !

— Oui...

— Morte ou vive, tu m'appartiendras, Siomara, si tu ne peux continuer le combat après une première blessure.

— Et si je te tue, Faustine, nulle autre que moi n'entrera dans ton tombeau pour la veillée de mort ?

— Non... j'en ai donné l'ordre, et je t'ai remis les clefs du sépulcre de ma famille.

— Allons, noble Faustine...

— Allons, belle Siomara...

Et, sur un signe de Mont-Liban, les deux jeunes femmes se précipitèrent l'une sur l'autre, l'arme haute, Siomara toujours souriante et comme certaine de son triomphe, Faustine, le regard implacable, mais confiante aussi, car au premier choc des épées, celle de la courtisane se rompit entre ses mains, au ras de la poignée.

A ce moment Sylvest ne put retenir un cri; il vit la grande dame, poussant un éclat de rire féroce, plonger son épée dans le flanc de Siomara en s'écriant :

— A toi... la fausse sorcière de Thessalie !

La blessure était grave, mortelle peut-être. La courtisane abandonna la poignée de son arme, tomba sur ses genoux, jeta un dernier regard vers Sylvest, et cria d'une voix défaillante :

— Pauvre frère !

Puis elle roula renversée sur le sable, tandis que son casque, se détachant, laissait nue sa tête blonde, et que le sang, coulant à flots de sa blessure, rougissait les mailles d'argent de la résille qui lui servait de cuirasse.

Faustine, rugissant de joie, se précipita sur sa rivale, comme une tigresse sur sa proie, et, la fureur, la haine doublant ses forces, elle l'enlaça de ses bras frêles et nerveux, la souleva de terre, l'emporta comme elle eût emporté un enfant, en jetant d'une voix éclatante ces derniers mots au gladiateur :

— Mont-Liban, je vais t'attendre au temple du canal !

Et Faustine disparut avec sa victime dans l'ombre de la voûte du nord, au milieu des acclamations frénétiques des spectateurs.

Cela s'était passé si rapidement, que Sylvest se crut le jouet d'un songe ; il éprouva une sorte de vertige, dont il fut tiré par le bruit des chaînes que les guichetiers et des soldats armés ôtaient à ses compagnons ; l'heure était venue de déferrer les condamnés aux bêtes féroces, dont les grondements redoublaient.

Sylvest, immobile auprès de la grille, regardait sans voir. Deux guichetiers le saisirent et firent tomber ses chaînes. Alors, pleurant malgré lui la mort de sa sœur, quoiqu'il eût désiré cette mort, il s'assit sur les dalles du souterrain, sa tête cachée dans ses deux mains, indifférent à ce qui se passait dans l'arène, où combattaient alors Bibrix et Mont-Liban. De temps à autre de grandes rumeurs annonçaient les différentes chances du combat.

— Courage, Mont-Liban ! criaient les uns. Courage !

— Courage, Bibrix ! criaient les autres. Courage !

Puis enfin, au bout d'un assez long temps, une immense clameur de *Victoire à Bibrix!* fit trembler les murailles de l'amphithéâtre.

Mont-Liban venait de succomber dans cette lutte à mort...

Tout à coup Sylvest fut violemment heurté et foulé aux pieds par ses compagnons, qui fuyaient pêle-mêle. Se relevant, non sans peine, pour n'être pas écrasé par eux, il vit dans l'ombre, et du fond de la voûte, s'approcher rapidement une sorte de muraille ardente de la hauteur d'un homme, barrant toute la largeur du souterrain.

Cette immense plaque de bronze, rougie au feu sur des brasiers roulants, chassait devant elle les condamnés. La grille qui les avait jusqu'alors séparés du cirque s'était enfoncée au-dessous du sol en glissant dans une rainure; de sorte que ces malheureux, refoulés par la plaque ardente, ne pouvaient échapper à d'horribles brûlures qu'en se précipitant dans l'arène où bondissaient les bêtes féroces, et d'où Plutons, Mercures, hérauts et buccinateurs venaient de disparaître après avoir emporté le cadavre de Mont-Liban, et fermé, au moyen de portes garnies de barreaux de fer, les deux entrées du nord et du midi.

Le moment du supplice arrivé, Sylvest résolut de mourir vaillamment avec ses compagnons, et s'écria:

— *Enfants du Gui!* voulez-vous mourir en dignes fils de la vieille Gaule?

— Oui... oui, répondirent de nombreuses voix.

— Frères, répétez comme moi, en face de la mort:

— *Coule... coule, sang du captif!... Tombe... tombe, rosée sanglante!... Germe... grandis, moisson vengeresse!...*

Et les *Enfants du Gui*, ainsi que les autres esclaves gaulois, ayant Sylvest à leur tête, se précipitèrent dans l'arène en chantant, dans leur langue natale, et d'une voix retentissante, ce refrain du barde...

Ces chants éclatants, l'apparition de cette troupe d'hom-

mes, étonnèrent d'abord les animaux... Profitant de leur
hésitation, et se souvenant des conseils du guichetier,
Sylvest, voyant à quelques pas de lui l'éléphant acculé à
l'une des niches du mur d'enceinte ornées de grandes
statues de marbre, donna une dernière pensée à sa femme
Loyse. et aussi à Siomara, courut droit à l'éléphant, et,
dans l'espoir d'être bientôt piétiné, écrasé par lui, se jeta
à plat ventre, rampa sous l'animal énorme. afin d'embrasser de ses deux bras un de ses pieds monstrueux.

A cet instant s'élevèrent, du côté de la galerie où se
tenaient Diavole et ses amis, des cris d'abord voilés, puis
de plus en plus lamentables, parmi lesquels il distingua la
voix de son maître... A ces cris se joignit un tumulte
extraordinaire dans l'amphithéâtre ; aussitôt une pensée
traversa l'esprit de Sylvest... pensée lâche, il l'avoue, car
il voulait tenter d'échapper au supplice que ses compagnons allaient subir; mais cette pensée lui venait avec le
souvenir de sa femme et de son enfant...

Les yeux de tous les spectateurs, au lieu d'être tournés
vers l'arène, devaient en ce moment être attachés sur
Diavole et ses amis, alors expirants, par la violence du
poison, aux regards de la foule étonnée; le corps immense
de l'éléphant, acculé à l'une des niches du mur, la cachait
en partie ; à tout hasard, et au risque d'être découvert
plus tard, Sylvest, après s'être glissé sous le ventre de
l'éléphant, au lieu de saisir une de ses jambes de derrière, passa entre elles, monta sur le soubassement de la
niche, et parvint à se blottir derrière une statue de marbre, deux fois haute comme lui, et par bonheur, représentant une femme amplement drapée...

A peine fut-il caché là, que les rumeurs de l'amphithéâtre s'apaisèrent, et qu'il entendit ces mots :

— Voici les médecins... Emportez ces mourants ; leur
agonie interrompt la fête...

Sans doute, on transporta hors de la galerie Diavole et ses amis expirants, car peu à peu le silence se rétablit, silence bientôt troublé par le rugissement croissant des bêtes féroces, revenues de leur première surprise...

Le carnage commença ; au milieu des grondements des animaux, des cris de douleur de quelques esclaves déjà tombés sous la dent des tigres et des lions, des imprécations des victimes non encore atteintes, dont quelques-unes, folles de terreur, demandaient grâce aux animaux furieux... çà et là retentissait encore la voix éclatante des *Enfants du Guy*, chantant jusque sous l'ongle des bêtes féroces :

*Coule... coule, sang du captif !... Tombe... tombe, rosée sanglante !... Germe... grandis, moisson vengeresse !...*

De temps à autre, du fond de sa cachette, que ne masquait plus la masse de l'éléphant, alors au milieu de l'arène, Sylvest voyait bondir un tigre ou un lion à la poursuite d'un esclave, qu'ils abattaient en le saisissant entre leurs pattes, dont les griffes faisaient aussitôt jaillir des jets de sang en s'enfonçant dans les chairs ; puis accroupis ou allongés sur leur proie, ils la dévoraient ou la mettaient en lambeaux...

Sylvest vit entre autres, horrible souvenir ! un lion énorme, fauve, à crinière presque noire, se précipiter sur le Gaulois ami de Quatre-Épices... Afin de mourir plus vite, ce malheureux s'était jeté à genoux ; seulement, dans son épouvante, il cachait sa figure entre ses deux mains pour ne pas voir le monstre... Le lion, d'un coup de patte sur le haut du crâne, le jeta la face contre terre et l'y contint ; puis, lui plantant les ongles de son autre patte dans les reins, il l'attira transversalement à lui, et, le maintenant ainsi, il ne se hâta pas de le dévorer... Haletant, essoufflé, il s'étendit de toute sa longueur le ventre sur le sable, et appuya, pendant un instant sur le corps

de l'esclave sa tête monstrueuse, dont la gueule béante
et la langue pendante ruisselaient d'une écume ensan-
glantée... Le Gaulois n'était pas mort; il poussait des
cris inarticulés; ses bras, ses jambes s'agitaient et battaient le sol; aux contorsions de tout son corps, on voyait
qu'il s'efforçait, mais en vain, d'échapper à une torture
atroce... Soudain la crinière du lion se hérissa : il fouetta
le sable à grands coups de queue; sa large croupe se
releva, quoiqu'il tînt toujours le Gaulois sous ses pattes
de devant; puis, baissant brusquement la tête, il mordit
sa proie au milieu de l'échine, et, tout en la broyant sous
ses crocs, il poussa des grondements irrités... Un tigre
moucheté de jaune et de noir, aussi énorme que le lion,
venait lui disputer sa victime... Le lion, sans démordre,
levant la patte dont les ongles avaient jusqu'alors labouré
le crâne de l'esclave, les enfonça dans le mufle du tigre...
Celui-ci, malgré cette blessure, ouvrit la gueule, saisit
entre ses dents la tête du Gaulois que le lion contenait
de son autre patte; et la croupe haute, le mufle abaissé,
s'arc-boutant sur ses pattes de devant, le tigre tira violemment cette tête à lui en rugissant, tandis que le lion,
ne démordant pas le milieu du corps, où s'enfonçaient
ses crocs, tirait de son côté... Tous deux, d'accroupis,
se levèrent pour finir de s'entre-arracher ce corps. L'esclave n'avait pas encore cessé de vivre... Soulevé de terre
par les deux bêtes féroces qui se le disputaient, il roidis-
sait encore convulsivement, de temps à autre, ses jambes
et ses bras... La masse énorme de l'éléphant vint cacher
à Sylvest cet épouvantable dépècement...

L'éléphant furieux tenait enlacé dans les replis de sa
trompe, un jeune esclave, un enfant âgé de quinze ans
au plus, qui se tordait dans les airs en poussant des cris
horribles. Par deux fois l'éléphant, dans sa rage, battit
violemment, de ce pauvre corps meurtri, presque dislo-

qué, la muraille d'enceinte ; et lorsqu'il eut ainsi brisé ces membres palpitants, il jeta l'enfant sous ses pieds, tâcha de le transpercer de ses défenses et finit par le piétiner avec emportement. En s'acharnant ainsi sur ces restes sanglants qui ne formaient plus qu'une espèce de boue de chair humaine, il recula et heurta d'une de ses jambes de derrière un esclave fuyant un tigre, et qui, à ce moment, passait entre la croupe de l'éléphant et le bassin du crocodile. Du choc l'esclave fut, comme d'autres l'avaient été avant lui, au milieu de leur fuite éperdue, précipité dans la cuve limoneuse du reptile ; aussitôt Sylvest entendit les hurlements de l'infortuné, que coupaient en morceaux les dents de scie du crocodile.

Ce carnage a duré jusqu'à ce que les esclaves livrés aux bêtes ne fussent plus que des ossements à demi rongés ou des débris sans nom et sans forme...

Pendant toute sa durée, cette fête romaine fut accompagnée des cris, des acclamations de la foule, devenue ivre à ce spectale de massacre...

Enfin les flambeaux usés, prêts à s'éteindre, ne jetèrent plus que des clartés vacillantes : lions et tigres, gorgés de chair humaine, alourdis et silencieux, vautraient leurs grands corps sur la boue sanglante de l'arène, bâillaient, soufflaient, ou léchaient leurs pattes énormes, qu'ils passaient ensuite sur leur mufle rougi.

Sylvest entendit le murmure de plus en plus lointain de la foule quittant le cirque...

Bientôt, par les entrées du nord et du midi, à la lueur des flambeaux expirants, apparurent les esclaves bestiaires, revêtus d'épaisses armures de fer, à l'épreuve de la morsure des animaux ; ils étaient armés de longs tridents sortant rouges de la fournaise. Les animaux, fatigués, repus, habitués à la voix des bestiaires et surtout effrayés des piqûres des tridents, furent poussés sous la voûte dans les trois couloirs correspondant à leurs cages ; puis, au moyen d'une roue tournée par les servants du cirque, les grilles remontèrent de leur rainure souterraine ; la voûte fut close, le plancher mobile replacé sur le bassin du crocodile. Les flambeaux tout à fait éteints, les bestiaires quittèrent précipitamment l'arène en se disant d'une voix basse et effrayée :

— Voici l'heure des magiciennes !...

Et le plus profond silence régna dans les ténèbres de l'immense amphithéâtre.

Sauvé de la mort par un hasard miraculeux, car si les cris de Diavole et de ses amis expirant par le poison n'avaient pas distrait tous les regards de l'arène, il lui eût été impossible, quoique à demi caché par l'éléphant, de gagner sans être aperçu la niche où il s'était tenu blotti... Sylvest, ainsi sauvé miraculeusement de la mort, remercia Hésus... et comme si les dieux lui étaient cette nuit-là secourables, il se souvint que sa femme Loyse, lors de leur dernière entrevue, lui avait promis de venir l'attendre, à quatre jours de là, dans le parc de Faustine, le soir, à l'extrémité du canal... Il se souvint aussi de ces dernières paroles de Faustine à Mont-Liban, tandis qu'elle emportait Siomara évanouie dans ses bras :

— Mont-Liban, je t'attends au temple du canal.

Un sinistre pressentiment disait à l'esclave que la grande dame, tenant Siomara en son pouvoir et peut-être vivante encore, devait lui faire subir toutes les tortures qu'une femme dépravée, jalouse et féroce pouvait imaginer en haine d'une rivale... Sans doute le temple du canal était le lieu de ces supplices... Sylvest résolut de gagner en hâte le parc de la villa de Faustine... L'oreille au guet, il sortit enfin de sa cachette... Alors il éprouva d'étranges frayeurs... Comme il traversait l'arène, il entendit le vol de grands oiseaux de nuit qui, silencieux,

tournoyaient très-près de terre ; deux ou trois fois il
sentit, en frissonnant, le vent de leurs ailes sur son front ;
il fut aussi plusieurs fois heurté, presque renversé, par
des corps velus et rapides qui passaient auprès de lui...
C'étaient sans doute les magiciennes, venant, sous forme
d'animaux inconnus, chercher des débris sanglants pour
leurs sortiléges... Peut-être Siomara, échappée par magie
au pouvoir de Faustine, se trouvait-elle parmi ces
monstres...

L'esclave, ayant marché sur une épée abandonnée par
un gladiateur, la ramassa ; elle était courte et acérée ; il
s'en arma, atteignit enfin la sortie du nord, suivit une
longue voûte, et se trouva bientôt hors de l'enceinte exté-
rieure de l'amphithéâtre, situé dans le faubourg d'Orange.
Il n'avait qu'une demi-heure de trajet pour se rendre
chez Faustine ; il précipita sa marche, arriva, escalada le
mur du parc, comme d'habitude, à l'aide de sa perche, et
courut à l'extrémité du canal, où il osait à peine espé-
rer de rencontrer encore Loyse, la nuit étant déjà très-
avancée.

Bonheur des cieux ! le pauvre esclave a aussi ses moments de joie. A peine Sylvest eut-il fait quelques pas
sur la terrasse du canal, qu'il reconnut la voix de sa
femme disant :

— Sylvest ! Sylvest ! est-ce toi ?...

L'esclave ne répondit rien... Il se jeta en sanglotant
dans les bras de Loyse, sans trouver un mot à lui dire...
Il la tint longtemps embrassée, la couvrant de larmes et
de baisers...

— Tu pleures..., reprit-elle enfin avec angoisse. Un
malheur te menace ?...

— Non, oh ! non... Loyse... les dieux nous sont secourables... mais nous n'avons pas un instant à perdre ; le
jour va bientôt paraître... Veux-tu risquer les chances

d'une fuite ? Elles sont terribles ! mais nous les braverons ensemble...

— Sylvest, plus d'une fois je t'ai proposé de fuir... tu as refusé...

— Oui... mais maintenant j'accepte : tu sauras pourquoi. Auras-tu la force de m'accompagner, femme bien-aimée ?

— Mon amour pour toi, pour notre enfant, me donnera cette force... Mais où fuir ? de quel côté ?...

— En partant à l'instant nous pourrons arriver avant le jour dans une vallée sauvage et déserte, où se trouve une caverne. Je m'y suis déjà rendu pour des réunions nocturnes... Nous resterons d'abord cachés là... nous prendrons en passant des fruits et des racines dans les jardins qui bordent la route... Un torrent n'est pas loin de la caverne, nous n'aurons donc pas à craindre de manquer d'eau et de nourriture pour quelques jours... Plus tard, nous aviserons : peut-être les dieux auront-ils pitié de nous...

A ce moment, un cri horrible... un cri prolongé, qui n'avait rien d'humain, mais affaibli par la distance, arriva aux oreilles de Sylvest et de sa femme, qui dit en frémissant :

— Ah ! ces cris... encore ces cris !...

— Tu les as déjà entendus ?...

— Plusieurs fois, depuis que je suis ici à t'attendre... Tantôt ils cessent... et puis, au bout d'un assez long temps, ils repartent plus effrayants encore... Faustine supplicie quelque esclave...

— Faustine ! s'écria Sylvest frappé de stupeur.

Et se souvenant alors seulement de Siomara.

— Ces cris viennent du temple du canal ?

— Oui... et pourtant on avait dit ce soir que notre maîtresse allait au cirque... mais au moment où je quit-

tais la fabriique, un affranchi à cheval, venant de l'amphithéâtre, s'est dirigé à toute bride vers le temple, par
les jardins, pour annoncer, disait-il, à Faustine, la mort
de Mont-Liban.

— Plus de doute ! s'écria Sylvest, c'est Siomara... On
l'aura transportée dans ce temple maudit... Oh! malheur !... malheur !... Viens !... viens, Loyse !...

— Où vas-tu ? dit la compagne de Sylvest en s'attachant à son bras, et le voyant courir éperdu. N'entends-tu
pas ces cris ?... Faustine est là ! Approcher du temple...
c'est risquer de nous perdre...

Mais Sylvest n'écoutait plus Loyse... Plus il s'approchait de la rotonde, plus les cris, que de temps à autre
poussait la victime, devenaient distincts... si distincts...
qu'il reconnut la voix de Siomara, étouffée de temps à
autre par les chants et le bruit des lyres, des flûtes et
des cymbales.

Loyse, effrayée, suivit son époux, n'essayant plus de le
retenir... Tous deux arrivèrent bientôt près du portique
circulaire dont le temple était entouré... Une vive lumière
s'échappait des cintres à jour, à travers lesquels, quatre
nuits auparavant, Sylvest avait assisté, invisible, à de
monstrueux mystères... Soudain un dernier cri, plus
affreux encore que les autres, mais déjà expirant, retentit
au milieu du silence de la nuit, et fut suivi de ces mots,
suprême appel prononcé d'une voix forte encore, bien
que défaillante et haletante de douleur :

— Sylvest !... ma mère !... mon père !...

L'esclave, prenant son épée entre ses mains, s'élança,
afin de grimper, ainsi qu'il l'avait déjà fait, le long d'une
des colonnes du portique. Une fois arrivé aux cintres à
jour, qu'aurait-il fait ? Il ne le sait ; car en ce moment
il n'était possédé que d'une passion furieuse, celle d'aller
au secours de Siomara et de la venger par la mort de

Faustine... Mais Loyse, de plus en plus épouvantée de l'exaltation de son époux, se cramponna de toutes ses forces à son bras, et l'empêcha de monter à la colonne, en lui disant tout bas avec un accent déchirant :

— Tu nous perds !... Songe donc à notre enfant !...

Sylvest tâchait de se dégager de l'étreinte de sa femme, et, sourd à sa prière, il allait poursuivre son projet insensé, lorsque soudain, après un moment de silence funèbre, il entendit la voix éclatante de Faustine s'écrier :

— Morte !... déjà morte !... Tu l'avais prédit toi-même, belle magicienne... que Siomara, ma rivale, tomberait en mon pouvoir... et expirerait sous ma main dans des tortures inconnues !... Ta prédiction est accomplie... te voilà morte... déjà morte !... Évohé ! Évohé !... à moi, tous !... Évohé ! venez ! du vin, des chants, des fleurs... Morte est ma rivale !... Du vin... des chants... des fleurs...

Et les instruments de musique retentirent : les chants obscènes, les cris de l'orgie devinrent frénétiques, et marquèrent la cadence de cette ronde infernale, dont l'aspect avait déjà failli rendre Sylvest fou d'horreur !...

Siomara était morte, l'esclave n'avait plus qu'à fuir avec Loyse... et ce fut à peine si, haletant, éperdu, il put reconnaître son chemin à travers les ténèbres pour trouver la muraille du parc ; il la fit franchir à sa femme au moyen de la perche, et tous deux se dirigèrent en hâte vers la route de la vallée déserte. . . . . . . . .

———

Moi, *Fergan*, qui écris ceci, je suis fils de *Pearon*, qui était fils de Sylvest, dont le père se nommait Guilhern, fils de Joel, le brenn de la tribu de Karnak, le dernier Gaulois libre de notre famille.

Sylvest, mon grand-père, est mort à quatre-vingt-six ans.

J'étais alors dans ma quinzième année ; ma naissance

avait coûté la vie à ma mère. Peu de temps après sa mort, Pearon, mon père, a été écrasé sous la roue d'un moulin qu'il tournait.

De plusieurs récits sur sa vie, que Sylvest, mon aïeul, devait me remettre, deux ont été perdus ; il ne m'a transmis, avec les autres parchemins de notre famille, que le récit précédent sur les événements de sa vie, alors qu'il était esclave du seigneur Diavole dans la ville d'Orange, et qu'ayant échappé, par prodige, à la mort qui l'attendait dans le cirque, il s'était rendu dans le jardin de la noble Faustine, où il avait retrouvé mon aïeule Loyse, et fui avec elle après les derniers cris de l'agonie de Siomara, torturée par la grande dame romaine.

Je me rappelle (et ces souvenirs sont déjà loin de moi), je me rappelle que, dans mon enfance, mon grand-père m'a raconté qu'après son évasion il s'était tenu longtemps caché avec sa femme Loyse, d'abord dans la caverne des *Enfants du Gui*, puis dans une solitude plus profonde encore, vivant de fruits et de racines, que mon grand-père allait chercher la nuit, et souvent à de grandes distances, dans les champs cultivés.

La saison était belle et douce ; les deux pauvres esclaves, au fond de leur retraite, jouissaient avec délices des seuls jours de liberté qu'ils eussent jamais connus. Cependant l'été passa, puis l'automne ; l'hiver approchait, et avec lui le froid, le manque de fruits et de racines ; enfin le moment arrivait où mon aïeule allait mettre mon père au monde : ses vêtements tombaient en lambeaux, sa santé s'affaiblissait de plus en plus... Mon grand-père se résigna de nouveau à l'esclavage, plutôt que de voir sa femme mourir de misère et de faim, mort qu'aurait partagée l'enfant qu'elle portait dans son sein.

Les esclaves fugitifs que l'on arrêtait loin du domicile de leur maître, ou qui refusaient de dire le nom de leur possesseur, lorsque, comme mon grand-père et sa femme, ils étaient parvenus à se débarrasser de leur collier, où se trouvait écrit le nom de leur maître, ces esclaves appartenaient au fisc romain, et étaient ou vendus à son profit ou employés, toujours comme esclaves, aux travaux et constructions publics.

Mon aïeul et sa femme, après plusieurs jours de marche dans les montagnes, arrivèrent presque mourants de fatigue et de faim, jusqu'aux faubourgs de la ville de Marseille ; ils demandèrent la demeure de l'agent du fisc, avouèrent qu'ils avaient fui de la maison de leur maître, et qu'ils se rendaient à discrétion.

Les dieux voulurent que l'agent du fisc fût humain ; il eut pitié de mon aïeul et de sa femme, et leur promit qu'au lieu d'être vendus ils resteraient esclaves du fisc, et seraient employés, mon aïeul aux travaux que l'on exécutait à Marseille, mon aïeule dans la maison de l'agent, pour soigner les enfants ; mais ce Romain ne put épargner à mon grand-père et à sa femme la honte et la douleur d'être, selon la loi, marqués au front comme esclaves fugitifs...

Pendant de longues années le sort de mon aïeul fut supportable, quoique soumis aux plus durs travaux ; employé d'abord à la construction d'un aqueduc, il transportait, soit sur son dos, soit attelé à un chariot, les pierres destinées aux bâtisses... Il rentrait le soir, brisé de fatigue ; mais du moins, au lieu de coucher à l'ergastule, ainsi que ses compagnons d'esclavage, il revenait auprès de sa femme et de son enfant, faveur que mon aïeule avait, par sa douceur et son zèle, obtenue de la femme de l'agent du fisc.

Les années se passèrent ainsi... Mon grand-père, devenu vieux, et usé par le travail, incapable de continuer de porter de lourds fardeaux, fut chargé, par le Romain,

du soin de cultiver son jardin... Mon aïeule mourut peu
de temps avant que mon père fût en âge de se marier,
comme se marient les esclaves, et ma mère perdit la vie
en me donnant le jour... J'avais huit ans, lorsque mon
père, resté esclave du fisc, et attaché à la culture, fut
écrasé sous la roue d'un moulin à huile, qu'il faisait
mouvoir. Le fils de l'agent avait succédé à l'emploi de
son père ; à sa recommandation, il conserva mon aïeul
auprès de lui comme esclave jardinier : celui-ci, quoique
très-vieux, suffisait à ces fonctions.

Après la mort de ma mère, une autre esclave gauloise
de la maison m'avait nourri en même temps que sa fille
Geneviève, ma sœur de lait et d'esclavage. Dès l'âge de
dix ans nous étions employés tous les deux aux menus
travaux de la maison... Mais peu d'années après, notre
maître, chargé, comme son père, de la surveillance des
esclaves du fisc, me fit apprendre le métier de tisserand,
afin de pouvoir retirer un profit de moi en me plaçant à
loyer : Geneviève, ma sœur, apprit l'état de lavandière.

J'avais quinze ans lorsque mon grand-père, se sentant
de plus en plus affaibli, pressentit sa fin prochaine... Il occupait une cabane dans le jardin du maître; de temps à
autre, ma journée de travail d'apprenti tisserand terminée, on me permettait de venir voir mon aïeul. L'un de
ces soirs-là, je le trouvai couché dans sa cabane; il fit un
grand effort pour se lever, me fit fermer soigneusement la
porte, monta sur un escabeau, et prit dans une cachette
pratiquée entre deux solives de la toiture une large
ceinture de toile épaisse; puis il tira de cette espèce de
fourreau de longues bandes de peau tannée, pareilles à
celles dont on se sert pour écrire dans notre pays ; ces
bandes de peau, larges comme deux fois la paume de la
main, couvertes de notre écriture gauloise, fine et serrée,
étaient cousues les unes au bout des autres. A ces rou-

leaux étaient joints une petite *faucille d'or,* une *clochette d'airain,* grosse comme le pouce, et un morceau du *collier de fer* que portait mon aïeul lors de son évasion du cirque de la ville d'Orange, et qu'il était parvenu, avec l'aide de Loyse, sa femme, à limer, au moyen de sable mouillé et d'une épée qu'il avait emportée dans sa fuite. Sur ce fragment de collier on lisait encore, gravés sur le fer, ces mots en langue latine : *Je suis esclave...*

« — Mon enfant, me dit mon grand-père, je le sens, la
« vie s'éteint en moi ; mais avant de mourir je veux ac-
« complir un devoir sacré... Quoique bien jeune encore,
« tu es en âge de sentir la valeur d'une promesse... Pro-
« mets-moi donc, lorsque tu auras lu ces récits touchant
« notre famille, d'accomplir la volonté suprême de notre
« aïeul Joel, le brenn de la tribu de Karnak, volonté que
« tu trouveras mentionnée dans ces parchemins... Pro-
« mets-moi aussi, mon enfant, de garder précieusement
« les reliques de notre famille, cette petite *faucille d'or,*
« cette *clochette d'airain* et ce morceau de *collier,* que j'ai
« porté pendant les plus cruels jours de mon esclavage.
« Du moins, jusqu'ici, mon pauvre enfant, de la servitude
« tu n'as connu que le pénible labeur et la honte... et en-
« core la honte... je ne sais ; ton caractère est résigné,
« timide, craintif ; je ne trouve pas en toi cette *furie gau-*
« *loise,* comme disent les Romains en parlant de notre
« race ; cela tient peut-être à ce que tu es chétif et frêle...
« Ah ! mon enfant ! les races dégénèrent dans l'esclavage,
« et pour la force du caractère et pour celle du corps...
« Mon aïeul Joel et mon père Guilhern avaient tous deux
« plus de six pieds romains ; peu d'hommes auraient pu
« les vaincre à la lutte ; ma taille n'atteignait pas la leur ;
« mais avant d'être courbée par le travail et les années,
« elle était haute et robuste... Déjà mon fils, ton pauvre
« père, atteint pour ainsi dire dans les entrailles de sa

« mère, par suite des misères de notre vie errante et fugi-
« tive, avait dégénéré de l'antique vigueur de notre race, et
« toi, tu es encore plus petit et plus faible que ton père. Les
« habitudes sédentaires de ton état de tisserand, l'insuf-
« fisance de la nourriture accordée aux esclaves, aug-
« mentent encore ta débilité corporelle; puisse ton carac-
« tère ne pas s'affaiblir encore! Puisses-tu retrouver
« l'énergie de ta race, l'heure de la délivrance et de la
« justice venue, si elle vient, hélas! pendant ta vie!... Tu
« sauras du moins, par ces écrits, les maux que tes aïeux
« ont soufferts; cette conscience et cette connaissance ré-
« veilleront peut-être en toi l'ardeur du vieux sang gau-
« lois, et te donneront le courage et la force de briser le
« joug odieux que tu portes, toi, de race autrefois libre, et
« de venger toi et tes aïeux sur le Romain, notre oppresseur
« éternel. J'avais joint à ce récit, que tu liras, celui de
« mon évasion avec Loyse, ma femme, évasion dont je t'ai
« quelquefois parlé; j'y avais retracé les douces jouis-
« sances des seuls jours de liberté dont j'aie jamais joui
« durant ma longue vie d'esclavage; j'avais aussi fait le
« récit de ma rencontre avec un de nos courageux et vé-
« nérés druides, esclave comme moi et mes compagnons,
« lors de nos travaux de l'aqueduc de Marseille; ces deux
« récits se sont égarés : le plus important des trois est
« resté, c'est celui que je te remets... Jure-moi, mon en-
« fant, de conserver pieusement ce dépôt; si tu ne crois
« pas pouvoir le cacher sûrement quelque part, porte-le
« sur toi au moyen de cette ceinture, sous tes vêtements,
« ainsi que souvent j'ai fait moi-même... Adieu, mon en-
« fant, sois fidèle à tes dieux, n'aie qu'un espoir, qu'un
« but, la délivrance de notre Gaule bien-aimée! qu'un
« souvenir, les maux dont ta race a souffert!... »

J'ai fait à mon grand-père la promesse qu'il me demandait; puis, selon ses conseils, j'ai mis la ceinture autour

de moi, sous mes vêtements, et après un dernier embrassement de mon aïeul, je l'ai quitté.

Je ne devais plus le revoir... le lendemain il expirait.

J'avais alors quinze ans.

Geneviève, ma sœur de lait, devenue ma femme quelques années plus tard, avait été louée comme lavandière par l'épouse d'un Romain de Marseille, nommé le seigneur *Grémion*, parent du premier maître de mon aïeul, et aussi l'un des agents du fisc.

La domination des Romains s'étendait alors d'un bout à l'autre du monde. La Judée leur était soumise, comme dépendance de la province de Syrie, gouvernée par un préfet de Rome.

Plusieurs vaisseaux de Marseille partaient de ce port pour le pays des Israélites... Grémion, parent du procurateur romain en Judée, nommé *Ponce-Pilate*, fut désigné pour aller remplacer dans ce pays le *tribun du trésor* chargé d'assurer le recouvrement des impôts ; car partout où s'établissait la domination romaine, l'exaction des impôts s'établissait en même temps.

Aurélie, épouse de Grémion, avait loué Geneviève, ma femme, comme esclave lavandière ; elle fut si satisfaite de son zèle et de sa douceur, qu'elle voulut se l'attacher pendant ce long voyage au pays des Israélites, et pria son mari d'acheter Geneviève, ce qu'il fit.

Les dieux nous furent favorables. Aurélie était du petit nombre de ces dames romaines qui se montraient pitoyables envers leurs esclaves. Jeune, belle, d'un caractère vif et enjoué, Aurélie ne devait pas rendre à ma femme la servitude trop pénible. Cette pensée me fit regarder notre séparation comme moins amère. J'étais devenu habile dans mon métier de tisserand, et je rapportais au fisc, qui me louait à des maîtres, de bons bénéfices.

Ma vie était celle de tous les esclaves artisans, ni meil-

leure, ni pire; et d'ailleurs, je l'avoue, mon grand-père
m'avait bien jugé : je n'avais pas hérité, tant s'en faut,
*de la furie* et de *l'outre-vaillance* de notre vieille race gauloise et de sa farouche impatience de l'esclavage. La servitude me pesait comme elle pèse à tous ; mais (que mes
aïeux, et si je dois avoir un fils, que mes descendants me
le pardonnent!) je n'aurais jamais osé songer à briser
mes fers par la violation, ou à échapper par la fuite à la
servitude; mon caractère est resté aussi débile que mon
corps, et lorsque je relis parfois les terribles combats des
guerriers de ma race et les effrayants périls auxquels mon
grand-père Sylvest a échappé, je frissonne d'épouvante,
la sueur baigne mon front, et je me fais à moi-même le
serment de ne jamais m'exposer, volontairement du moins,
à de pareils dangers, et de faire de mon mieux tourner
ma navette pour satisfaire mes maîtres ; j'ai gagné à cette
résignation d'être un peu moins maltraité que mes compagnons, quoique j'aie fait comme eux connaissance avec
le fouet et les verges, malgré ma douceur et mon envie de
bien faire; mais les maîtres ont leurs caprices et leurs
moments de colère : regimber contre eux, c'est s'exposer
à un pire sort... J'endurais donc le mien, me contentant
de me frotter les épaules quand elles me cuisaient... Malgré l'exemple de mon aïeul et les sollicitations de quelques-uns de mes compagnons, qui me croyaient d'une
grande énergie, comme étant de la race de Joel, le brenn
de la tribu de Karnak, je ne voulus jamais faire partie
des réunions secrètes des *Enfants du Gui*, qui s'étaient
perpétuées en Gaule... Le supplice des esclaves crucifiés
pour rébellion m'inspirait trop d'effroi, et je frémissais,
moi chétif, à la seule pensée d'une révolte armée.

D'ailleurs, ces entreprises me semblaient insensées...
En effet, vers le commencement du règne de Tibère, suc-
cesseur d'Auguste, les sociétés secrètes des *Enfants du*

*Gui*, et d'autres conjurés gaulois, après avoir longtemps attendu le moment opportun pour la révolte, se décidèrent, d'après les avis des druides, à tenter un soulèvement général.

SACROVIR, Gaulois du Nivernais, fut l'âme de cette insurrection; parcourant les conciliabules secrets, envoyant des émissaires de concert avec les druides, montrant l'Italie elle-même subissant avec impatience le joug de Tibère, il croyait le moment venu, ou jamais, de recouvrer la liberté des Gaules. Une grande conjuration s'organisa; Sacrovir en fut le chef et la dirigea avec une extrême circonspection. Il fallait, selon lui, ne rien brusquer, et attendre que toutes les cités conjurées fussent en mesure d'agir. Malheureusement les Gaulois d'Anjou et de Touraine s'insurgèrent trop tôt; ce commencement de révolte, n'étant pas appuyé, fut aussitôt comprimé : les riches Gaulois, ralliés aux Romains, se joignirent à eux pour châtier, disaient-ils, l'ingratitude des rebelles qui avaient l'audace de se soulever contre l'auguste empereur Tibère, le protecteur des Gaulois. Sacrovir avait toujours combattu au premier rang, sans casque et la poitrine découverte. Mais ses partisans, écrasés par le nombre, se débandèrent; entraîné par la fuite de ceux qu'il avait soulevés, il se réfugia dans *Autun*, tenta d'insurger cette ville contre les Romains... Le peuple et les magistrats, découragés et craignant les vengeances de Tibère, menacèrent Sacrovir de le livrer aux Romains... Alors il se rendit, avec plusieurs de ses amis, dans sa maison de campagne, voisine de la ville; ils y mirent le feu par en bas : puis, montant sur la terrasse qui la surmontait, ils s'attablèrent, vidèrent une dernière coupe à la délivrance de la Gaule, dont ils ne désespéraient pas, et lorsque l'incendie commença d'envahir la terrasse où buvaient Sacrovir et ses amis, tous se poignardèrent et s'abîmèrent dans les flammes, offrant, comme nos aïeux, leur sang en holocauste à Hésus.

Gaulois, je déplorai la mort de ces vaillants; mais je me dis avec découragement (que mes aïeux me le pardonnent encore) : « C'en est fait à jamais de la liberté de notre pauvre pays, puisque depuis le *chef des cent vallées*, l'hôte de mon aïeul Joel, tant de héros ont en vain sacrifié leur sang généreux !... »

Ma femme Geneviève est une guerrière auprès de moi, et digne, par le courage et la vertu, d'entrer dans notre famille, qui compte parmi ses aïeules : HÉNA, la vierge de l'île de Sên ; MÉROË, la femme du marin et MARGARID, la matrone gauloise... J'ai fait lire à Geneviève les parchemins que m'a laissés mon grand-père : ces récits l'ont exaltée... Combien de fois elle m'a tendrement reproché ma tiédeur, mon découragement, en s'écriant :

« — Ah ! si j'étais homme ! si je descendais du brenn
« de la tribu de Karnak ! cette race féconde en vaillants
« et en vaillantes ! au premier soulèvement des Gaulois
« j'irais me faire tuer...

« — J'aime mieux vivre tranquillement près de toi,
« Geneviève, lui disais-je, prendre en patience les maux
« que je ne peux empêcher, et dévider de mon mieux ma
« navette au profit de mon maître. »

. . . . . . . . . . . . . . . . . . . . .

FIN DU COLLIER DE FER

Paris. — Imp. Poupart-Davyl et Comp., rue du Bac, 30.

# EXTRAIT DU CATALOGUE

# LIBRAIRIE INTERNATIONALE

*Boulevard Montmartre, 15, au coin de la rue Vivienne*

## A. LACROIX, VERBOECKHOVEN ET C^ie

ÉDITEURS

## à Bruxelles, à Leipzig et à Livourne

### MAISON DE COMMISSION

### OCTOBRE 1865

## PARIS

### 15, BOULEVARD MONTMARTRE, 15

AU COIN DE LA RUE VIVIENNE

**Ce Catalogue annule les précédents**

# HISTOIRE

## COLLECTION DES GRANDS HISTORIENS CONTEMPORAINS ÉTRANGERS.

### FORMAT IN-8 A 5 FR. LE VOLUME.

---

**Koch** (De).—Histoire abrégée des traités de paix entre les puissances de l'Europe, depuis la paix de Westphalie; augmentée et continuée jusqu'au congrès de Vienne et aux traités de Paris de 1815, par F. Schœll. 4 vol. gr. in-8 à 2 col. . . . . . . . . . . . . . . . . . . . . . 48 »

**Labarre** (L.). — Éphémérides nationales. 1 vol. in-18. . . . . . . . . . 2 »

**Lacroix** (A.) et **Van Meenen** (Fr.). — Notices historique et bibliographique sur Philippe de Marnix, avec portrait. 1 vol. in-8. . . . . . 1 60

**Lamarque** (le général). — Mémoires et souvenirs. 2 vol. in-18. . . . . 2 »

**La Fayette.** — Mémoires. 2 vol. gr. in-8 à deux col. . . . . . . . . . 10 »

**Lanfrey** (P.). — Histoire politique des papes. 1 vol. gr. in-18. . . . . . 4 »

**Laurent** (Fr.), professeur à l'Université de Gand. — Études sur l'histoire de l'humanité. — Histoire du droit des gens et des relations internationales.

    La seconde édition des premiers volumes de cet important ouvrage a paru. Chaque volume format in-8 est du prix de 7 fr. 50.

**Tome 1er**, l'Orient, 2e édition.—Tome II, la Grèce, 2e édition. — Tome III, Rome, 2e édition. — Tome IV, le Christianisme, 2e édition. — Tome V, les Barbares et le catholicisme, 2e édition. — Tome VI, l'Empire et la papauté. — Tome VII, l'Église et la féodalité.—Tome VIII, la Réforme. — Tome IX, les Guerres de religion. — Tome X, les Nationalités. — L'Église et l'État en Europe pendant la Révolution française. — 1 fort volume grand in-8. . . . . . . . . . . . . . . . . . . . . . 7 50

**Laurent** (F.) — *Van Espen.* Étude historique sur l'Église et l'État en Belgique. 1 vol. in-18. . . . . . . . . . . . . . . . . . . . . . . . . . 3 50

    — L'Église et l'État. — 1re partie. Le moyen âge. — 2e partie. La Réforme. — 3e partie. La Révolution. — Seconde édition, revue et augmentée. — 2 vol. in-8. — (Ces derniers ouvrages sont sous presse.) — Le volume 7 fr. 50. . . . . . . . . . . . . . . . . . . » »

**Lenfant** (le père), confesseur de Louis XVI. — Mémoires. 2 vol. in-18. . 2 »

**Louis XVIII.** — Sa correspondance privée et inédite, pendant son séjour en Angleterre. 1 vol. in-8. . . . . . . . . . . . . . . . . . . . . . 2 »

    — Mémoires, publiés et recueillis par le duc D***. 12 vol. in-18. . . . 18 »

**Loeb** (le docteur Henri). — Catéchisme israélite, à l'usage des écoles du culte israélite. 1 vol. in-12. . . . . . . . . . . . . . . . . . . . . 2 »

    — Histoire sainte, ou Histoire des Israélites depuis la création jusqu'à la destruction de Jérusalem. 1 vol. in-8. . . . . . . . . . . 5 »

    — Le même ouvrage. 1 vol. in-12. . . . . . . . . . . . . . . . . . 2 »

**Marnix** (Philippe de).—Le tableau des différends de la religion. 4 vol. in-8. 16 »

    — De Bijenkorf (La ruche à miel de l'Église romaine). 2 vol. in-8. . 7 »

    — Les Écrits politiques et historiques. 1 vol. in-8. . . . . . . . . 4 »

    — La Correspondance et les mélanges. 1 vol. in-8. . . . . . . . . 5 »

**Maurel** (Jules). — Essai sur l'histoire et sur la biographie du duc de Wellington. Nouvelle édition. 1 vol. in-12. . . . . . . . . . . . . . . 2 50

**Ney** (maréchal). — Mémoires, publiés par sa famille. 2 vol. in-18. . . . 2 »

**Pasquini** (J.-N.). — Histoire de la ville d'Ostende et du port, précédée d'une Notice des révolutions physiques de la côte de Flandre, tirée de M. Belpaire. 1 vol. in-8. Bruxelles. . . . . . . . . . . . . . . . . 7 50

**Peel** (Mémoires de sir Robert), traduction par Emile de Laveleye. 2 vol. in-8. 10 »

**Petruccelli della Gattina** (Fr.). — Histoire diplomatique des conclaves, depuis Martin V jusqu'à Pie IX. 4 vol. in-18. Le volume . . . . . . 6 »

**Potter** (De). — Vie de Scipion de Ricci, évêque de Pistoie et Prato, réformateur du catholicisme en Toscane, composée sur le manuscrit autographe de ce prélat. 3 vol. in-18. . . . . . . . . . . . . . . . . . 6 »

**Potvin** (Ch.). — Albert et Isabelle. Fragments sur leur règne. 1 vol. in-8. 3 50

**Quinet** (Edgar). — La Révolution. 2 vol. in-8. . . . . . . . . . . . . 15 »

**Reumont** (A. de). — La Jeunesse de Catherine de Médicis. Trad. de l'allemand. 1 vol. in-18, avec portrait. . . . . . . . . . . . . . . . . 2 50

**Roland** (Mme).—Lettres autographes adressées à Bancal des Issarts. 1 v. in-18 1 »

Rodenbach (C.). — Épisodes de la révolution dans les Flandres. 1 vol. in-18 . . . . . . . . . . . . . . . . . . . . . . . . . . . . . 1 »

Schayes (A.-G.-B.). — Les Pays-Bas avant et durant la domination romaine. 2 vol. in-8 . . . . . . . . . . . . . . . . . . . . . . 10 »

Bosset (J.). — Biographies à l'usage des écoles moyennes. Première partie destinée à la première année d'études. 2e édition. 1 vol. in-12 . 1 »
— Deuxième partie, 2e édition, destinée à la deuxième année d'études 1 »

Van Bruyssel (E.). — Histoire politique de l'Escaut. 1 vol. Charpentier. 2 50
— Histoire du Commerce et de la marine en Belgique. 3 vol. in-8. 6 fr. le volume.

Vandervynct. — Histoire des troubles des Pays-Bas sous Philipppe II. 4 vol. in-8 . . . . . . . . . . . . . . . . . . . . . . . . . . 10 »

Van Halen (Don Juan). — Mémoires. 2 vol. in-8 . . . . . . . . . . 6 »
— Pour faire suite à ces Mémoires : Les quatre Journées de Bruxelles. 1 vol. in-8 . . . . . . . . . . . . . . . . . . . . . . . . . . 1 »

Villiaumé (N.) — Histoire de la Révolution française (1789), nouvelle édition revue et augmentée de documents inédits et inconnus. 3 vol. in-8. 15 »
— Histoire de Jeanne Darc et réfutation des diverses erreurs publiées jusqu'aujourd'hui. 3e édition. 1 vol. in-8. . . . . . . . . . 7 50

Weber (Georges). — Histoire universelle. Traduit de l'allemand sur la 9e édition, par Jules Guilliaume. 10 vol. in-12.
— Peuples orientaux. 1 vol. in-12. . . . . . . . . . . . . . . . 2 »
— Histoire grecque. 1 vol. . . . . . . . . . . . . . . . . . . . 3 50
— Histoire romaine. 1 vol. . . . . . . . . . . . . . . . . . . . 3 50
— Histoire du moyen âge. 2 vol. . . . . . . . . . . . . . . . . 7 »

White (Charles). — Révolution belge de 1830. 3 vol. in-18 . . . . . 3 »

Wouters. — Histoire chronologique de la République et de l'Empire (1789 à 1815), suivie des Annales napoléoniennes depuis 1815. 1 vol. in-8, cartes et plans. . . . . . . . . . . . . . . . . . . . . . . 10 »

# PHILOSOPHIE & RELIGION

Brigham (Amariah). — Remarques sur l'influence de la culture de l'esprit et de l'excitation mentale sur la santé. 1 vol. in-18 . . . . . 1 »

Brougham (lord Henri). — Discours sur la théologie naturelle, indiquant la nature de son évidence et les avantages de son étude ; traduit de l'anglais. 1 vol. in 18. . . . . . . . . . . . . . . . . . . . . . 1 »

Grets (M.). — Un Visionnaire humanitaire, ou Essai de la position du problème humain. 1 vol. in-18 . . . . . . . . . . . . . . . . . 3 »

Feuerbach. — La Religion. Traduction de Joseph Roy. . . . . . . . 5 »
— Essence du Christianisme. Traduction de Joseph Roy . . . . . . 5 »

D'Héricourt (Mme Jenny-P.)—La femme affranchie, réponse à MM. Michelet, Proudhon, E. de Girardin, A. Comte et autres novateurs modernes. 2 vol. Charpentier . . . . . . . . . . . . . . . . . . . . . . . 7 »

Gioberti (Vincent). — Essai sur le beau, ou Éléments de philosophie esthétique ; traduit de l'italien par Joseph Bertinatti, docteur en droit. 1 vol. in-8 . . . . . . . . . . . . . . . . . . . . . . . . . . 7 »
— Lettres sur les doctrines philosophiques et politiques de M. de Lamennais. 1 vol. in-18. . . . . . . . . . . . . . . . . . . . 1 50

Gruyer (L.-A.). — De la liberté physique et morale. In-8. . . . . . . 2 »
— Tablettes philosophiques. 1 vol. in-18 . . . . . . . . . . . . 1 »

Larroque (Patrice). — Examen critique des doctrines de la religion chrétienne. 2e édition. 2 vol. in-8 . . . . . . . . . . . . . . . 15 »
— 3e édition. 2 vol. in-8 (sans annotations) . . . . . . . . . . 10
— Rénovation religieuse. 2e édition augmentée. 1 vol. in-8 . . . . 7
— 3e édit. in-8 (sans annotations). . . . . . . . . . . . . . . . 5 »
— De l'esclavage chez les nations chrétiennes. 2e édit. 1 vol. in-18 . 2 50

Poulin (P.)—Qu'est-ce que l'homme ? Qu'est-ce que Dieu? Solution scientifique du problème religieux. 1 vol. gr. in-18 . . . . . . . . .   3 50

Renaud (P.) — Christianisme et Paganisme. Identité de leurs origines, ou nouvelle symbolique. 1 vol. in-8. . . . . . . . .   6 »

Saint-Simon (C.-H. de). — OEuvres choisies, précédées d'un Essai sur sa doctrine, avec portrait et lithographie. 3 vol. Charpentier . . . . . .   10 50

Simon (Jules). — L'École. 1 vol. in-8. . . . . . . . . .   6 »

Strauss (Docteur David-Frédéric). — Nouvelle Vie de Jésus, traduction de l'allemand par A. Nefftzer et Ch. Dollfus. 2 vol. in-8. . . . . . . .   12 »

Stap (A.).— Études historiques et critiques sur les origines du christianisme. 1 vol. format Charp. . . . . . . . . . . . . . . .   3 50

G. Tiberghien, professeur à l'université de Bruxelles. — La Logique : Science de la connaissance. 2 vol. in-8 à 7 fr. 50 le volume.

Voituron (Paul). — Recherches philosophiques sur les principes de la science du Beau. Ouvrage couronné. 2 forts vol. in-8. . . . . .   12 »

    — Études philosophiques et littéraires sur les Misérables. 1 vol. in-12   2 »

# VOYAGES

Bædeker.—Paris. Guide pratique du voyageur, accompagné d'un plan général de Paris et de 6 cartes. 1 vol. élégamment cartonné de 240 pages in-18 . . . . . . . . . . . . . . . . . . . . . . . . .   4 »

Barth (Docteur H.). — Voyages et découvertes dans l'Afrique septentrionale et centrale ; traduit de l'allemand par Paul Ithier. 4 beaux et forts vol. in-8, avec carte et grav. . . . . . . . . . . . . . .   24 »

Du Bosch (A.-J.). — La Chine contemporaine, d'après les travaux les plus récents ; traduction de l'allemand. 2 vol. Charpentier . . . . . .   7 »

Considérant (N.). — Un couronnement à Kœnigsberg ; Stuttgard et Weymar, souvenirs de voyage. 1 vol. in-12. . . . . . . . . . . . .   1 50

Frœbel (Julius). — A travers l'Amérique ; traduction de l'allemand par Émile Tandel. 3 beaux vol. Charpentier. . . . . . . . . . .   10 50

Passmore. — Guide à Londres. — A trip to London. — Guide du voyageur à Londres. — Sous forme de manuel de conversation anglaise et française, servant en même temps à apprendre la langue anglaise. 1 vol. in-32 avec plan de Londres . . . . . . . . . . . . . . . .   5 »

Roelan (Edouard). — Guide de poche. Voyage circulaire. Excursions en Belgique, en France et en Allemagne. De Bruxelles à Bruxelles, par Paris, Nancy, Strasbourg, Baden-Baden, Carlsruhe, Heidelberg, la Bergstrasse, Francfort (Wiesbaden), les bords du Rhin, Mayence, Coblence, Bonn et Cologne, Aix-la-Chapelle et Liége. Excursions à Hombourg, à Wiesbaden, à Ems, à Spa et dans les vallées de la Murg, de l'Ahr, etc., etc. 1 vol. in-32. . . . . . . . . . . . . . . .   1 »

Siret (Ad.). Manuels du Touriste et du curieux. I. La ville de Gand. 1 vol. in-12, avec plan . . . . . . . . . . . . . . . . .   2 50

Verhaeghe (L.). — Autour de la Sicile. 1861-1863. 1 vol. in-18. . . . . . .   2 »

# POLITIQUE, DROIT, ÉCONOMIE POLITIQUE
# ET SCIENCES

Addison. — Episodes des cours d'assises. 1 vol. in-18 . . . . . . . . .   1 »

Ancillon. — Du juste-milieu, ou des rapprochements des extrêmes dans les opinions. 2 vol. in-18. . . . . . . . . . . . . . . .   2 »

Animaux domestiques. — Trad. de l'anglais. 1 vol. in-18, orné de gravures   1 »

Animaux sauvages. — Traduit de l'anglais. 1 vol. in-18, orné de gravures .   1 »

Belgique (La) jugée par l'Angleterre, extrait de la « Quarterly Review. » Traduction autorisée. 1 vol. in-12 . . . . . . . . . . . .   » 75

Bibliothèque du peuple et des écoles. Notions élémentaires d'astronomie, broch. in-18 . . . . . . . . . . . . . . . . . . . .   » 30

    — Notions préliminaires à l'étude des sciences. . . . . . . . . . .   » 30

étie (De la) — De la servitude volontaire (1548), préface de F. de Lamennais, 1 vol. in-32. . . . . . . . . . . . . . . . . . . **1** »

ichot. — Petit traité de connaissances à l'usage de tous. 1 vol. in-12,
avec de nombreuses gravures sur bois. . . . . . . . . . . . **3** »

— Instruction populaire. Notions sur l'astronomie. 1 vol. in-12,
avec figures . . . . . . . . . . . . . . . . . . . . . . **1 25**

asseur (H.). — Manuel d'économie politique. 2 vol. gr. in-18. . . . . **15** »

urggraeve (Ad.). — Etudes sur André Vésale. 1 vol. in-8. . . . . . . **6** »

urggraeve (Dr). — A la mer, ou conseils pour la santé. 1 vol. in-8, avec
quatre vues photographiées. . . . . . . . . . . . . . . . **6** »

rey (C.-K.). — Lettres critiques à M. Michel Chevalier. Traduites de
l'anglais, précédées d'une Etude sur l'économie politique et sur son
introduction dans l'enseignement secondaire, par H. Humbert. In-8. **1 50**

auchy (P.-F.).—Principes généraux de chimie inorganique. 1 vol. in-8. **3** »

lark (James). — Traité de la consomption pulmonaire, comprenant
des recherches sur les causes, la nature et le traitement des maladies
tuberculeuses et scrofuleuses en général. 1 vol. in-8. . . . . . . . **2** »

ombe (George). — Traité complet de phrénologie, traduit de l'anglais
par le docteur Lebeau, médecin du roi. 2 vol. in-8, avec gravures
sur bois et lithographies. . . . . . . . . . . . . . . . . **8** »

— Nouveau manuel de phrénologie. 1 vol. in-18 avec planches. . . **1** »

ollection d'autographes et de fac-simile de personnages de la Révolution
française, suivis d'autographes de quelques célébrités de la révolution brabançonne. 1 vol. in-8 contenant 100 autographes environ. . **6** »

onsiderant (N.). — Du travail des enfants dans les manufactures et
dans les ateliers de la petite industrie. 1 vol. in-8. . . . . . . . . **1** »

ysmans (Fl.). — Des droits et des obligations des armateurs vis-à-vis
des assureurs sur corps. 1 vol. in-8. . . . . . . . . . . . . **2 50**

— Des risques de guerre au point de vue de la police d'assurance ma-
ritime et des usages d'Anvers. 1 vol. in-8. . . . . . . . . . **2** »

uvier (Le baron Georges). — Histoire des progrès des sciences natu-
relles depuis 1789 jusqu'à ce jour. 2 vol. in-8. . . . . . . . . **3** »

— Leçons d'anatomie comparée, recueillies et publiées par Duméril.
1 vol. gr. in-8. . . . . . . . . . . . . . . . . . . . . **8** »

— Le règne animal distribué d'après son organisation, pour servir
de base à l'histoire naturelle des animaux et introduction à l'a-
natomie comparée. 3 vol. gr. in-8, avec fig. . . . . . . . . . **10** »

eroyer (F.-J.). — Economie à l'usage de tout le monde. 1 vol. in-12. . **2 50**

Ducpétiaux (Ed.). — De la condition physique et morale des jeunes ouvriers et des moyens de l'améliorer. 2 vol. in-8. . . . . . . . . **6** »

— De l'état de l'instruction primaire et populaire en Belgique, com-
paré avec celui de l'instruction en Allemagne, en Prusse, en
Suisse, en France, en Hollande et aux États-Unis. 2 vol. in-18. . **2** »

— Des progrès et de l'état actuel de la réforme pénitentiaire et des
institutions préventives aux États-Unis, en France, en Suisse,
en Angleterre et en Belgique. 1 vol. in-18 avec planches. . . . **6** »

Findel (J.-G.). — Histoire de la Franc-Maçonnerie, depuis son origine
jusqu'à nos jours. 2 vol. in-8. 6 fr. le volume. . . . . . . . . . » »

Fisco (E.) et Van der Straeten (J.). — Institutions et taxes locales du
royaume-uni de la Grande-Bretagne et d'Irlande. 2e édition, revue,
augmentée et mise au courant jusqu'au 1er octobre 1862. 1 vol. in-8. **7 50**

Gachard.—Précis du régime municipal en Belgique avant 1794. 1 vol. in-8. **2** »

Giron (A.). — Essai sur le droit communal de la Belgique. 1 vol. in-8. **4** »

Honsebrouck (Van).—Traitement des maladies par l'eau froide. 1 vol. in-18. **1** »

Hubner (Otto). — Petit manuel populaire d'économie politique. Traduit
de l'allemand avec l'autorisation de l'auteur, par Ch. Le Hardy de
Beaulieu, économiste. 1 vol. in-18 (2e édition). . . . . . . . . **1** »

Humboldt (A.). — Résumé du Cosmos. 1 vol. in-18. . . . . . . . . » **75**

**Ignotus** (Dr). — Petit traité de la machine humaine. 1 vol. Charpentier, avec figures. . . . . . . . . . . . . . . . . . . . . . . . . . . . . . 3 5

**Jacobus** (Dom). — Le livre de la nationalité belge. 1 vol. in-18 . . . . 2 »

— L'Europe et la nationalité belge. 1 vol. in-18. . . . . . . . . . 2 5

**Lalande** (Jérôme de). — Tables de Logarithmes, étendues à 7 décimales par F.-C. Marie, précédées de plusieurs tables contenant les bases des calculs les plus usuels, par Ch.-E. Guillery. 1 vol. in-18. . . . . . . . 3 »

**Lamartine** (Alphonse de). — La France parlementaire pendant vingt ans (1834-1851). 6 vol. in-8. Les quatre premiers sont en vente, le vol. 6 fr.. . . . . . . . . . . . . . . . . . . . . . . . . . . . . . . »

**Larroque** (Patrice).—De la guerre et des armées permanentes. 1 vol. in-8. 5 »

— 2e édition in-18. . . . . . . . . . . . . . . . . . . . . . . . . . 3 50

**Laveleye** (Emile de). — Questions contemporaines. 1 vol. gr. in-18. . 3 50

— Essai sur l'économie rurale de la Belgique. 2e éd. 1 vol. in-18. . . 3 50

-. Economie rurale de la Hollande. 1 vol. format Charpentier . . . 3 50

— L'enseignement obligatoire. In-12 . . . . . . . . . . . . . . . . » 75

**Le Hardy de Beaulieu** (Ch.). — Traité élémentaire d'économie politique. 1 vol. Charpentier de 384 pages. . . . . . . . . . . . . . . . . . 4 »

— Considérations sur les relations commerciales entre la Belgique et l'Espagne dans le présent et dans l'avenir. 1 vol. in-8 de 108 pages. . . . . . . . . . . . . . . . . . . . . . . . . . . . . 1 50

— Du salaire. Exposé des lois économiques qui régissent la rémunération du travail et des causes qui modifient l'action de ces lois. 1 vol. in-12. . . . : . . . . . . . . . . . . . . . . . . 2 50

— Le Catéchisme de la mère. 1 vol. in-12 avec de nombreuses fig. 2 50

— Causeries agricoles. Applications de l'économie politique, de la géologie et de la chimie à l'agriculture. 1 vol. in-12 . . . . . . 3 50

**Le Hon.** — Périodicité des grands déluges, résultant du mouvement graduel de la ligne des apsides de la terre, théorie prouvée par les faits géologiques. 1 vol. in-8. 2e édition, revue, augmentée et enrichie de deux cartes . . . . . . . . . . . . . . . . . . . . . . . . . 3 «

**Lestgarens** (J.). — La situation économique et industrielle de l'Espagne en 1860. 1 vol. in-8. . . . . . . . . . . . . . . . . . . . . . . . 1 25

**Lindley** (John). — Esquisses des premiers principes d'horticulture. Ouvrage traduit de l'anglais et augmenté par Ch. Morren. 1 vol. in-18. . 2 »

**Ludwigh** (Jean).—La Hongrie politique et religieuse. 1 vol. Charpentier. 3 50

— Nouvelle page de l'histoire des Habsbourg. In-18. . . . . . . . . » 75

— La Hongrie et la germanisation autrichienne. In-18. . . . . . . . 1 »

— La liberté religieuse et le protestantisme en Hongrie. In-18. . . . 1 25

— La Hongrie devant l'Europe : les institutions nationales et constitutionnelles de la Hongrie et leur violation. In-18. . . . . . . . 2 »

— La Hongrie et les Slaves. . . . . . . . . . . . . . . . . . . . . 1 25

— François-Joseph, empereur d'Autriche, peut-il être couronné roi de Hongrie? In-18. . . . . . . . . . . . . . . . . . . . . . . 1 »

— Qui payera les dettes de l'Autriche? In-18. . . . . . . . . . . . 1 50

— La diète de Hongrie et l'empire d'Autriche, contenant l'adresse de M. Deak. In-18 . . . . . . . . . . . . . . . . . . . . . . . . 2 »

— L'Autriche despotique et la Hongrie constitutionnelle, avec l'ultimatum de la diète de Hongrie. . . . . . . . . . . . . . . . . . 2 »

**Macnish** (Robert). — Introduction à l'étude de la phrénologie, par demandes et par réponses. 1 vol. in-18. . . . . . . . . . . . . . . . 1 »

**Malaise** (L.). — Clinique homœopathique. 1 vol. in-8. . . . . . . . . 2 »

**Maynz** (Ch.). — Éléments de droit romain. 2 vol. in-8. . . . . . . . . 16 »

— Traité des obligations en droit romain. 1 vol. in-8. . . . . . . . 9 »

**Mitscherlich.** — Éléments de chimie; traduit de l'allemand par Valérius. 3 vol. in-8. . . . . . . . . . . . . . . . . . . o . . . . . . . . . 9 »

**Mollnari** (G. de). — Questions d'économie politique et de droit public. 2 beaux vol. in-8. . . . . . . . . . . . . . . . . . . . . . . . . 10 »

Molinari (G. de) — Lettres sur la Russie. 1 vol. format Charpentier de 418 pages . . . . . . . . . . . . . . . . . . . . . . . . . . . . . . . . . . 4 »
— Cours d'économie politique, professé au Musée royal de l'industrie belge. 2 forts vol. in-8 (2e édition). . . . . . . . . . . . . . . . . . 15 »
Monckhoven. — Traité général de photographie, contenant tous les procédés connus jusqu'à ce jour, suivi de la théorie de la photographie et de son application aux sciences d'observation. 4e édition, entièrement refondue avec 253 figures intercalées dans le texte. 1 vol. in-8. . . . 10 »
Omalius d'Halloy (J.-J. d'). — Abrégé de géologie. Nouvelle édition. In-8 avec nombreuses figures dans le texte. . . . . . . . . . . . . . . . . . 10 »
Pessard (H.) et Duvernoy (C.). — L'année parlementaire. Première année, 1864. 1 fort vol. in-18 de 400 pages, contenant un résumé historique des actes du Sénat et du Corps législatif français. . . . . . . . . . . . 3 50
Philips (Ch.). — Amputation dans la contiguïté des membres. 1 vol. in-8, avec 16 planches. . . . . . . . . . . . . . . . . . . . . . . . . . . . 3 »
— Du strabisme. 1 vol. in-18. . . . . . . . . . . . . . . . . . . . . . . » 50
Rau (Ch.-H.). — Traité d'économie nationale; traduit de l'allemand par Fréd. de Kemmeter. 1 vol. in-8. . . . . . . . . . . . . . . . . . . . . 8 »
Reyntiens (N.). — L'enseignement primaire et professionnel en Angleterre et en Irlande. 1 vol. in-8. . . . . . . . . . . . . . . . . . . . . . 6 »
— Débats de l'assemblée de Francfort sur les questions de l'Eglise et de l'Instruction publique. 1 vol. gr. in-8. . . . . . . . . . . . . . . . . 4 »
Rodenbach (Alex.). — Coup d'œil d'un aveugle sur les sourds-muets. 1 vol. in-8. . . . . . . . . . . . . . . . . . . . . . . . . . . . . . . . . 2 »
Say (Jean-Baptiste). — Catéchisme d'économie politique. 1 vol. in-18. . 2 »
— Cours complet d'économie politique, augmenté des Mélanges et correspondance d'Economie politique, de la Bibliographie raisonnée de l'Economie politique, par A. Blanqui, précédé d'une notice historique sur la vie et les ouvrages de J.-B. Say, par Charles Comte. 1 gros vol. grand in-8, à 2 colonnes. . . . . . . 12 »
Sève (Ed.). — Le nord industriel et commercial. 3 vol. in-8. . . . . . . 15 »
Thielens (A.). — Flore médicale belge. 1 vol. in-12. . . . . . . . . . . 5 »
Université libre de Bruxelles (L'). — Statuts, discours, rapports, documents divers, programme des études, liste des professeurs, biographie, bibliographie. 1 fort vol. de 500 pages in-12. . . . . . . . . . . . . . 5 »
Van Bruyssel (Ernest). — Histoire du commerce et de la marine en Belgique. 3 vol. in-8. . . . . . . . . . . . . . . . . . . . . . . . . . . . . 18 »
— Histoire politique de l'Escaut. 1 vol. Charpentier. . . . . . . . . . . 3 50
Van den Broeck. — Hygiène des mineurs et des ouvriers d'usines métallurgiques, suivie de l'exposé des moyens propres à les secourir en cas d'accident. 1 vol. in-8. . . . . . . . . . . . . . . . . . . . . . . . . 5 »
Villiaumé (N.). — Nouveau traité d'économie politique. 2e édition fort augmentée. 2 vol. in-8. . . . . . . . . . . . . . . . . . . . . . . . . . 15 »
— L'Esprit de la guerre. Principes nouveaux du droit des gens, de la science militaire et des guerres civiles. 2e édition. 1 beau volume in-8. . . . . . . . . . . . . . . . . . . . . . . . . . . . . . . . . . . . 7 50
Waelbroeck (C.-F.), professeur à l'Université, avocat à la cour d'appel de Gand. Cours de droit industriel. 3 vol. in-8. . . . . . . . . . . . . . . 18 »

# LITTÉRATURE & BEAUX-ARTS

Ainsworth (Harrison). — Guy Fawkes, ou la Conspiration des poudres. 2 vol. . . . . . . . . . . . . . . . . . . . . . . . . . . . . . . . . . . . . 1 »
Andrieux. — Poésies. 1 vol. . . . . . . . . . . . . . . . . . . . . . . . . 1 50
— Épitre au pape. 1 vol. . . . . . . . . . . . . . . . . . . . . . . . . . . » 30
Aubertin (G.-H.). — Grammaire moderne des écrivains français. 1 vol. in-8 compacte. . . . . . . . . . . . . . . . . . . . . . . . . . . . . . . . 6 »

**Aubertin** (G.-H.). — Petite Grammaire moderne ou les huit espèces de
  mots. 1 vol. in-12. . . . . . . . . . . . . . . . . . . . . . . . . . . . . . . . 1 »
**Aventures de Tiel Uylenspiegel**, illustrées par Lauters. 1 beau vol. in-18.
  Bruxelles, 1840. . . . . . . . . . . . . . . . . . . . . . . . . . . . . . . . . 5 »
**Bancel** (D.). — Harangues et Commentaires littéraires et philosophiques
  sur la littérature française. 3 vol. in-8. . . . . . . . . . . . . . . . . . 15 »
**Baron** (A.). — Caius Julius Cæsar, ad optimas editiones recensitus, cum
  commentario integro Jer. Jac. Oberlini, et selectis Oudendorpii,
  Achainterii variorumque notis. 2 vol. in-8. . . . . . . . . . . . . . . . 3 »
**Baron** (A.). — La Mosaïque belge. 1 vol. in-18. . . . . . . . . . . . . . 1 »
  — Poésies militaires de l'antiquité, ou Callinus et Tyrtée ; ouvrage trad.
    en vers français, avec notices, commentaires et traductions en
    vers latins, anglais, italiens, allemands et hollandais. 1 vol. in-8. 2 »
  — Résumé de l'histoire de la littérature française. 1 vol. in-18. . . . 1 »
**Bécart** (A.-J.). — Précis d'un cours complet de rhétorique française.
  1 vol. in-8. . . . . . . . . . . . . . . . . . . . . . . . . . . . . . . . . . . . 2 »
**Berend** (Michel). — La Quarantaine. 1 vol. . . . . . . . . . . . . . . . 3 50
**Biagio Miraglia**. — Cinq nouvelles Calabraises. 1 vol. Charpentier. . . 3 50
**Blanc** (Louis). — Lettres sur l'Angleterre. 2 vol. in-8. . . . . . . . . 12 »
  — Les Salons du XVIIIe siècle. 2 vol. in-8. . . . . . . . . . . . . . . . 12 »
**Bonau** (Filip). — Les Vengeurs, roman-drame en vers, précédé d'une
  lettre de M. A. de Lamartine. 1 vol. in-8. . . . . . . . . . . . . . . . 6 »
**Carlén** (Mme Émilie). — Une femme capricieuse ; traduit du suédois. 4 vo-
  lumes in-18. . . . . . . . . . . . . . . . . . . . . . . . . . . . . . . . . . . 5 »
**Castelnau** (A.). Zanzara, ou la Renaissance en Italie, roman historique.
  2 vol. Charpentier. . . . . . . . . . . . . . . . . . . . . . . . . . . . . . . 7 »
**Catalan** (E.). — Rime et Raison, ou proverbes, apophthegmes, épi-
  grammes et moralités proverbiales. Choisis et mis en vers. 1 vol. élé-
  gant in-32. . . . . . . . . . . . . . . . . . . . . . . . . . . . . . . . . . . . 2 »
**Caselli** (H.). — Chants populaires de l'Italie. Texte et traduction. 1 vol.
  Charpentier. . . . . . . . . . . . . . . . . . . . . . . . . . . . . . . . . . . 3 50
**Chassin** (C.-L.). — Le poëte de la Révolution hongroise, Alexandre
  Petœfi. 1 fort vol. Charpentier. . . . . . . . . . . . . . . . . . . . . . . 3 50
**Chateaubriand** (De). — Atala, — Réné. 1 vol. in-18. . . . . . . . . . 1 »
  — Essai sur la littérature anglaise. 2 vol. in-18. . . . . . . . . . . . . 2 »
  — Moïse. Tragédie. 1 vol. in-18. . . . . . . . . . . . . . . . . . . . . . » 50
  — Le Paradis perdu de Milton. 2 vol. in-18. . . . . . . . . . . . . . . 2 »
  — Atala. — Réné. 1 vol. in-32. . . . . . . . . . . . . . . . . . . . . . . » 50
**Chateaubriand** (De). — Mélanges et poésies. 1 vol. in-32 . . . . . . » 50
  — Mélanges littéraires. 1 vol. in-32 . . . . . . . . . . . . . . . . . . . » 50
  — Les Natchez. 2 vol. in-32 . . . . . . . . . . . . . . . . . . . . . . . . 1 »
**Chavée**. — Essai d'étymologie, ou Recherches sur l'origine et les varia-
  tions des mots qui expriment les actes intellectuels et moraux. 1 vol. in-8. 2 »
**Chénier** (Marie-Joseph). — Poésies. 1 vol. . . . . . . . . . . . . . . . 2 »
**Chez Victor Hugo**, par un passant. 1 vol. in-8 orné de 12 eaux-fortes,
  grav. par Maxime Lalanne. Ouvrage artistique et littéraire. . . . . . 6 »
**Contes de la sœur Marie.**—Traduits de l'anglais. 1 vol. in-18, orné de vign. 1 »
**Conversations d'un père avec ses enfants.** — Traduit de l'anglais. 2 vol.
  in-18, ornés de gravures . . . . . . . . . . . . . . . . . . . . . . . . . . 2 »
**Constant** (Benjamin). — Adolphe. 1 vol. . . . . . . . . . . . . . . . . 1 »
  — Mélanges de littérature et de politique. 1 vol. in-18. . . . . . . . 1 »
**Curtis** (G.-W.). — Rêveries d'un Homme marié. 2 vol. in-32 . . . . . 2 50
**Dash** (Comtesse). — Mémoires des autres. 8 vol. Charpentier. Le vol. . 3 50
**Dérisoud** (Ch.-J.). — Les petits crimes. 1 vol. in-18 . . . . . . . . . 3 »
**Désaugiers**. — Chansons et Poésies. 1 vol. . . . . . . . . . . . . . . . 3 »
**Dictionnaire** (Nouveau) en quatre langues, français-anglais-allemand-hol-
  landais, et vice versâ, de 3,300 pages, en 2 vol. gr. in-8 . . . . . . 12 »
**Dœring** (H.). — Mozart, sa biographie et ses œuvres. 1 vol. in-18. . . 1 25

Dora d'Istria (M<sup>me</sup> la princesse). — Des Femmes, par une femme. 2 beaux
vol. in-8 . . . . . . . . . . . . . . . . . . . . . . . . . . 10 »

Ellerman (Charles-F.) — L'amnistie, ou le duc d'Albe dans les Flandres,
trad. de l'anglais. 2 vol. in-12 . . . . . . . . . . . . . 2 »

Emerson (R.-W.). — Les Représentants de l'humanité. Traduction de
l'anglais, par P. de Boulogne. 1 vol. Charpentier. . . . . . 3 50
— Les Lois de la vie. Traduction par Xavier Eyma. 1 vol. Charp. . . 3 50
— Traits et Caractères. 1 vol. Charpentier. . . . . . . . . 3 50

Fauche (Hippolyte).—Le Râmâyana, poëme sanscrit de Valmiky, 2 vol. Ch. 7 »
Fould (fils). — Enfer des Femmes. 1 vol. in-12 . . . . . . . . . 3 50
Fourdrain (aîné). — L'homme aux yeux de bœuf. Drame. 1 vol. . . . 1 »
— Le Médecin. Drame. 1 vol. . . . . . . . . . . . . . . . 1 »
Ferrier. — La Russie. 1 vol. in-18 . . . . . . . . . . . . . . 1 »
Garcin (M<sup>me</sup> Eugène).—Léonie, essai d'éducation par le roman, précédée
d'une lettre de M. A. de Lamartine. 8<sup>e</sup> édit. 1 vol. Charpentier. 3 »
— Charlotte. 1 vol. in-12 . . . . . . . . . . . . . . . . 3 50

Gastineau (B.). — Sottises et Scandales du temps présent. 2<sup>e</sup> édition,
revue et augmentée. 1 vol. in-18 . . . . . . . . . . . . . 2 »

Gatti de Gamond (M<sup>me</sup>). — Des devoirs des femmes et des moyens propres
à assurer leur bonheur. 1 vol, in-18 . . . . . . . . . . . . 1 »
— Esquisses sur les femmes. 2 vol. in-18 . . . . . . . . . 1 »
— Réalisation d'une commune sociétaire, d'après la théorie de Charles
Fourier. 1 vol. in-8 . . . . . . . . . . . . . . . . . . 6 »

Genlis (M<sup>me</sup> de). — Mademoiselle de Clermont — Cléomir. 1 vol. . . . » 30
— Laurette et Julia. 1 vol. . . . . . . . . . . . . . . . » 50
Gœthe. — Faust, tragédie, ornée du portrait de l'auteur. 1 vol. in-18. . 3 »
Grattan (Thomas Colley). — L'Héritière de Bruges. 3 vol. . . . . . 3 »
Guénot-Lecointe. — Le Cadet de Bourgogne. 1 vol. . . . . . . . 1 »
— La dernière Croisade. 1 vol . . . . . . . . . . . . . . 1 »

Galerie des femmes de George Sand, ornée de 24 magnifiques portraits
sur acier gravés par H. Robinson, d'après les tableaux de M<sup>me</sup> Geefs.
MM. Charpentier, Lepaulle, Gros-Claude, Giraldon, Lepoitevin,
Riard, etc., avec un texte, par le bibliophile Jacob, illustré de vignet-
tes dessinées par MM. Français, Nanteuil, Morel-Fatio, et gravées par
Chevin. 1 vol. in-4 . . . . . . . . . . . . . . . . . . 20 »

Guilliaume (J.).—Struensée, drame en 5 actes et en vers. 1 v. grand in-18. 1 »
Hédouin (A.). — Gœthe. Sa vie, ses œuvres et ses contemporains. . . 3 50
Keller (Robert). — Un Tremblement de terre. 2 vol. in-32. . . . . 3 »
Hope. — Histoire de l'architecture; traduit de l'anglais par A. Baron.
2<sup>e</sup> édit. 1 très-beau vol. in-8, accompagné d'un atlas de 90 pl. grav. 12 »

Humboldt (A. de). — Correspondance avec Varnhagen von Ense et autres
contemporains célèbres. Traduit par Max Sulzberger. 1 beau et fort
vol. in-12 . . . . . . . . . . . . . . . . . . . . . . . 5 »

Hugo (Victor). — Les Misérables. 10 vol. in-8, belle édition de luxe. . . 60 »
— Le même ouvrage, en 10 vol. in-12. . . . . . . . . . . 35 »
— William Shakespeare. 1 beau et fort volume in-8. . . . . . 7 50
Hugo (M<sup>me</sup> Victor). — Victor Hugo raconté par un témoin de sa vie
(Mémoires). 6<sup>e</sup> édit. 2 vol. in-8 . . . . . . . . . . . . . 15 »
Hugo (Charles). — Les Misérables, drame en 2 parties, en 12 tableaux,
avec prologue et épilogue. Édition de luxe in-8 . . . . . . . 4 »
— Le même ouvrage, édition in-12 . . . . . . . . . . . . 2 »
Jacquemont (Victor). — Correspondance avec sa famille et plusieurs de
ses amis, pendant son voyage dans l'Inde (1828-1832). 2 vol. in-18. . 4 »
Kennedy (Miss Grace). — Décision. 1 vol. in-18 . . . . . . . . 1 »
— Jessy Allan la Boiteuse. 1 vol. in-18. . . . . . . . . . » 50
— Nouvelles protestantes. 2 vol. in-18 . . . . . . . . . . 2 »
— La Parole de Dieu. 1 vol. in-18 . . . . . . . . . . . . » 50
— Visite d'Andrew Camphell à ses cousins d'Irlande. 1 vol. in-18.. . » 50

15, Boulevard Montmartre. Paris.

oke (H.-G.). — Du sort de la Femme dans les temps anciens et modernes. 1 vol. in-12. . . . . . . . . . . . . . . . . . . . . . . . . . **2** »

**onnard et Gence**. — Méditations religieuses, en forme de discours, pour toutes les circonstances et situations de la vie, d'après l'ouvrage allemand intitulé : Stunden der Andacht. 6 vol. in-8. . . . . . . . . . . **45** »

**oreau de la Meltière** (Mᵐᵉ Charlotte). — Contes variés et tableaux de mœurs. 2 vol. . . . . . . . . . . . . . . . . . . . . . . . . . **2** »

**Noyer** (Prosper). — Siméon, ou les Zingaris. Drame. 1 vol. . . . . . . **1** »

**Pecchio**. — Causeries d'un exilé sur l'Angleterre. Traduit de l'italien. 1 vol. in-18. . . . . . . . . . . . . . . . . . . . . . . . . . . . **1** »

**Pelletan** (Eugène). — La Famille. In-8. — I. La Mère. — II. Le Père. — III. L'Enfant. 3 vol. in-8, chaque volume 5 fr.

**Pellico** (Silvio). — Mes prisons. Mémoires, précédés d'une introduction biographique de Pietro Maroncelli. Traduction par Léger Noël. 1 vol. in-18 avec cartes et fac-simile. . . . . . . . . . . . . . . . . . . **1** »

**Pfyffer de Neueck**. — Esquisses de l'île de Java et de ses divers habitants. 1 vol. in-18. . . . . . . . . . . . . . . . . . . . . . . . . . **1** »

**Photographies des Misérables de Victor Hugo**, d'après les dessins de G. Brion. Collection complète, 25 sujets à. . . . . . . . . . . . . . . . . . **1 25**
Chaque scène ou type se vend séparément.

**Pfau** (Louis). — Études sur l'Art. 1 vol. in-8. . . . . . . . . . . . . **5** »

**Potvin** (C.). — La Belgique, poëme. 1 vol. in-12. . . . . . . . . . . . **1** »

— Jacques d'Arteveld, drame historique en 3 actes en vers. Ouvrage couronné. 1 vol. in-18. . . . . . . . . . . . . . . . . . . . . **2** »

— Le Roman du Renard, mis en vers d'après les textes originaux, précédé d'une introduction et d'une bibliographie. 1 beau vol. Charpentier. . . . . . . . . . . . . . . . . . . . . . . . . . **3 50**

**Poupart de Wilde** (A.). — Anacréon et Sapho, suivis d'autres poésies grecques et latines, traduites en vers. 1 vol. grand in-18. . . . . . . **1 25**

**Rastoul de Mongeot**. — Pétrarque et son siècle. 2 vol. . . . . . . . . . **2** »

**Racine**. — Théâtre, 2 vol. ornés de treize vignettes. . . . . . . . . . . **6** »

**Reade** (Ch.), — Fatal Argent, roman, traduit de l'anglais. 2 vol. in-18.. **7** »

**Reiffenberg** (De). — Histoire de l'ordre de la Toison d'or, depuis son origine jusqu'à la cessation des chapitres généraux. 1 vol. petit in-folio, orné de planches coloriées. . . . . . . . . . . . . . . . **25** »

— Résumé de l'histoire des Pays-Bas. 2 vol. in-18. . . . . . . . **3** »

— Le Dimanche, récits de Marsilius Brunck. 1 vol. in-18. . . . . **1** »

— Le Lundi. Nouveaux récits de Marsilius Brunck. 1 vol. in-18. . **»** **50**

**Religieuse** (la). Roman en 2 vol. in-8. 10ᵉ édit. . . . . . . . . . . . . **10** »

**Royer** (Clémence-Aug.).—Les Jumeaux d'Hellas, roman. 2 vol. gr. in-16. **8** »

**Saint-Génois** (Jules de). — La cour du duc Jean IV. . . . . . . . . . . **2** »

— Hembyse. 3 vol. . . . . . . . . . . . . . . . . . . . . . . . . **3** »

— Histoire des avoueries en Belgique. 1 vol. in-8 . . . . . . . . **1** »

**Santo-Domingo**. — Tablettes romaines. 2 vol. . . . . . . . . . . . . . **2** »

**Séménow**. — Un homme de cœur. 2 vol. in-32. . . . . . . . . . . . . . **2 50**

**Siret** (Adolphe). — Dictionnaire historique des Peintres de toutes les écoles, depuis l'origine de la peinture jusqu'à nos jours. 2ᵉ édit. revue et augmentée. 1 vol. in-8 à 2 col., de 1,000 à 1,200 pages. **30** »

— Gloires et misères. 2 vol. . . . . . . . . . . . . . . . . . . . **2** »

**Souvenirs d'Italie**. 1 vol. in-8. . . . . . . . . . . . . . . . . . . . . **2** »

**Staël** (Mᵐᵉ de). — De l'Allemagne. 3 vol. in-18. . . . . . . . . . . . . **2** »

— Le même ouvrage. 4 vol. in-32. . . . . . . . . . . . . . . . . **1** »

— Considérations sur les principaux événements de la Révolution française. 3 vol. in-18. . . . . . . . . . . . . . . . . . . . . . **2** »

— Le même ouvrage. 3 vol. in-8. . . . . . . . . . . . . . . . . . **2** »

— Dix années d'exil. 1 vol. in-18. . . . . . . . . . . . . . . . . **1** »

— Le même ouvrage. 1 vol. in-8. . . . . . . . . . . . . . . . . . **1** »

— Corinne ou l'Italie. 4 vol. in-32 avec portr. . . . . . . . . . . **4** »

| | | |
|---|---|---|
| Staël (Mme de) — Essais dramatiques. 1 vol. in-18. | 1 | » |
| — Le même ouvrage. 1 vol. in-8. | 2 | » |
| — Littérature. 1 vol. in-8. | 2 | » |
| — Mélanges. 1 vol. in-8. | 2 | » |
| — Morceaux divers. 1 vol. in-8. | 2 | » |
| — Notice sur le caractère et les écrits de Mme de Staël. — Lettres sur J.-J. Rousseau, 1 vol. in-8. | 2 | » |
| Sue (OEuvre d'Eugène). Plik et Plok. — Atar-Gull. 1 vol. in-18. | 1 | » |
| — La Salamandre. 1 vol. in-18. | 1 | » |
| — La Coucaratcha. 1 vol. in-18. | 1 | » |
| — L'Envie, 1 vol. in-18. | 1 | » |
| — La Colère, la Luxure, 1 vol. in-18. | 1 | » |
| — La Paresse, la Gourmandise, l'Avarice, 1 vol. in-18. | 1 | » |
| — L'Orgueil. 2 vol. in-18. | 2 | » |
| — Les Mystères de Paris. 4 vol. in-18. | 4 | » |
| — Paula Monti 1 vol. in-18. | 1 | » |
| — Latréaumont. 1 vol. in-18. | 1 | » |
| — Le commandeur de Malte. 1 vol. in-18. | 1 | » |
| — Thérèse Dunoyer. 1 vol. in-18. | 1 | » |
| — Le Juif Errant. 4 vol. in-18. | 4 | » |
| — Miss Mary. 1 vol. in-18. | 1 | » |
| — Mathilde, 4 vol. in-18. | 4 | » |
| — Deux Histoires. 1 vol. in-18. | 1 | » |
| — Arthur. 2 vol. in-18. | 2 | » |
| — La Famille Jouffroy. 3 vol. in-18. | 3 | » |
| — Le Morne-au-Diable. 1 vol. in-18. | 1 | » |
| — La Vigie de Koat-Ven. 2 vol. in-18. | 2 | » |
| — Les Enfants de l'Amour. 1 vol. in-18. | 1 | » |
| — Les Mémoires d'un Mari. 2 vol. in-18. | 2 | » |
| — Mlle de Plouërnel. 1 vol. in-18. | 2 | » |
| — Aventures d'Hercule Hardi. 1 vol. in-18. | » | 50 |
| — Bonne Aventure (la). 4 vol. in-18. | 2 | » |
| — Deleytar. 2 vol. in-18. | 1 | » |
| — Fanatiques (les) des Cévennes. 3 vol, in-18. | 1 | 50 |
| — Fernand Duplessis, ou Mémoires d'un mari. 6 vol. in-18. | 3 | » |
| — Gilbert et Gilberte. 5 vol. in-18. | 2 | 50 |
| — Hôtel Lambert (l'). 2 vol. in-18. | 1 | » |
| — Marquise (la) Cornélia d'Alfi. 1 vol. in-18. | » | 50 |
| — Martin l'enfant trouvé. 8 vol. in-18. | 4 | » |
| — Miss Mary. 2 vol. in-18. | 1 | » |
| — Mystères de Paris (les). 13 vol. in-18. | 6 | 50 |
| — Thérèse Dunoyer. 2 vol. in-18. | 1 | » |
| — Les Mystères de Paris. 4 vol. gr. in-18, format anglais, illustrés de 48 vignettes gravées bois. | 10 | » |
| — Juif Errant (le). 19 vol. in-32. | 5 | 70 |
| — Martin l'enfant trouvé. 8 vol. in-32. | 2 | 40 |
| Tennent (Emerson). — Notes d'un voyageur anglais sur la Belgique. 2 vol. in-18. | 1 | » |
| Thyes (Félix). — Marc Bruno, avec une notice sur l'auteur, par Eugène Van Bemmel. 1 vol. in-18. | » | 50 |
| Tollebi. — Le denier de saint Pierre. Comédie. 1 vol. in-18. | 1 | 25 |
| Van Bemmel. (Eug.). — De la langue et de la poésie provençales. 1 v. in-12. | 2 | » |
| Van Bemmel. — L'harmonie des passions humaines, fronton du théâtre de la Monnaie à Bruxelles, par E. Simonis. Notice avec gravure. | » | 5 |
| Vie de Rossini. 1 vol. in-18. | 1 | » |
| Vinet (A.). — Chrestomathie française, on choix de morceaux tirés des meilleurs écrivains français. 3 vol. petit in-8. | 13 | » |

Chaque volume se vend séparément.

| | | | | |
|---|---|---|---|---|
| **net** (A.). — 1re partie. Littérature de l'enfance . . . . . . . . . . | | | | 4 » |
| — — 2e — Littérature de l'adolescence . . . . . . . . | | | | 4 » |
| — — 3e — Littérature de la jeunesse et de l'âge mûr . . . | | | | 5 » |

— Résumé de l'histoire de la littérature française. 1 vol. in-18. . .   1 »

**acken** (E.). — Le Siége de Calais, tragédie lyrique en 4 actes. 1 vol. in-18. . . . . . . . . . . . . . . . . . . . . . . . . . . . . . . .   1 »

**ieland** (C.-M.).—Musarion, ou la Philosophie des Grâces; traduction de l'allemand par Poupart de Wilde. 1 vol. in-18. . . . . . . . . .   1 25

**iertz** (A.). — Peinture mate. Procédé nouveau. 1 vol. in-8. . . .   1 »

**chokke** (Henri).—Lettres d'Islande; traduction de l'allemand par Emile Tandel. 1 vol. in-18. . . . . . . . . . . . . . . . . . . . . . . . .   1 »

# BIBLIOTHÈQUE DE LA CRITIQUE MODERNE
## FORMAT CHARPENTIER, A 3 FR. 50 LE VOLUME

**ssollant** (A.) — Vérité ! Vérité ! 1 vol.
— Pensées et Réflexions de Cadet Borniche. 1 vol.
— Un Quaker à Paris. 1 vol.
**ellfus** (Ch.)—Etudes sur l'Allemagne. 1 vol. — De l'Esprit français et de l'Esprit allemand. 1 vol.
**astagnary**. — Les Libres Propos. 1 v.

**Montégut** (Emile).—Essais de critique. Cinq séries. (En préparation.)
**Morin** (Frédéric). — Etudes d'histoire et de littérature. 1 vol.
**Sauvestre** (Ch.). — Mes Lundis. 1 vol.
**Ulbach** (L.). — Ecrivains et Hommes de lettres. 1 vol.
— Causeries du Dimanche. 1 vol.

# ROMANS — COLLECTION J. HETZEL & A. LACROIX

La collection Hetzel prendra à l'avenir, pour ce qui est roman, le titre de COLLECTION J. HETZEL ET A. LACROIX. Les livres nouveaux dont elle enrichira porteront cette désignation. Le double effort des deux maisons ne pourra que contribuer à augmenter la valeur de la collection.

A mesure que d'autres romans entreront dans la Collection, nous en publierons la liste.

# BEAUX VOLUMES IN-18
## BROCHÉS, A 3 FRANCS. — CARTONNÉS, A 3 FRANCS 50 C.

**arcon**. — Le Finale de Norma, traduction de Ch. Yriarte. . . . . . . 1 vol.
**ndersen**. — Nouveaux Contes suédois. . . . . . . . . . . . . . . . . . 1 vol.
**ssollant**. — Aventures de Karl Brunner. . . . . . . . . . . . . . . . 1 vol.
**ndebrand**. — Schinderhannes. . . . . . . . . . . . . . . . . . . . . . 1 vol.
**ayeux** (Marc). — La Sœur aînée. . . . . . . . . . . . . . . . . . . . 1 vol.
**elloy** (de). — Les Toqués. . . . . . . . . . . . . . . . . . . . . . . 1 vol.
**ernard** (A. de). — Les Frais de la guerre. . . . . . . . . . . . . . 1 vol.
**ertrand**. — Les Mémoires d'un Mormon. . . . . . . . . . . . . . . . . 1 vol.
**iart** (Lucien). — La Terre-Chaude. . . . . . . . . . . . . . . . . . 1 vol.
**osquet** (Emile). — Louise Meunier. . . . . . . . . . . . . . . . . . 1 vol.
**réhat** (De). — Les Jeunes Amours. . . . . . . . . . . . . . . . . . . 1 vol.
— Histoires d'Amour. . . . . . . . . . . . . . . . . . . . . . . . . . . 1 vol.
— Les Petits Romans. . . . . . . . . . . . . . . . . . . . . . . . . . . 1 vol.
— Un Drame à Calcutta. . . . . . . . . . . . . . . . . . . . . . . . . . 1 vol.
**hampfleury**. — Le Violon de faïence. . . . . . . . . . . . . . . . . 1 vol.
**herville** (De). — Histoire d'un Chien de chasse. . . . . . . . . . . 1 vol.
**olombey**. — Histoire anecdotique du Duel. . . . . . . . . . . . . . . 1 vol.
— L'Esprit des Voleurs. . . . . . . . . . . . . . . . . . . . . . . . . 1 vol.
— Les Originaux de la dernière heure. . . . . . . . . . . . . . . . . . 1 vol.
**elmas de Pont-Jest**. — Bolino le Négrier. . . . . . . . . . . . . . 1 vol.

**Delmas de Pont-Jest.** — Voyages du Fire-Fly. . . . . . . . . . . . . . . 1 vo
**Deltuf** (Paul). — Mademoiselle Fruchet . . . . . . . . . . . . . 1 vo
   — Adrienne . . . . . . . . . . . . . . . . . 1 vo
   — La Femme incomprise . . . . . . . . . . . . 1 vo
   — Les Femmes sensibles. . . . . . . . . . . . 1 vo
   — Jacqueline Voisin . . . . . . . . . . . . . 1 vo
   — La comtesse de Silva . . . . . . . . . . . 1 vo
**Déquet.** — Clarisse. . . . . . . . . . . . . . . 1 vo
**Ducom** (Charles). — Nouvelles gasconnes. . . . . . . . 1 vo
**Duranty.** — La cause du beau Guillaume. . . . . . 1 vo
**Eckermann et Charles.** — Entretiens de Gœthe . . . . . . 1 vo
**Erckmann Chatrian.** — Contes de la Montagne. . . . . 1 vo
   — Maître Daniel Rock . . . . . . . . . . 1 vo
   — Contes des bords du Rhin. . . . . . . . 1 vo
   — Le Joueur de Clarinette. . . . . . . . 1 vo
   — Le Fou Yégof. . . . . . . . . . . . . 1 vo
   — Madame Thérèse. . . . . . . . . . . . 1 vol
   — L'illustre docteur Mathéus. . . . . . . 1 vol
   — Histoire d'un Conscrit de 1813. . . . . . 1 vol
**Forgues** (E.-D.). — Une Parque. — Ma Vie de garçon . . . 1 vol
   — Elsie Venner. . . . . . . . . . . . . 1 vol
   — Gens de Bohême. . . . . . . . . . . . 1 vol
**Frémy** (Arnould). — Journal d'une jeune Fille pauvre . . . . 1 vol
   — Les Amants d'aujourd'hui . . . . . . . 1 vol
   — Les Femmes mariées . . . . . . . . . 1 vol
   — Joséphin le Bossu. . . . . . . . . . . 1 vol
**Gastineau** (B.). — Amours de Mirabeau. . . . . . . . 1 vol
   — Femmes de l'Algérie . . . . . . . . . 1 vol
**Girardin** (Mme de). — L'Esprit de Mme de Girardin. . . . . 1 vol
**Gozlan** (Léon). — La Folle du n° 16. . . . . . . . . 1 vol
   — Le Vampire du Val-de-Grâce . . . . . . 1 vol
   — Les Emotions de Polydore Marasquin. . . . 1 vol
**Gonzalès** (Don Manuel Fernandez y) et Yriarte.—La Dame de nuit, nouvelle espagnole . . . . . . 2 vol
**Grammont** (De). — Les Gentilshommes riches. . . . . . 1 vol
   — Les Gentilshommes pauvres . . . . . . 1 vol
**Immermann,** avec une préface par Nefftzer. — La Blonde Lisbeth. . . . 1 vol
**Janin** (J.). — Contes non estampillés . . . . . . . 1 vol
**Jobey** (Ch.). — L'Amour d'une Blanche . . . . . . . 1 vol
**Kingsley** (R.-Ch.). — Alton Locke . . . . . . . . 3 vol
**Lacroix** (Octave). — Padre Antonio. . . . . . . . 1 vol
**Lancret** (A.). — Les Fausses Passions. . . . . . . 1 vol
**Lavallée** (Th.). — Jean-sans-Peur . . . . . . . . 1 vol
**Lever** (Ch.). — O'Donoghue. Histoire d'une famille irlandaise . . . 2 vol
**Mané, Thécel, Pharès.** — Histoire d'il y a vingt ans . . . . 1 vol
**Maret** (Henri). — Tour du monde parisien . . . . . . 1 vol
   — Les Compagnons de la Marjolaine . . . . . 1 vol
**Mayne Reid.** — Les Marrons de la Jamaïque. . . . . . 2 vol
**Melville** (Whyte). — L'Interprète. . . . . . . . . 2 vol
**Monnier** (Marc). — Garibaldi. — Conquête des Deux-Siciles . . 1 vol
**Monnier** (Henri). — La Religion des Imbéciles . . . . . 1 vol
**Muller** (Eug.). — La Mionette. 5e édition. . . . . . . 1 vol
   — Madame Claude . . . . . . . . . . . 1 vol
   — Contes rustiques . . . . . . . . . . 1 vol
**Olivier** (Juste). — Le Batelier de Clarens . . . . . . 2 vol
**Paul** (Adrien). — Les Duels de Valentin . . . . . . 1 vol
   — Blanche Mortimer. . . . . . . . . . 1 vol
**Perret** (Paul). — Mademoiselle du Plessé. . . . . . . 1 vol

Perret (Paul). — Dame Fortune. . . . . . . . . . . . . . . . . . . 1 vol.
Pichat (Laurent). — Les Poëtes de combat. . . . . . . . . . . . 1 vol.
   — Le Secret de Polichinelle . . . . . . . . . . . . . . . 1 vol.
   — Gaston. . . . . . . . . . . . . . . . . . . . . . . . . 1 vol.
Poë (Edgar). — Contes inédits . . . . . . . . . . . . . . . . . . 1 vol.
Ponroy (Arthur). — Le Présent de Noces. . . . . . . . . . . . . 1 vol.
Radiguet (Max). — Les Derniers sauvages . . . . . . . . . . . . 1 vol.
Richard (J.). — Un péché de Vieillesse . . . . . . . . . . . . . 1 vol.
Robert (Adrien). — La Princesse Sophie. . . . . . . . . . . . . 1 vol.
   — Le Nouveau Roman comique . . . . . . . . . . . . . . . 1 vol.
Robert Houdin. — Les Tricheries des Grecs. 2e édition . . . . . 1 vol.
Rufini. — Découverte de Paris. Nouvelle édition . . . . . . . . 1 vol.
Sala (G.). — La Dame du premier. Traduction de l'anglais.. . . 2 vol.
Sand (G.). — Flavie. 3e édition. . . . . . . . . . . . . . . . . 1 vol.
   — Souvenirs et impressions littéraires . . . . . . . . . 1 vol.
   — Autour de la table . . . . . . . . . . . . . . . . . . 1 vol.
   — Amours de l'Age d'Or . . . . . . . . . . . . . . . . . 1 vol.
   — Les Dames vertes. 3e edition . . . . . . . . . . . . . 1 vol.
   — Théâtre complet. . . . . . . . . . . . . . . . . . . . 3 vol.
   — Promenade autour d'un village. . . . . . . . . . . . . 1 vol.
   — Les Beaux Messieurs de Bois-Doré. . . . . . . . . . . . 2 vol.
Scholl (Aurélien). — Histoire d'un Premier Amour . . . . . . . . 1 vol.
   — Les Amours de Théâtre . . . . . . . . . . . . . . . . . 1 vol.
   — Aventures romanesques . . . . . . . . . . . . . . . . . 1 vol.
Texier (Edmond). — Choses du Temps présent. . . . . . . . . . . 1 vol.
Thiers. — Histoire de Law . . . . . . . . . . . . . . . . . . . 1 vol.
Tourguénef. — Dimitri Roudine. . . . . . . . . . . . . . . . . . 1 vol.
   — Une Nichée de Gentilshommes. . . . . . . . . . . . . . 1 vol.
Trois Buveurs d'eau. — Histoire de Mürger . . . . . . . . . . . 1 vol.
Ulbach (L.). — Le Mari d'Antoinette. 2e édition. . . . . . . . . 1 vol.
   — Françoise. 2e édition. . . . . . . . . . . . . . . . . 1 vol.
   — Pauline Foucault. 3e édition. . . . . . . . . . . . . . 1 vol.
   — Mémoires d'un inconnu. . . . . . . . . . . . . . . . . . 1 vol.
   — Monsieur et Madame Fernel . . . . . . . . . . . . . . . 1 vol.
   — Suzanne Duchemin . . . . . . . . . . . . . . . . . . . . 1 vol.
   — L'Homme aux cinq louis d'or . . . . . . . . . . . . . . 1 vol.
   — Histoire d'une mère et de ses enfants . . . . . . . . . 1 vol.
   — Les Roués sans le savoir. . . . . . . . . . . . . . . . 1 vol.
   — Voyage autour de mon clocher. . . . . . . . . . . . . . 1 vol.
   — Le Prince Bonifacio . . . . . . . . . . . . . . . . . . 1 vol.
   — Louise Tardy . . . . . . . . . . . . . . . . . . . . . 1 vol.
   — Le Parrain de Cendrillon . . . . . . . . . . . . . . . . 1 vol.
Vignon (Claude). — Jeanne de Mauguet. . . . . . . . . . . . . . 1 vol.
   — Un Drame en province. . . . . . . . . . . . . . . . . . 1 vol.
   — Les Complices. . . . . . . . . . . . . . . . . . . . . 1 vol.
   — Récits de la Vie réelle . . . . . . . . . . . . . . . . 1 vol.
   — Victoire Normand . . . . . . . . . . . . . . . . . . . . 1 vol.
Villemot (Aug.). — La Vie à Paris. Précédée d'une Étude sur l'esprit
en France, par P.-J. Stahl. . . . . . . . . . . . . . . . . . . 2 vol.
Wilkie Collins, Forgues. — La Femme en blanc. 4e édition. . . . 2 vol.
   — Sans nom. 2e édition. . . . . . . . . . . . . . . . . . 2 vol.
   — Une Poignée de romans . . . . . . . . . . . . . . . . . 2 vol
Wailly (De) et Carleton. — Romans champêtres irlandais . . . . 2 vol.
Wood (Mme H.). — Lady Isabel. 2e édition . . . . . . . . . . . . 2 vol.
Zola (Emile). — Contes à Ninon. . . . . . . . . . . . . . . . . 1 vol.

Les romans qui précèdent, ainsi que les nouveaux ouvrages qui paraîtront
successivement dans la **Collection J. Hetzel et A. Lacroix**, seront vendus brochés,
3 fr. le vol., et cartonnés à l'anglaise, avec titres et écussons dorés, à 3 fr. 50 c.

15, Boulevard Montmartre, Paris.

# EXTRAIT DU CATALOGUE DE MUSIQUE CLASSIQUE ALLEMANDE

**ÉDITIONS A BON MARCHÉ**

**Œuvres complètes de Beethoven**, revues par F. Liszt.
Tomes I et II.—Sonates pour piano, 36 cahiers, avec le portrait de Beethoven. Prix : 25 fr. — Tome III. Toutes les variations pour piano seul en 20 cahiers. Prix : 11 fr. — Tome IV. Toutes les autres compositions (Bagatelles, Rondeaux, Danses, Marches, etc.), pour piano à deux et à quatre mains, 23 cahiers. Prix : 11 fr.—Tome V. Tous les duos pour piano et violon, 14 cahiers en partition et avec les voix seules. Prix : 17 fr. — Tome VI. Tous les duos pour piano, 13 cahiers en partition et avec les voix seules. Prix : 18 fr. — Tome VII. Tous les trios pour piano, violon (clarinette) et violoncelle, 13 cahiers en partition et avec les voix seules. Prix : 18 fr. — Tome IX. Les « Lieder » pour une voix avec accompagnement du piano, revus par C. Geissler (paroles allemandes), 13 cahiers. Prix : 9 fr. — Tome X. Un Oratorio et deux Messes, en partition. Prix : 9 fr. —Tome XIV. Dix-sept Quatuor pour deux violons, alto et violoncelle, 10 cahiers en partition et parties.
Neuf symphonies pour piano à deux mains, 15 fr. 25 c. Arrangées par F.-W. Markull.
**Jean-Sébastien Bach.** — Œuvres choisies pour piano, 4 vol. Prix : 33 fr.
**Muz Clementi.** — Sonates originales pour le piano, 4 vol. Prix : 40 fr.

**Joseph Haydn.** — Toutes ses compositions pour piano.
**Douze des plus belles Symphonies** pour piano à deux ou à quatre mains, arrangées par H. Enke.
**W.-A. Mozart.** — Œuvres complètes révisées par H.-W. Stolze. Vol. I et II. Toutes les compositions pour piano seul et à quatre mains. Prix : 24 fr. —Vol. III. 18 sonates pour piano et violon. Prix : 19 fr. — Vol. IV, 9 trios pour piano, violon et violoncelle. Prix : 10 fr. 50 c.
Quinze Symphonies pour piano à deux mains. 11 fr. A quatre mains, 17 fr. Arrangées par F.-W. Markull.
**Charles Maria de Weber.** — Édition revue et corrigée par H.-W. Stolze. 2 vol. avec biographie et portrait. Prix : 30 fr.
**Anton Diabelli.** — Œuvres choisies en 7 cahiers. — Prix : 8 fr. 60.
**J.-L. Dussek.** — Œuvres choisies pour piano à deux et à quatre mains, 19 cahiers. Prix : 12 fr.
**Fr. Kuhlau.** — Œuvres choisies pour piano à deux et à quatre mains. Prix : 7 fr. 50.
Collection d'Ouvertures pour piano à deux et à quatre mains.
**Opéras** en partition de piano : de Mozart, Cimarosa, Méhul, Rossini. Beethoven, Bellini, Weber, etc., etc.

TOUS CES MORCEAUX SONT MARQUÉS PRIX NET ET SANS REMISE.

# THÉATRE

A. Lacroix, Verboeckhoven et C°.

# UVRAGES ILLUSTRÉS DE MAGNIFIQUES GRAVURES SUR ACIER

## FORMAT GRAND IN-8° JÉSUS

**Alexandre Dumas.** — Les Crimes célèbres. 8 vol. illustrés de 32 gravures. Prix du vol. : 4 fr.

**Alboize et Auguste Maquet.** — Histoire de la Bastille. 8 vol. illustrés de 32 gravures sur acier. Prix du vol. : 4 fr.

— Les Prisons de l'Europe. 8 vol. illustrés de 32 gravures. Prix du volume : 4 fr.

**C. Mocquard,** chef du cabinet de l'Empereur. — Les Causes célèbres. 6 vol. illustrés de 250 gravures. Prix du vol. : 4 fr.

**Maurice La Châtre.** — Histoire des Papes ; crimes. meurtres, empoisonnements, adultères, incestes des Pontifes romains depuis saint Pierre jusqu'à nos jours. 10 vol. illustrés de 50 gravures. Prix du vol. : 5 fr.

**Eugène Sue.** — Les Mystères de Paris. 2 vol. illustrés de 8 gravures. Prix du vol. : 4 fr.

— Le Juif Errant. 2 vol. illustrés de 8 gravures. Prix du vol. : 4 fr.

— Les Misères des enfants trouvés. 4 vol. illustrés de 16 gravures. Prix du vol. : 4 fr.

**Anquetil.** — Histoire de France. — **L. Vivien.** — Histoire de la Révolution. — **Sarrans.** — Histoire de la révolution de Février 1848. 10 vol. illustrés de 50 gravures. Prix du vol. : 5 fr.

**Walter Scott.** — OEuvres complètes. 25 vol. illustrés de 100 gravures. Prix du vol. : 4 fr.

**Buffon.** — OEuvres complètes. 20 vol. illustrés de 100 gravures noires et coloriées. Prix du vol. : 4 fr.

**Beecher-Stowe.** — La Case de l'oncle Tom. 1 vol. illustré. Prix : 4 fr.
— L'Esclave blanc. 1 vol. illustré. Prix : 4 fr.

**Docteur Mure.** — Le Médecin du Peuple : L'Homopathie vulgarisée dans les familles. 1 vol. in-18. Prix : 1 fr.

**Alexandre Dumas.** — Les Crimes célèbres. 4 vol. grand in-18. Prix du vol. : 2 fr.

---

# LES MISÉRABLES

## PAR

## VICTOR HUGO

—

ÉDITION POPULAIRE ILLUSTRÉE DE 200 DESSINS DE BRION

—

200 Livraisons, chacune de 8 pages, illustrée de 2 gravures, à 10 cent. la livraison. | 10 Séries brochées, chacune comprenant 10 livraisons, soit 80 pages de texte avec 16 gravures.

**Prix de la série avec couverture : 1 fr. 10 cent.**

**Maurice La Châtre.** — Dictionnaire français illustré, Panthéon littéraire. Encyclopédie des Arts et Métiers. 2 vol. illustrés de 1,000 gravures. Prix de chaque vol. : 5 fr. — L'ouvrage est divisé en 100 livraisons. Prix de la livraison : 10 centimes.

— Le Dictionnaire des Écoles. 2 vol. in-18. Prix du vol. : 1 fr.

---

**Le Dictionnaire universel,** Panthéon littéraire et Encyclopédie illustrée ; par Maurice La Châtre avec le concours de savants, d'artistes et d'hommes de lettres, et d'après les travaux de Casimir Henricy. — Chateaubriand. — Béranger. — Guizot. — Thiers. — P.-J. Proudhon. — Lamennais. — Bescherelle. — George Sand. — Eugène Sue. — Michelet. — Orfila. — Victor Hugo. — Villemain. — A. Hébrard. — J.-B. Say. — Edgard Quinet. — François Santallier. — Legras — Louis Blanc. — Eugène Pelletan. — Raspail. — F. Pyat. — Cousin. — Sarrans. — Nodier. — Sismondi. — Le P. Lacordaire. — Ledru-Rollin. — Fourier. — Bosselet. — Melvil Bloncourt. — L'abbé Mercelli. — Allan Kardec. — Lachambaudie. — A. Dumas. — Pierre Dupont, etc., etc.

Deux magnifiques volumes grand in-4 à trois colonnes, illustrés d'environ 2,000 sujets gravés sur bois, intercalés dans le texte. — Deux livraisons par semaines. — 10 centimes la livraison.

Chaque livraison contient 100,000 lettres, c'est-à-dire la matière d'un demi-volume in-8, et un grand nombre de gravures intercalées dans le texte. — L'Ouvrage aura 200 livraisons par volume, qui seront publiées dans une période de deux ans.

Cette œuvre, la plus gigantesque des entreprises littéraires de notre époque, renferme l'analyse des 400,000 volumes qui existent dans les bibliothèques nationales, et peut être considérée à bon droit comme le plus vaste répertoire des connaissances humaines qui soit au monde.

Le DICTIONNAIRE UNIVERSEL est le plus exact, le plus complet et le plus progressif de tous les Dictionnaires, le seul qui embrasse dans ses développements tous les Dictionnaires spéciaux.

Le dictionnaire de la langue usuelle.
Le dictionnaire de la langue littéraire.
Le dictionnaire de la langue poétique.
Le dictionnaire des synonymes.
Le dictionnaire du vieux langage.
Le dictionnaire des difficultés grammaticales.
Le dictionnaire des voyages.
Le dictionnaire infernal, de cabalistique et des sciences occultes.
Le dictionnaire de l'argot et de la gaie science.
Le dictionnaire des arts et métiers.
Le dictionnaire fantastique, de magie, de sorcellerie, de nécromancie, de cartomancie et de chiromancie.
Le dictionnaire des manufactures.
Le dictionnaire de la théologie.
Le dictionnaire de l'industrie.
Le dictionnaire de la télégraphie électrique.
Le dictionnaire de l'astronomie.
Le dictionnaire du magnétisme.
Le dictionnaire des dames.
Le dictionnaire des modes.
Le dictionnaire de l'amour et de la galanterie.
Le dictionnaire des légendes, traditions, et anecdotes.
Le dictionnaire des mœurs et coutumes.
Le dictionnaire des merveilles de la nature.
Le dictionnaire de la médecine.
Le dictionnaire des chemins de fer.
Le dictionnaire de la pharmacie.
Le dictionnaire de l'homœopathie.
Le dictionnaire des beaux-arts.
Le dictionnaire des idées philosophiques et humanitaires.
Le dictionnaire des sciences.
Le dictionnaire de la pénalité.
Le dictionnaire de l'agriculture.
Le dictionnaire du commerce et des marchandises.
Le dictionnaire des sciences mathématiques.
Le dictionnaire de la mythologie.
Le dictionnaire des antiquités.
Le dictionnaire des religions, des sectes et des hérésies.
Le dictionnaire de la législation.
Le dictionnaire des anciennes coutumes.
Le dictionnaire de jurisprudence.
Le dictionnaire de la féodalité.
Le dictionnaire de la finance.
Le dictionnaire des codes.
Le dictionnaire des offices publics et de l'enregistrement.
Le dictionnaire du notariat et des hypothèques.
Le dictionnaire des lois et des décrets.
Le dictionnaire des maires.
Le dictionnaire de la conversation.
Le dictionnaire des villes et communes.
Le dictionnaire historique et biographique.
Le dictionnaire de la chasse.
Le dictionnaire des victoires et conquêtes.
Le dictionnaire de la pêche.
Le dictionnaire de la marine.
Le dictionnaire de la géographie.
Le dictionnaire des ponts et chaussées.
Le dictionnaire de la mécanique.
Le dictionnaire de la physique.
Le dictionnaire de la chimie.
Le dictionnaire du ménage, de l'office et de la cuisine.
Le dictionnaire de l'histoire naturelle.
Le dictionnaire des monnaies.
Le dictionnaire des poids et mesures.
Le dictionnaire de l'économie politique.
Le dictionnaire du blason.
Le dictionnaire des jeux et divertissements.
Le dictionnaire de la franc-maçonnerie.
Le dictionnaire des inventions.
Le dictionnaire des hommes utiles.
Le dictionnaire de la santé et de l'hygiène domestique.
Le dictionnaire des fêtes et cérémonies chez tous les peuples.
Etc., etc , etc.

A. Lacroix, Verboeckhoven & Cie.

15, boulevard Montmartre, Paris.

# COLLECTION DES GRANDES ÉPOPÉES NATIONALES

**Valmiki.**— Le Râmâyana, poëme traduit du sanscrit par H. Fauche. 2 vol. in-18. . . . . . . . . . . . . . . . . . . . . . . . . . . . . . . . 7

**Les Nibelungen,** poëme traduit de l'allemand par Emile de Laveleye. 1 vol. in-18. . . . . . . . . . . . . . . . . . . . . . . . . . . 3 5(

**Le Roman du Renard,** mis en vers d'après les textes originaux, par Ch. Potvin. 1 vol. in-18. . . . . . . . . . . . . . . . . . . . 3 5(

**Les Chants populaires de l'Italie,** traduction de l'italien de Cazelli. 1 vol. in-18. . . . . . . . . . . . . . . . . . . . . . . . . . 3 5(

**Milton.** — Le Paradis perdu, traduction de l'anglais par Chateaubriand. 2 vol. in-18. . . . . . . . . . . . . . . . . . . . . . . . . 2

**L'Edda,** traduction du poëme scandinave par Emile de Laveleye. 1 vol. in-18. . . . . . . . . . . . . . . . . . . . . . . . . . . . . . . 3 5

**Kalidasâ.** — OEuvres, comprenant le drame de Çacountala, traduction de l'indien par H. Fauche. 1 vol. in-18. . . . . . . . . . . 3 5

## SOUS PRESSE :

**Ernest Hamel.** — Histoire de Robespierre. 3 vol. in-8, à 7 fr. 50 le vol

**A. Bougeart.** — Marat. Sa Vie et ses OEuvres. 2 vol. in-8, 10 fr.

**G. Avenel.** — Anacharsis Cloots (l'Orateur du genre humain). 2 vol. in-à 6 fr. le vol.

**A. Hebrard.**— Les Classiques de la Révolution. In-8, à 5 fr. le vol.

        A. OEuvres de Mirabeau. 1 vol.

        B. OEuvres de Danton.

        C. OEuvres de Robespierre.

        D. OEuvres de Marat.

        E. OEuvres de Camille Desmoulins.

        F. OEuvres de Saint-Just.

**Alfred Michiels.** — Histoire de la Peinture flamande et hollandaise 6 beaux vol. in-8 à 5 fr. le vol.

**Gustave Flourens.** — La Science de l'Homme. 2 vol. in-18. 7 fr.

**Le Jésuite,** par l'abbé \*\*\*, auteur du *Maudit* et de *la Religieuse.* 2 vol in-8, 10 fr.

## ROMANS A 3 FR. LE VOLUME

### SOUS PRESSE :

Bréhat (A. de)—Les Chemins de la vie.

Dickens (Charles). — Nouveaux Contes de Noël.

Dash (Comtesse)—Mémoires des autres

Kingsley (R -Charles)—Vive l'Occident!

Miss Braddon.—La bande noire. 2 vol.

— Le Lis de la Louisiane. 2 vol.

— Le Fantôme blanc. 2 vol.

— L'Ouvrière. 2 vol.

Miss Braddon. — Oscar Bertrand.

Melville (Whyte). — Propre à rien. Traduit de l'anglais.

Tourguénef. — Dernières nouvelles.

Thackeray (W.-M.). — Les Aventur de Philippe.

— Les Newcomes

— Les Virginiens.

Zschokke (H.).—Contes inédits.

A. Lacroix, Verboeckhoven et Cᵉ.

# ŒUVRES DES GRANDS AUTEURS FRANÇAIS
# CONTEMPORAINS

---

A. Lacroix, Verboeckhoven et Cᵉ

# ŒUVRES

## DU

# PRINCE DE LIGNE

précédées

## D'UNE INTRODUCTION PAR ALBERT LACROIX

**4 beaux et forts vol. in-18. 14 fr.**

Les œuvres du prince Charles de Ligne, dont le nom est si connu, dont la réputation littéraire est si bien établie dans tous les pays d'Europe et qui partout a laissé des traces si profondes de son aimable esprit, de sa finesse d'observation, de sa conversation vive et enjouée, les œuvres du prince de Ligne n'existent que dans très-peu de bibliothèques.

Le public se trouvait privé, par cette rareté, du plaisir de lire ce charmant écrivain, qui le dispute aux plus spirituels des humouristes que la langue française ait produits.

La variété si grande des écrits du prince les fait convenir à toutes les classes de la société.

*Mélanges historiques, mélanges littéraires, mélanges philosophiques, mélanges militaires, romans, contes, mémoires divers sur la Pologne, sur les Juifs, sur les Crétins,* — le fameux *mémoire pour le comte de Bonneval,* — *mémoire pour les Grecs,* — *portraits, caractères et fantaisies,* — *pensées aussi fines que vives et spirituelles,* — *réflexions sur les femmes,* — *correspondance aussi piquante qu'enjouée,* — *lettres aux principaux souverains de l'Europe :* Catherine, Joseph II, etc., etc., — *dialogues,* — *études critiques,* — *poésies,*

— *comédies,* — *voyages,* — tous les sujets se croisent dans ses œuvres; tous les tons y alternent, le sérieux et le frivole; tous les genres y sont représentés, le léger et le grave, dans le plus charmant désordre, comme le prince l'aimait tant.

Les célèbres *Lettres de Crimée,* qui décrivent cette contrée aujourd'hui illustrée, — les *Lettres sur la dernière guerre des Turcs,* l'*Histoire de la guerre de Trente ans,* les *Mémoires sur Frédéric II de Prusse,* la *Vie de Catherine le Grand,* comme il la surnomma si ingénieusement et comme l'histoire l'appelle encore, — les *Considérations sur la Révolution française,* alternent avec le *Coup d'œil sur les principaux jardins d'Europe,* le *Coup d'œil sur Belœil,* le *Règne du grand Selrahcengil,* le *Mémoire sur Paris,* idéal que le prince rêvait dès lors pour cette belle capitale.

Enfin viennent les *Mémoires* de ce grand seigneur, homme de lettres, aussi réputé pour son caractère chevaleresque et pour son noble cœur que pour son talent littéraire et le rôle éclatant qu'il joua sur la scène de la politique européenne, comme soldat et comme diplomate.

On voudra lire encore le plaidoyer si piquant intitulé : *Mémoire pour mon cœur accusé,* et ses *Entretiens avec Voltaire et Rousseau,* qui dépeignent ces deux grands hommes, et les *Lettres à Eulalie sur les théâtres de société;* l'on trouvera à glaner plus d'une perle dans ses *pensées diverses* qu'il intitule : *Mes écarts ou Ma tête en liberté.*

---

# MÉMOIRES

## DU

# PRINCE DE LIGNE

### Suivis de Pensées

#### ET PRÉCÉDÉS

### D'UNE INTRODUCTION PAR ALBERT LACROIX

### 1 vol. in-18, 3 fr. 50 c.

# DICTIONNAIRE HISTORIQUE

## DES

# PEINTRES

## de toutes les écoles

## DEPUIS L'ORIGINE DE LA PEINTURE JUSQU'A NOS JOURS

CONTENANT

1° Un abrégé de l'histoire de la peinture chez tous les peuples
2° Des tableaux synoptiques présentant la nomenclature des peintres par ordre chronologique, par écoles, etc.
3° La biographie des peintres par ordre alphabétique avec désignation d'école
4° L'indication de leurs principaux tableaux avec désignation des lieux où ils se trouvent
5° La caractéristique de leur style et de leur manière
6° Le prix auquel ont été vendus, dans les ventes célèbres des trois derniers siècles y compris le dix-neuvième, les tableaux principaux
7° Six cents monogrammes environ des principaux peintres

PAR

## ADOLPHE SIRET

MEMBRE CORRESPONDANT DE L'ACADÉMIE ROYALE DE BELGIQUE
DE L'ACADÉMIE IMPÉRIALE DE REIMS
DE L'ACADÉMIE D'ARCHÉOLOGIE DE MADRID, ETC.

**1 magnifique vol. in-8 à 2 colonnes, de 1,000 à 1,200 pages.**

---

## DEUXIÈME ÉDITION

Revue et considérablement augmentée.

---

## CONDITIONS DE LA SOUSCRIPTION

L'ouvrage sera publié en 12 livraisons, chacune d'environ 90 pages gr. in-8 à deux colonnes. L'ouvrage complet coûtera TRENTE FRANCS et formera un magnifique volume soigneusement exécuté. — Il est tiré pour les amateurs un petit nombre d'exemplaires de luxe sur grand et fort papier vergé. Le prix en sera de 60 francs pour les souscripteurs.

# VICTOR HUGO

## RACONTÉ

## PAR UN TÉMOIN DE SA VIE

### AVEC ŒUVRES INÉDITES DE VICTOR HUGO

#### ENTRE AUTRES, UN DRAME

## *INEZ DE CASTRO*

La personne qui a écrit *Victor Hugo raconté par un témoin de sa vie* peut dire qu'elle a été le témoin de la vie de notre grand poëte. Elle a été mêlée à toute son existence, de son adolescence à son exil; elle l'a connu dès les Feuillantines et elle l'a suivi jusqu'à Guernesey.

Cette biographie de l'auteur des *Misérables*, écrite avec une sincérité que les lecteurs apprécieront et avec un talent d'une délicatesse et d'un charme plus que rares, raconte Victor Hugo tout entier, son enfance, son éducation, ses luttes, les représentations si orageuses de ses drames et leurs répétitions qui ne l'ont pas été moins, ses relations avec tous les hommes célèbres de ce siècle, etc. Elle dit sa vie intérieure comme sa vie publique, le fils, le mari, le père et l'ami comme l'écrivain et l'orateur.

Les faits auxquels l'auteur n'a pas assisté personnellement lui ont été racontés par M. Victor Hugo lui-même, qui a bien voulu lui communiquer des documents et des lettres du plus haut intérêt.

M. Victor Hugo a fait plus pour l'auteur : il lui a donné des œuvres inédites, prose, vers, odes, élégies, contes, traduction de Virgile, récits de voyage, etc., et, ce qui suffirait à la fortune de notre livre, tout un drame, en trois actes et en deux intermèdes, *Inez de Castro*.

---

## VICTOR HUGO RACONTÉ

### PAR UN TÉMOIN DE SA VIE

forme deux beaux vol. in-8°, imprimés avec le plus grand luxe par J. CLAYE sur beau papier cavalier vélin, glacé et satiné.

#### — Prix : 15 francs. —

Il a été fait un tirage exceptionnel de 50 EXEMPLAIRES D'AMATEUR sur très-beau papier vélin vergé. — Prix : 20 fr.

# COLLECTION

DES

# RANDS HISTORIENS

## CONTEMPORAINS

De l'Amérique, l'Angleterre, l'Allemagne, &c., &c.

## Format in-8 à 5 fr. le volume.

---

Cette collection comprend les ouvrages des quatre grands historiens américains de notre époque : BANCROFT, MOTLEY, PRESCOTT, WASHINGTON IRVING.

Parmi les Allemands, nous citerons : GERVINUS, HERDER, MOMMSEN (*Histoire romaine*).

La série des historiens anglais s'ouvrira par l'*Histoire grecque*, de G. GROTE.

Un soin tout particulier est donné tant au choix des ouvrages qui entreront dans cette collection importante, qu'à a traduction et à l'exécution matérielle des volumes.

Plusieurs ouvrages sont en préparation.

Les historiens dont la réputation est consacrée et dont les euvres offrent un intérêt général, figureront seuls dans cette rande collection.

# ŒUVRES COMPLÈTES

DE

# W. H. PRESCOTT

**Histoire du règne de Philippe II,** traduite de l'anglais par G. Renson et P. Ithier. 5 beaux vol. in-8. Prix : 5 fr. le volume.

**Histoire de la conquête du Pérou.** 3 vol. in-8. 15 fr.

**Histoire de la conquête du Mexique.** 3 vol. in-8. 15 francs.

**Histoire de Ferdinand et d'Isabelle.** 4 vol. in-8. 20 francs.

**Don Carlos.** *Sa vie et sa mort.* 1 vol. in-8. 2 francs.

**Essais et mélanges historiques et littéraires.** 2 vol. in-8. 10 francs.

**Vie de Charles-Quint à Yuste.** 1 vol. in-8. 2 fr. 50 c.

**Christophe Colomb.** 1 vol. in-8. 1 fr. 50 c.

Prescott, que la mort vient d'enlever à son pays et à l'histoire, avait pris rang, dès son vivant, parmi les plus grands et les premiers historiens modernes.

A peine si ce siècle, à peine si l'Europe compte plus d deux ou trois noms à lui opposer.

On l'a appelé avec raison le Thucydide moderne.

Il en a la netteté, la profondeur pratique d'esprit, la so briété de manière, l'ampleur sévère de la forme.

Prescott, plus connu chaque jour et plus étudié, rencontr chaque jour aussi plus d'appréciateurs de son talent, plu d'admirateurs de ses œuvres.

# ŒUVRES COMPLÈTES

DE

# GEORGE BANCROFT

## HISTOIRE

DES

# ÉTATS-UNIS

### DEPUIS LA DÉCOUVERTE DU CONTINENT AMÉRICAIN

TRADUITE DE L'ANGLAIS

PAR M<sup>lle</sup> ISABELLE GATTI DE GAMOND

PREMIÈRE SÉRIE :

### Histoire de la Colonisation.

DEUXIÈME SÉRIE :

### Histoire de la Révolution américaine.

Format in-8 à 5 fr. le vol.

# ESSAIS ET MÉLANGES

### 1 volume in-8. 5 francs.

BANCROFT est avec PRESCOTT et MOTLEY l'un des trois grands historiens de l'Amérique contemporaine.

Son **Histoire des États-Unis** est la seule histoire vraiment complète de cette jeune nation qui a si rapidement grandi. Elle contient notamment l'histoire, jusqu'ici non traitée encore, des colonisations successives qui se sont accomplies dans cette partie du nouveau monde, et continue pour ainsi dire les annales des peuples européens qui ont émigré dans ce continent.

# LA
# RÉVOLUTION DES PAYS-BAS
## AU XVIᵉ SIÈCLE

### PAR JOHN LOTHROP MOTLEY

TRADUIT DE L'ANGLAIS PAR G. JOTTRAND ET A. LACROIX

L'histoire des Pays-Bas au seizième siècle est d'une importance si haute pour l'histoire générale de la civilisation, qu'il n'y a point lieu de s'étonner du grand nombre de recherches et d'explorations dirigées sur ce point, surtout depuis quelques années, depuis l'apparition des précieux documents publiés en Hollande par M. Groen Van Prinsterer, en Belgique par M. Gachard et en France par M. Weiss.

En Amérique même, deux historiens d'un mérite supérieur, M. William H. Prescott, enlevé à sa carrière, et M. John Lothrop Motley, ont pris pour texte de leurs études la seconde partie du seizième siècle, c'est-à-dire le règne de Philippe II, avec la révolution politique et religieuse, avec l'anéantissement moral de la Belgique et la fondation de la république des Provinces-Unies.

L'ouvrage de Motley embrasse la période si émouvante, si agitée comprise entre l'abdication de Charles-Quint et la mort de Guillaume le Taciturne, prince d'Orange (1555-1584). Ces trente années d'efforts généreux, de luttes grandioses pour une cause sainte, avec quelle vigueur l'historien les retrace!

L'Espagne et Rome, Philippe II et l'Inquisition, les ministres sanguinaires du tyran et les familiers du Saint-Office, apparaissent sous leur vrai jour; et leurs crimes et leurs oppressions sont flétris avec l'énergique indignation d'une âme éprise du juste.

A côté, se détachent les figures calmes et rayonnantes des d'Orange, des Marnix, des amis de la nationalité, des serviteurs du droit et de la liberté — liberté civile et liberté de conscience.

*L'histoire de la Révolution des Pays-Bas au seizième siècle et de la Fondation de la République des Provinces-Unies*, traduite de l'anglais de Motley, forme quatre beaux et forts volumes in-8, de 600 pages chacun, soigneusement imprimés.

*Le prix de chaque volume est de* **cinq** *francs*.

# TABLE DU CATALOGUE

A. Lacroix verboeckhoven & Cie.

TABLE                                    25

## DIVISION DU CATALOGUE.

2500. — PARIS. — IMPRIMERIE DE POUPART-DAVYL ET COMP., RUE DU BAC, 30

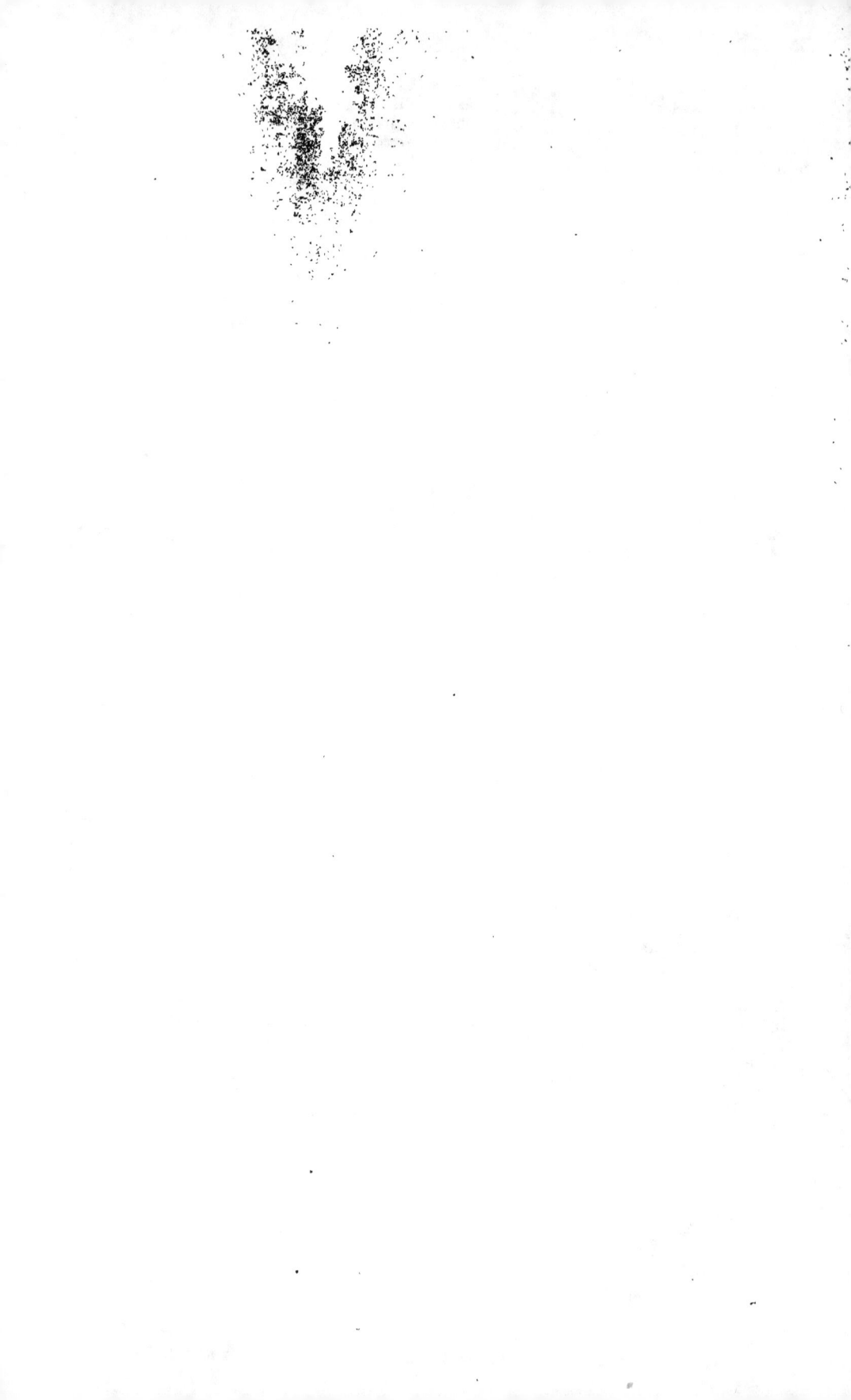

# ŒUVRES D'EUGÈNE SUE

### DU MÊME AUTEUR

## ALEXANDRE DUMAS

Les Crimes célèbres. 4 vol. in-18, à 2 fr. le volume.

Paris. — Imprimerie Poupart-Davyl et Comp., rue du Bac, 30.

www.ingramcontent.com/pod-product-compliance
Lightning Source LLC
Chambersburg PA
CBHW050455270326
41927CB00009B/1764